数字经济概论

SHUZI JINGJI GAILUN

主　编　朱红根
副主编　周曙东

中国财经出版传媒集团
经济科学出版社
Economic Science Press

图书在版编目（CIP）数据

数字经济概论/朱红根主编．--北京：经济科学出版社，2023.8

ISBN 978-7-5218-5078-9

Ⅰ．①数…　Ⅱ．①朱…　Ⅲ．①信息经济-高等学校-教材　Ⅳ．①F49

中国国家版本馆 CIP 数据核字（2023）第 162541 号

责任编辑：刘　莎
责任校对：易　超
责任印制：邱　天

数字经济概论
主　编　朱红根
副主编　周曙东
经济科学出版社出版、发行　新华书店经销
社址：北京市海淀区阜成路甲 28 号　邮编：100142
总编部电话：010-88191217　发行部电话：010-88191522
网址：www.esp.com.cn
电子邮箱：esp@esp.com.cn
天猫网店：经济科学出版社旗舰店
网址：http://jjkxcbs.tmall.com
北京时捷印刷有限公司印装
787×1092　16 开　18.5 印张　400000 字
2023 年 8 月第 1 版　2023 年 8 月第 1 次印刷
ISBN 978-7-5218-5078-9　定价：92.00 元
（图书出现印装问题，本社负责调换。电话：010-88191545）

编　　委　陈　杰　张运峰　杨泳冰　吴　昊
常　雪　刘　余　沈　煜　华中昱
秦诗乐　王大哲　汤美微

构建数字经济知识体系，打造经世致用优秀教材

随着5G、大数据、云计算、人工智能等数字技术与实体经济的深度融合，中国智慧交通、智能物流、智慧景区、互联网医疗、数字金融等新业态、新模式蓬勃发展，涌现出一大批具有数字技术特色的公司和产业，数字经济逐步成为赋能传统产业转型升级的新动力和促进经济发展的新引擎。

数字经济时代，对数字化知识和技术的人才需求日益迫切，对于财经类院校来说，数字经济的培养目标应定位在“经济和管理领域中，善于将数字新技术应用到不同的业务场景，助力各行各业实现数字化转型”。南京财经大学经济学院朱红根教授主编的这部《数字经济概论》教材，围绕这一目标定位，在传统经济学的分析框架之下，结合数字经济发展特点对传统经济学进行创新发展，以一系列经济发展新形态和新模式解释数字经济发展过程中所涌现出来的新现象、新问题，探索揭示数字经济发展的基本规律和重要理论，着力将教学内容与打造数字化人才能力需求相适应。这部教材具备如下几个鲜明的特点：

一是逻辑结构一体。教材共分为12章，沿着“特征凝练—范畴抽象—分析应用”的逻辑链条，对数字经济定义和内涵、数字经济发展与影响，数字经济治理等展开内容凝练与创新。教材多视角展示了国内外数字经济发展的基本状况，梳理了数字经济领域的理论前沿和实践动态，构建了较为完整的数字经济知识框架体系，有助于学生系统性地掌握数字经济的基础要义和实践应用。

二是直击学科前沿。新一轮科技革命和产业变革推动的全球数字经济蓬勃发展，并且在不同角度重塑着商业模式和各个行业发展模式，中国的数字经济发展更是日新月异，这部教材在编写过程中充分体现了中国数字经济发展的前沿动态，将数字经济的新现象与经济学的经典理论相联系，对数字货币、数字经济新业态、数字经济与共同富裕等前沿热点问题有着诸多科学且新颖的论述，具有较强的前瞻性。

三是紧贴中国现实。中国数字经济发展的速度和规模均居全球前列。近年来，尽管面临国际格局和形势剧烈动荡以及遭遇新冠肺炎疫情等多重超预期因素冲击，数字经济发展依然展现出强大韧性，持续取得突破性进展。这部教材在中国数字经济实践的框架下诠释经济学的基本概念和重要理论，基于对数字经济发

展长期、细致的观察，以及对数字经济学持续、深入的跟踪研究，将数字社会、数字平台、数字经济治理等现实问题与经济理论有机结合，充分体现了教材的科学性与现实性。

四是突出思政元素。教材以“习近平新时代中国特色社会主义思想”为指导，体现出鲜明的经世致用的价值导向。教材中每一章都融入可以培养大学生理想信念、价值取向、政治信仰、社会责任的题材与内容，并提供课程思政元素的汇总导引表，为数字经济学课程建设与教学设计提供了丰富的思政素材，有助于在传授专业知识的同时全面提高大学生缘事析理、明辨是非的能力，有利于把学生培养成为德才兼备、全面发展的人才。

五是表达深入浅出。教材在写作上做到深入浅出，从数字经济事例出发，用生动翔实的案例和简明清晰的语言，阐述了复杂经济现象背后的理论基础，揭示了数字经济的运行规律。同时，教材采用专栏和案例的表现形式，将扩展性知识通过专栏表现，将数字经济的现象和典型化事实通过案例形式展现，并在每章后附有本章提要、关键概念、阅读资料、思考的问题等，教材表现形式活泼、多样。

本教材的上述特点体现出编者团队踏实、精进的治学风格。相信这部凝聚了多位学者多年研究、授课经验的教材，不仅能帮助学生建立数字经济学的知识体系和理论框架，还能为学术界开展理论探索、产业界加快创新发展、政策部门实施有效调控提供有价值的参考信息。同时，也希望编者团队继续努力、持续优化这部教材，为数字经济学科建设与人才培养作出新的贡献。

国家统计局原副局长
北京大学国家发展研究院特约研究员 许宪春

2023年7月12日

前言

INTRODUCTION

本书的课程思政元素设计以“习近平新时代中国特色社会主义思想”为指导，融入可以培养大学生理想信念、价值取向、政治信仰、社会责任的题材与内容，全面提高大学生缘事析理、明辨是非的能力，把学生培养成为德才兼备、全面发展的人才。

每个课程思政元素的教学活动过程都包括内容导引、展开研讨、总结分析等环节，教师和学生共同参与到课程思政教学活动过程之中。在课堂教学中，教师可结合下表中的内容导引，针对相关的知识点或案例，引导学生进行思考或展开讨论。

《数字经济概论》课程思政元素汇总

章	知识点	展开讨论	思政落脚点
第1章	数字经济的形成和发展	中华民族伟大复兴过程中数字经济的机遇和挑战有哪些?	经济发展
	数字经济基本定律和特征	数字经济的基本定律有哪些?	科学素养
第2章	人工智能的主要技术方向	人工智能技术对于建设现代化产业体系，实现中国式现代化具有哪些作用?	科学精神 专业能力 社会责任
	区块链技术的特点	在脱贫攻坚阶段，形成了大量的扶贫资产。区块链技术对于管理这些扶贫资产可起到哪些作用?	科学素养 逻辑思维 社会责任
第3章	数字产业的基本概念	数字产业在产业结构变迁中的作用有哪些?	专业能力 逻辑思维

续表

章	知识点	展开讨论	思政落脚点
第 3 章	数字产业	1. 大数据产业发展现状和前景。 2. 万物互联的应用案例有哪些?	经济发展 科学分析
第 4 章	数字农业	1. 为什么推动农业数字化发展? 2. 农业数字化转型有什么好处?	专业与社会 经济发展 科学分析
	智能制造	推动制造业的数字化会带来什么影响?	科技发展 企业发展
	服务业数字化	1. 服务业数字化体现在哪些具体行业中? 2. 服务业的数字化转型有哪些特点?	全面思考 民族自豪感
第 5 章	"数字政府"改革与建设规划	1. "数字政府"的内涵有哪些? 2. "数字政府"发展的驱动力和对社会发展起到什么作用?	科学精神 逻辑思维 经济发展
	数字乡村的建设要点	1. 讨论数字乡村发展的背景及必要性。 2. 讨论未来数字乡村建设的重点方向有哪些?	社会责任 专业能力 沟通协作
第 6 章	数据成为生产要素的理论依据	1. 数据成为生产要素的内因和外因分别是什么? 2. 数据区别于传统生产要素的主要特征包括哪些?	科学精神 专业能力 全面思考
	数据要素市场化的必要性	从经济发展、政府治理、民生保障三个层面概括数据要素市场化配置的必要性。	科学素养 逻辑思维 社会责任
第 7 章	平台经济	请列举几个我国发展较好的平台经济,对社会发展有什么作用?	求真务实 社会责任 经济发展
	数字经济新业态的产生	在中华民族伟大复兴过程中,数字经济新业态的机遇有哪些?	求真务实 社会责任 经济发展
第 8 章	货币两种观点	马克思理论与西方经济理论关于货币定义的差异有哪些?	理论自信
	数字人民币	1. 数字人民币有哪些属性? 2. 数字人民币试用有哪些新进展?	家国情怀
	私人数字货币监管	为什么私人数字货币交易监管需要国际合作?	团队合作
第 9 章	数字化缩小区域差距、改善民生	数字化在精准扶贫过程中的作用?	经济发展 社会责任
	共同富裕的基本内涵	共同富裕在推进过程中的难点有哪些?	经济发展 全局意识 人民富裕

续表

章	知识点	展开讨论	思政落脚点
第 9 章	数字经济赋能共同富裕	数字经济通过哪些途径来促进农村居民增收？	经济发展 专业能力 科学精神
第 10 章	2016～2021 年中国数字经济规模	1. 近年来我国数字经济规模呈现了怎样的变化？ 2. 数字经济的发展对我们的日常生活产生了怎样的影响？	经济发展 专业与社会
第 11 章	主要发达国家数字经济政策	美国、英国、俄罗斯、欧盟数字经济政策重点关注哪些领域，有什么异同之处？	科学精神 实事求是
	中国数字经济政策及特点	中国数字经济政策与国外数字经济政策相比有哪些突出特点？	科学精神 大局意识 大国风范
第 12 章	平台的垄断问题	1. 结合现实讨论平台经济领域有哪些垄断行为？ 2. 数字经济时代，如何有效地监管平台？	经济发展 社会责任
	网络空间命运共同体的内涵	1. 网络空间发展的不安全性体现在哪些方面？ 2. 数字经济时代，如何构建网络空间命运共同体？	爱国情怀 科学发展 共同发展

目 录
CONTENTS

第 1 章　导论 …… 1

1. 1　数字经济的形成与发展 …… 3

1. 2　数字经济的概念内涵及研究内容 …… 9

1. 3　数字经济基本定律及特征 …… 12

第 2 章　数字技术 …… 22

2. 1　人工智能 …… 23

2. 2　区块链技术 …… 32

2. 3　物联网技术 …… 38

第 3 章　数字产业 …… 48

3. 1　数字产业的基本概念 …… 49

3. 2　云计算产业 …… 52

3. 3　大数据产业 …… 58

3. 4　物联网 …… 63

第 4 章　产业数字化 …… 72

4. 1　产业数字化内涵及特征 …… 74

4. 2　数字农业 …… 77

4. 3　智能制造 …… 81

4. 4　服务业数字化 …… 84

第 5 章 数字社会 …… 94

5.1 公共服务数字化 …… 95
5.2 智慧城市 …… 105
5.3 数字乡村 …… 113

第 6 章 数据要素 …… 121

6.1 数据要素价值 …… 122
6.2 数据资产 …… 127
6.3 数据要素市场化配置 …… 133

第 7 章 数字经济新业态 …… 142

7.1 网络经济 …… 144
7.2 平台经济 …… 148
7.3 共享经济 …… 152

第 8 章 数字货币 …… 164

8.1 数字货币的内涵、分类与发展 …… 165
8.2 央行数字货币 …… 173
8.3 数字人民币 …… 176
8.4 私人数字货币的风险与监管 …… 184

第 9 章 数字经济与共同富裕 …… 192

9.1 共同富裕及其实现路径 …… 193
9.2 数字经济与人口就业 …… 195
9.3 数字经济与收入差距 …… 199
9.4 数字经济与基本公共服务均等化 …… 202

第 10 章 数字经济统计与核算 …… 211

10.1 数字经济统计的核算方法 …… 212
10.2 数字经济测度的指标体系 …… 216
10.3 数字经济增加值核算 …… 223
10.4 数字经济卫星账户构建 …… 227
10.5 数字经济统计核算展望 …… 229

第 11 章　数字经济政策 …… 235

11.1　国外数字经济政策 …… 236

11.2　中国数字经济政策演进及特点 …… 243

第 12 章　新形势下数字经济的治理 …… 254

12.1　数字经济与经济全球化 …… 256

12.2　全球化背景下的数字贸易 …… 260

12.3　数字经济与平台监管 …… 264

12.4　网络空间命运共同体 …… 270

第1章　导　　论

【学习目标】

学完本章，你应该做到：

1. 了解数字经济的发展历程
2. 了解数字经济的研究对象和主要内容
3. 理解数字经济的科学内涵
4. 理解数字经济的基本规律和主要特征

【引例】

认识数字经济时代

人类文明有多久，经济活动就有多久。但是科学技术，自出现就是相对于经济活动的一条平行线。直到工业革命，经济活动和科学技术的两条平行线有了前所未有的交集。不过，这样的交集并非常态。在大部分场景之下，经济活动和科学技术都处于若即若离的状态。第二次世界大战之后，科学技术和经济活动的关系发生了根本性改变。经济活动和科学技术之间的平行线不仅相互逼近，而且频繁相交。20世纪50年代后，人们曾将某种科学技术与所处的历史阶段联系在一起，有过“原子能时代”“计算机时代”和“纳米时代”的提法。

经济学家熊彼特（Joseph Alois Schumpeter）曾系统探讨了经济活动和科学技术之间的关系，他提出的“创新”理论，就是经济活动和科学技术趋于融合的模式。但是，其思想仅仅被不断阐述，却没有得以发展。托夫勒（Alvin Toffler）等所谓的“未来学者”，虽然敏锐地观察到科学技术对经济生活日益剧烈的影响，但是没有提出相应的理论，产生的影响力非常短暂。20世纪90年代后的二十年，互联网和移动互联网成为全球经济新的基础结构，人类经济活动发生前所未有的改变。几乎同时，大数据、云计算扑面而来，人工智能再次登堂入室。

到了21世纪第二个十年的中后期，不论是经济学家，还是银行家、科学家、企业家，均达成“共识”，将所有这些经济和科技相互影响所形成的新经济称为

“数字经济”。“数字经济”的概念替代了“信息经济”和“知识经济”。为什么“数字经济”得以成为广泛共识？在“数字经济”的背后，是怎样的技术体系作为支撑？“数字经济”是否仍符合传统经济学的规律？未来将怎样发展？

【知识框架】

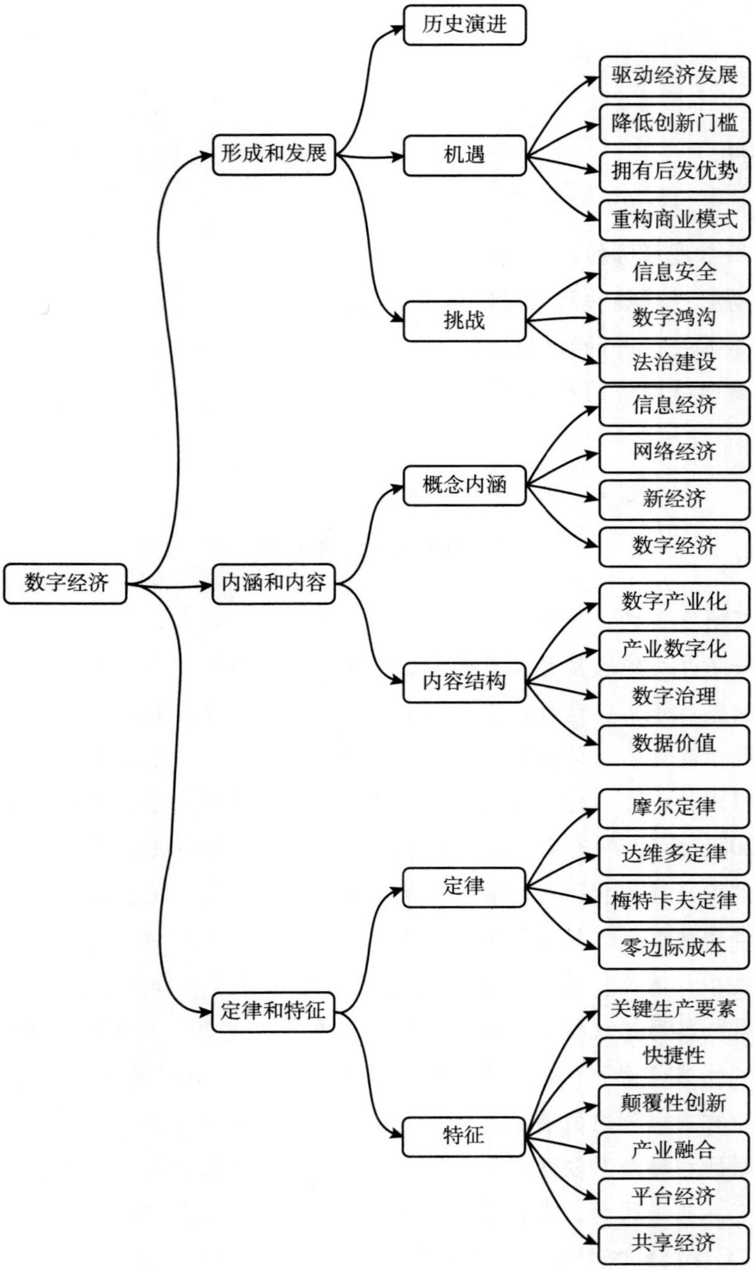

图 1－1　本章知识框架

本章主要阐述数字经济的形成与发展、数字经济学的研究对象与主要内容以及数字经济的基本规律，为后续章节的进一步学习做铺垫。

1.1 数字经济的形成与发展

1.1.1 数字经济发展的历史演进

数字经济（digital economy）是继农业经济、工业经济之后的主要经济形态，是以数据资源为关键要素，以现代信息网络为主要载体，以信息通信技术融合应用、全要素数字化转型为重要推动力，引导实现资源的快速优化配置与再生，促进公平与效率更加统一，实现经济高质量发展的新经济形态。数字经济发展速度快、辐射范围广、影响程度深，正推动生产方式、生活方式和治理方式的深刻变革，成为重组全球要素资源、重塑全球经济结构、改变全球竞争格局的关键力量。

伴随互联网、大数据、云计算和人工智能等数字技术的不断革新，数字经济的产生和发展可以分为四个阶段：第一阶段是从 1946 年开始的萌芽阶段，电子计算机、半导体产业、TCP/IP 协议的出现为数字经济的产生奠定了技术条件；第二阶段是 20 世纪 90 年代至 21 世纪初的成长阶段，网络通信基础设施的建立为数字经济的发展奠定了物质基础；第三阶段是 21 世纪初到 2015 年的数字经济 1.0 时代，以数据驱动，开启数字经济的新篇章；第四阶段是 2015 年至今的数字经济 2.0 阶段，以智能化为特征的云计算、人工智能第三次浪潮和大数据接连出现，全球数字经济与实体经济深度融合，数字应用不断拓展。

1）1946～1960 年：萌芽阶段

（1）电子计算机的出现，掀开数字时代的大幕。追根溯源，信息和人类社会一样，其发展伴随科学技术的不断演变。语言、文字是人类最初的信息传播方式，纸张和印刷术使信息流通的数量、广度和速度大大提高，而电报、电话、收音机和电视机的发明，颠覆性地改变了信息传播方式。1946 年，世界上第一台电子计算机于美国宾夕法尼亚大学诞生，使得语言、文字和音视频等信息内容能够被识别、存储、加工及传输，开启了信息时代的新篇章。

（2）技术创新发展成为信息技术的主线，数字经济开始萌芽。20 世纪 60 年代末，半导体产业与信息技术（information technology，IT）的兴起与应用，标志着数字经济进入网络化的萌芽阶段，为数字经济提供了新的物理载体，即通过网络通信技术实现人与人、人与物、物与物之间的实时连接。

1976 年，乔布斯发明了苹果第一台个人计算机（PC）。20 世纪 70 年代末，微软公司成立，利用 PC 机迅速发展的机遇推出了 MS－DOS 操作系统。1985 年，Commodore 公司率先推出世界上第一种多媒体处理软件 Amiga，自此数字化处理视频、音频信息成为现实。随着 IT 在传统行业的大量应用，信息与通信技术迅猛发展，互联网开始兴起并逐渐应用于各行各业，涉及从企业管理到生产生活的方方面面，大大降低了经济系统的运行成本，提高了经济运行效率。

同一时期，我国实行改革开放政策，开始在半导体和计算机等现代技术领域奋起直追。一是硬件产业方面：1974 年，清华大学采用集成电路研制出我国第一台小型机 DJS－130，运算能力每秒 100 万次；1983 年，国防科技大学开发了我国第一台每秒运算速度上亿次的巨型银河－Ⅰ号型；1985 年，第四机械工业部电子技术应用研究所成功研制与 IBM 的 PC 机兼容的长城 0520 微机①。二是软件产业方面：1984 年，中国软件技术公司成立，开始以国有企业身份运营软件服务；1986 年，电子工业部向国务院提交《关于建立和发展我国软件产业的报告》，这是我国第一个软件产业发展规划的指导性报告；1988 年，金山和用友软件公司成立，分别在个人和企业方面提供软件服务，并相继成长为亚太地区的软件业巨头；1989 年，海峡两岸共同提出的《多八位汉字编码字符集》成为 ISO 的国际标准草案②。

（3）TCP/IP 协议出现，让数字内容在互联网上出现及传播成为可能。随着网络的发展和用户对网络需求的不断提高，1980 年，传输控制协议/网际协议（Transmission Control Protocol/Internet Protocol，TCP/IP）研制成功，在各种硬件和操作系统上实现互操作。1982 年，美国国防通信局和国防部高级研究计划署共同制定传输控制协议（TCP）和网际协议（IP），即 TCP/IP 协议。此协议是 Internet 网络最基本的协议，实现了不同网络之间的跨网通信，让数字内容在互联网上出现及传播成为可能。计算机、互联网和 TCP/IP 协议的出现和使用为数字经济的产生和发展创造了客观条件，提供了技术支撑。

2）1990～2000 年：成长阶段

20 世纪 90 年代至 21 世纪初，在互联网产业迅速发展的带动下，全球掀起“数字经济浪潮”。1993 年 2 月，美国总统克林顿发表题为《促进美国经济增长

---

① 挥袖抚云．我国计算机发展历史［EB/OL］．（2019－11－19）［2022－06－08］．https：//kuaibao. qq. com/s/20191119AOPE1N00？refer＝cp_1026.

② 资料来源：数字经济，你真的了解吗？［EB/OL］．今日头条网站，2017－08－22. https：//www. 163. com/dy/article/CSHON65F05118SRU. html.

的技术——经济发展的新方向》的报告，提出美国要建设“信息高速公路”，即“国家信息基础设施行动计划”。同年9月，美国政府再次提出“国家信息基础设施行动计划”，为美国数字经济的成长提供保障，并于1994年提出“全球信息基础设施行动计划”。网络通信行业的基础设施建设主要包括搭建网络所必需的计算机硬件制造、通信硬件、软件和服务等，为推动数字经济发展奠定了物质基础。

根据牛津英语词典的记录，数字经济（digital economy）一词最早产生于1994年3月1日美国《圣迭戈联合论坛报》的一篇报道。1995年，加拿大学者唐·泰普斯科特在《数字经济：网络智能时代的希望和危险》中正式提出数字经济的概念，并详细论述了数字经济的发展状况以及互联网等数字技术对经济社会的影响。此后，随着互联网等数字技术日趋成熟，并大规模运用于经济社会实践，数字经济引起了人们的广泛关注。1997年，日本通产省开始使用“数字经济”的提法，认为以电子商务为基础的数字经济将高速发展，并且为了建设高度信息化的社会，迅速推广电子商务交易和结算。我国也进行了大量的数字经济建设，如1997年出台了《国家信息化“九五”规划和2010年远景目标（纲要）》，培育了一批以BAT、网易和新浪等为代表的平台型企业，壮大了互联网相关领域的新兴产业集群。1998年，美国商务部发布《浮现中的数字经济》报告，对电子商务的数字经济形式进行了具体描述，指出数字技术发展已成为各国制定经济战略时考虑的核心问题，勾勒出未来25年数字经济结构的蓝图。1999年，欧盟提出“E－Europe”计划，并在21世纪初建立欧洲网络与信息安全机构，致力于打击网络犯罪，为数字经济保驾护航。2000年，英国政府出台多项旨在促进电子商务发展的议案，并设立数字经济特使来统筹数字经济战略整体实施。在全球经济表现平平的20世纪90年代，美国却实现了118个月的连续增长，创造了连续时间最长的经济增长。这一阶段，美国经济呈现出资本主义发展史上罕见的新特征：高经济增长率、低失业率和低通货膨胀率同时存在的“一高两低”的高质量增长特征。美国前劳工部长罗伯特·赖克曾表示，这一轮经济增长中的70%应归功于计算机和互联网。

信息产业和通信产业在互联网中的融合是传统产业变革的强大驱动力，契合传统经济对新型经济增长的迫切要求。即时通信、在线旅游、电子商务、社交应用、网络文学、在线游戏、网络视频和网络支付等服务型数字经济迎来了第一批发展浪潮。随着互联网建设在全球范围内的迅速普及，数字经济的内涵也在逐步深化。

3）2000～2015年：数字经济1.0阶段——数字经济迅猛发展

进入21世纪，随着云计算、大数据、物联网、人工智能和3D打印等数字技术的不断迭代创新，以数据的深度挖掘和融合应用为主要特征的新一代信息技术，在经济社会的领域逐渐渗透，数字工作者、数字消费者、数字商业、数字政府和数字社会这些新名词日益被人们熟悉，标志着经济社会进入数据驱动的1.0时代。

数字经济发展作为促进经济发展、推动传统经济转型、增强国家竞争力和提高社会福利的重要手段，成为世界各国的共识。1998年美国商务部发布《新兴的数字经济》报告，由此数字经济的提法正式成形。自2002年以来，世界经济论坛连续多年发布《全球信息技术报告》对数字经济发展进行阐述。特别是2008年国际金融危机后，为推动全球经济缓慢复苏，世界贸易组织（World Trade Organization，WTO）、联合国贸易和发展会议、亚太经合组织（Asia – Pacific Economic Cooperation，APEC）及国际货币基金组织等国际组织与世界各国纷纷制定数字经济发展战略，期望通过发展数字经济为全球经济增长寻求动力支撑。2010年，欧盟最先公布数字经济议程；2015年，美国发布数字经济议程，英国、德国、法国、俄罗斯、日本、韩国和新加坡等国发布数字化战略；近年来，我国出台了《中国制造2025》及“互联网+”两大战略，通过发展互联网等数字技术及新兴产业推动我国经济结构的转型升级与高质量发展。

4）2015年至今：数字经济2.0阶段——数字经济应用深化拓展

随着数字经济占GDP的比重日益提升，各国纷纷提出促进经济增长的政策，来迎接这一崭新的机遇和挑战。2016年，全球市值最高的五家公司首次全部花落数字平台公司：苹果、谷歌、Facebook、微软和亚马逊。美国政府出台了《数字经济议程》《数字科学战略计划》《美国国家网络战略》等政策；法国政府通过提出《数字法国2020》《数字化路线图》《法国人工智能发展战略》等来促进经济增长。日本政府将数字经济视为振兴日本经济的关键性动能，在《日本制造业白皮书》提出要利用数字化工具强化和提升现场“制造力”，利用机器人、物联网、人工智能等技术实现自动化，培育自动驾驶、机器人等战略性领域产业，明确互联工业是未来产业的发展趋势，即通过灵活运用物联网、大数据等数字化工具连接人、设备、系统和技术，实现数字化与自动化融合，创造新的附加价值。南非政府认为把握数字经济的历史机遇尤为重要，2018年9月，南非科技部出台《科学技术与创新》白皮书草案，旨在使南非能够有效参加日益增长的自动化和数字化新世界秩序，利用科技创新加速包容性经济增长，增强南非的经济竞争力，改善人们的日常生活。在数字技术、数字标准与数据商业化快速发展的背景下，数字技术对农业、制造业和服务业等传统行业的数字化改造进程不断加速，智慧农业、智能制造、智慧物流和互联网金融等领域快速发展，全球数字经济发展进入2.0时代。

2015年,“互联网+”首次进入我国政府工作报告,报告提出通过促进互联网融合创新作用的发挥,培育经济增长新动能,标志着我国数字经济发展开启了新篇章。《中国制造2025》《促进大数据发展行动纲要》《国家信息化发展战略纲要》《“互联网+”人工智能三年行动实施方案》等一系列文件,为数字经济发展提供了政策支持和技术保障。2016年,G20(Group of 20,二十国集团)杭州峰会通过《二十国集团数字经济发展与合作倡议》,是全球首个由多国领导人共同签署的数字经济文件。2017年10月,习近平总书记在党的十九大报告中明确提出加快建设创新型国家、建设数字中国的发展方向。当前,我国数字经济已取得世界瞩目的成绩,在移动支付、共享出行和电子商务等领域引领着世界数字经济的发展。2022年7月,全球数字经济大会在北京举行。在这场主题为“启航数字文明——新要素、新规则、新格局”的盛会上,数字人、元宇宙和互联网3.0等概念频出,全面展示了全球数字经济发展新成果。根据工业和信息化部披露,截至2021年底,中国“5G+工业互联网”在建项目已超过2 000个,覆盖20余个国民经济重要行业,其中具有一定行业和区域影响力的工业互联网平台超过150家,服务的工业企业达到160万家。

1.1.2 数字经济发展带来的机遇与挑战

1)数字经济发展带来的机遇

(1)驱动经济发展,加速全球化进程。近年来,数字经济发展速度及规模增长显著,成为经济发展的新动能。根据《中国数字经济发展报告(2022年)》,2021年,我国数字经济发展取得新突破,数字经济规模达到45.5万亿元,同比名义增长16.2%,高于同期GDP名义增速3.4个百分点,占GDP比重达到39.8%[①]。我国数字经济实现了平稳较快发展,数字经济作为国民经济的“稳定器”“加速器”作用愈发凸显。网购、外卖、网约车等由个人用户催生出的消费场景和业务模式,使得数字平台在消费端已经取得了成功。然而,消费和流通领域的数字化只是数字经济发展的序幕,生产领域数字化才是数字经济发展的主战场。面对新机遇,我国数字经济与各个产业融合,进入面向行业、组织和企业的领域,从消费端走向生产端,有效提升实体经济的质量效益和可持续性。

(2)降低创新门槛,促进创新创业。数字经济的快速发展大幅度降低企业

---

① 郭倩,马晓澄,洪泽华.“数字引擎”加力赋能实体经济[EB/OL].(2022-07-11)[2023-01-10]. baijiahao. baidu. com.

创新与创业的门槛。数字经济时代，政府、企业和消费者如同进入同一个“朋友圈”，形成快捷、高效的互动闭环，数字化的知识和信息成为关键生产要素，数字平台成为重要载体，数字技术成为效率提升和经济结构优化的重要推动力。数字经济加快共享经济的发展，实现数字信息资源的共享化，使得越来越多的市场主体以较低的成本获得所需的技术、数据等资源，从而大幅度地降低了企业创新的门槛，催生了大量的企业在线研发新技术、新模式，实现经济高质量发展。此外，数字经济催生平台经济体的诞生。平台经济体的诞生推动大众创业的发展，降低中小企业的创业门槛，推动了一批中小企业的诞生，为中小企业创新创业带来新机遇。

（3）拥有后发优势，实现“换道”超车。数字经济的后发优势为发展中国家带来跨越式发展的机遇。数字经济发展后发优势具体体现在：第一，边际报酬递增的后发优势。在知识的普及和模仿阶段，鉴于时效性考虑，知识在发达国家的边际报酬下降。而发展中国家的数字经济发展较晚，目前正处于蓬勃发展的黄金时期，因此可以维持较高的边际报酬。发展中国家可以通过学习发达国家的技术，大幅缩短经济形态转型时间，加快进入数字经济时代。第二，人口方面的后发优势。数字经济是人口经济。根据梅特卡夫法则，互联网的价值与其节点的平方成正比，有利于人口众多的国家实现加速发展。因此，发展中国家普遍较多的人口成为潜在的网络用户，激发数字经济的巨大发展潜力，实现弯道超车，改变全球经济格局。第三，信息技术方面的后发优势。数字信息技术具有跳跃式发展的特点，为发展中国家提供了跨越式发展的机遇。例如，部分农村地区能够从农业文明一步跨入信息文明。信息社会发展水平相对落后的发展中国家为数字经济发展预留了巨大空间。第四，数字经济普惠性的后发优势。由于数字经济具有普惠性，发达国家的经济发展红利可以传递到发展中国家。成熟的技术流入市场潜力巨大的发展中国家，有利于发展中国家的传统产业转型升级，重塑发展中国家的比较优势与竞争优势。

（4）重构商业模式，推动传统产业转型升级。数字经济时代对传统产业带来颠覆性影响，催生出新的商业模式，推动了传统产业的转型升级。例如，数字技术助力中小企业数字化转型具有明显成效。消费者可根据自身需求定制产品和价格，或主动参与产品设计、生产和定价，生产企业进行定制化生产。

2）数字经济发展带来的挑战

数字经济已渗透到社会生活的各个方面，从国家治理到人们的衣食住行。然而，数字经济在发展中也出现诸多问题，为国家发展数字经济带来诸多挑战。

（1）信息安全问题。随着数字经济的快速发展，人们所面对的信息环境更加复杂。数据已成为数字经济发展的核心要素和企业最重要的资产。数字经济的发展离不开海量信息的传播与共享，网络高危漏洞、病毒恶意攻击等有关数字安全的威胁呈愈演愈烈之势。近年来，金融领域、政府部门和能源行业等不同领域的关键数字基础设施遭受网络病毒攻击的次数日益增多。而企业为收集更多数据指导自身的生产和营销活动，大规模、无节制地采集用户数据，致使用户个人信息暴露，非法交易、泄露贩卖个人信息等现象屡见不鲜，垃圾短信、诈骗电话等使用户的隐私、财产和生命安全受到严重影响。在数据的流通、流转、共享和使用等各个环境中，如何在保护用户隐私的同时，确保数据可用并创造价值成为数字经济发展的一大挑战。

（2）数字鸿沟难题。随着数字经济的深度发展，各个国家、地区、阶层之间由于经济、技术、制度和教育等方面的资源禀赋与基础条件的不同而形成的差距进一步加深，不仅共同面对着信息化发展带来的种种机遇，同时也面临着影响更为深远的数字鸿沟问题。数字鸿沟表现在数字基础设施与数字素养两方面。各国数字经济发展不均衡，在数字经济中，赢者通吃的可能性显而易见。数字经济先行国家制定行业标准，后来者虽然有后发优势，但是如果不能实现突破性的技术创新，想要弯道超车存在一定难度。而且随着数字经济发展进程加快，国家之间的发展不均衡问题更加明显。此外，各国不同程度地存在数字技能不足与数字人才缺乏的状况，数字素养鸿沟已成为制约各国数字经济发展的主要障碍。在未来的数字经济发展过程中，如何尽快弥合数字鸿沟，促进包容性增长，是当前全球各国普遍面临的战略任务。

（3）法律体制建设滞后。数字技术和数字经济在快速发展，与数字经济相关的法律、法规的出台却相对滞后。不同国家对数字经济监管政策的不一致，导致传统行业和新兴行业的冲突时有发生。而中国关于个人的隐私保护问题还没有出台专门的法律，亟待建立健全的数据治理体系，为数字经济健康发展提供强有力的法制保障，推动数据相关产业健康、合规、可持续发展。

1.2 数字经济的概念内涵及研究内容

在传统经济学的分析框架之下，结合数字经济发展特点对传统经济学进行创新发展，以一系列经济发展新形态和新模式进一步解释数字经济发展过程中所涌现出来的新现象和新问题，探索揭示数字经济发展的基本规律和基本理论，从而增强数字经济下经济理论的适用性和支撑力，促进新发展阶段下资源的有效配置和充分利用，有效引导经济数字化转型和高质量发展。建立一门专门适合数字经济发展的经济学分支，是当前数字经济蓬勃发展的迫切需求。

1.2.1 数字经济的概念内涵及演进

1996 年，泰普斯科特（Tapscott）提出“数字经济”这一术语，认为数字经济具有典型的 12 个特征（知识驱动、数字化、虚拟化、分子化、集成/互联工作、去中介化、聚合、创新、消费者也是生产者、及时、全球化、不一致性）。此后，关于数字经济的研究随着经济发展特点先后经历了信息经济、互联网经济和新经济阶段。然而，当时提出的内涵界定具有一定的阶段性，且只描述了数字经济的某些特征，并未对复杂的数字经济作出明确的定义。此外，早期对于数字经济的描述多集中于数字技术生产力，涵盖了通信设备制造业、信息技术服务行业、数字内容行业等数字技术产业机器市场化应用。之后，随着数字经济的不断演进，研究开始逐渐聚焦于数字技术经济功能和其对生产关系的变革。

2016 年 9 月，G20 杭州峰会上达成的《二十国集团数字经济发展与合作倡议》首次在全球范围内对数字经济的概念作出描述，该描述从要素、条件、路径和目标等方面详细地定义了数字经济，即是指以使用数字化的知识和信息作为关键生产要素、以现代信息网络作为重要载体、以信息通信技术的有效使用作为效率提升和经济结构优化的重要推动力的一系列经济活动。

该定义包含四个核心内容：一是以数字化知识和信息为关键生产要素，即如图像、文字和声音等被储存在虚拟载体上并可以多次使用的数据要素。相比于以往农业经济与工业经济中土地、能源、劳动和资本等生产要素来讲，数字经济下的生产要素具有明显的数字化和可重复性特点，有助于推动生产要素的数字化创新和数字赋能。二是以现代数字信息网络与数字网络平台为载体，不同于网络经济或者互联网经济简单地依托宽带与互联网等载体，数字经济结合互联网，搭载市场组织，发展出如共享经济平台、电子商务平台等传递数字化信息的载体。三是以信息通信技术或数字化技术为核心动力。数字经济的萌生和发展要求信息技术能够对数字化信息进行解析和处理，无论是云计算、大数据、量子计算、人工智能还是区块链，都更灵活、敏捷、智慧地采集、存储、分析和共享信息，从而使得社会互动方式更加智能化、网络化和数字化。四是强调效率提升和经济结构优化的新型经济模式和业态。如：平台经济、网络经济和共享经济等新经济业态，云计算产业、大数据产业、虚拟现实与增强现实产业等数字产业，以及数字农业、智能制造、数字服务业等传统产业的数字化转型。这些新型经济模式和业态有助于促进公共服务数字化、城市智慧化运行和乡村数字化转型，多方面、全方位地实现社会数字化。

在G20杭州峰会首次在全球范围内阐述数字经济的概念之后，各国组织机构和学者都结合数字经济发展的特点，对数字经济的内涵进行补充。例如，2017年腾讯研究院和工业和信息化部电子科学技术情报研究所指出数字经济以信息数据为关键生产要素，以现代信息网络和数字平台为主要依托，有效应用数字技术进而实现传统领域的数字化转型与优化、价值增值和效率提升。2021年中国信息通信研究院发布的《中国数字经济发展白皮书》中，指出数字经济涵盖数字产业化、产业数字化、数字化治理和数据价值化四个方面。数字产业化包括电子信息制造业、电信业、软件和信息技术服务业、互联网行业等信息通信产业；产业数字化指传统产业应用数字技术所带来的产出增加和效率提升部分，包括但不限于工业互联网、两化融合、智能制造、车联网和平台经济等融合型新产业新模式新业态；数字化治理包括但不限于多元治理、以“数字技术＋治理”为典型特征的技术管理以及数字化公共服务等内容；数据价值化包括但不限于数字采集、数据标准、数据确权、数据标注、数据定价、数据交易、数据流转和数据保护等内容。

1.2.2 与数字经济相近的其他概念

1）信息经济、知识经济

信息、知识是数字技术在不同层次上所施加的对象。在数字技术的作用下，数据、信息和知识的规模庞大，以至于产生“信息经济”“知识经济”等称呼。以此来看，数据、信息是外在的现象，而数字技术、数字生产要素才是本质，故而，以“数字经济”一词来称呼该经济形态，更能突出其本质特征。

2）网络经济

网络经济强调互联网技术，但该概念只强调了信息传输环节，不能概括各个环节（信息采集、传输、存储、处理等）和各个时期的数字化特征。网络经济更强调现代数字信息技术与经济的网络化特征及其效应，偏向于信息经济的重要性，而数字经济更强调数字技术所促进的效率提升和经济优化转型，是网络经济的高级阶段。

3）新经济

新经济主要指20世纪90年代末，美国出现的长达118个月经济高增长、通货膨胀率和失业率双低的"一高两低"新特点的经济。后来"新经济"一词大多指高新科技带来的经济现象，是以信息技术革命为基础，实现产业结构优化的全球经济。这一概念不能直接突出数字技术下经济形态的本质，而且"新"太过广泛，侧重于宏观经济发展新阶段，不能突出数字技术或数字化的特征。

1.2.3 本书的主要研究内容

基于以上数字经济内涵的梳理，并结合《中国数字经济发展白皮书》所指出的数字产业化、产业数字化、数字化治理和数据价值化四方面内容，本书主要围绕数字经济以下内容进行探讨：

首先，本书第一部分由第2章到第7章组成。第2章介绍人工智能、区块链技术、物联网技术等内容，了解数字经济的核心技术动力。第3章围绕云计算产业、大数据产业、物联网、虚拟现实与增强现实产业展开探讨当前涌现的数字产业有何特点。第4章围绕产业数字化，对数字农业、智能制造和数字服务业进行展开，了解产业数字化的特征及实现路径。第5章围绕数字化治理，将对公共服务数字化、智慧城市和数字乡村进行展开，以了解技管相结合的数字化治理给社会生活所带来的效率提升。第6章围绕数字价值化，基于数字经济的数字生产要素，将对数据要素价值、数据资产和数据要素市场配置进行介绍，同时也对数据要素市场规则进行简短学习。此外，依据当前数字经济所涌现出的新模式新业态，第7章将介绍平台经济、网络经济和共享经济的特点和现实应用。

其次，本书第二部分由第8章和第9章构成。结合数字经济对货币、经济收入、经济发展等影响，第8章将介绍数字货币的分类与发展，第9章阐述数字经济对实现共同富裕的影响，了解数字经济与人口就业、收入分配、基本公共服务均等化的关系。

最后，本书第三部分由第10章至第12章构成。第10章将介绍如何依据数字经济丰富的内涵对其进行统计与核算；第11章梳理数字经济政策；第12章将介绍当前数字经济在经济全球化中所承担的角色，了解数字经济的监管治理措施。

1.3 数字经济基本定律及特征

1.3.1 数字经济基本定律

数字经济受四大定律支配：摩尔定律、达维多定律、梅特卡夫定律、零边际成本。数字经济依托这四大定律，成为国家经济增长的新动能。

1）摩尔定律

世界头号中央处理器（CPU）生产商英特公司创始人之一的戈登·摩尔经过长期观察于1965年提出摩尔定律。他指出，当价格不变时，集成电路上可容纳的元器件的数目，每隔18～24个月便会增加一倍，性能也将提升一倍。换言之，每一美元所能买到的电脑性能，将每隔18～24个月翻一倍以上。后来衍生的摩尔定律主要指芯片的处理能力每18个月就翻一番，而芯片的价格却随之减半。这一定律虽不是经济学定律，却与经济紧密相连。它不仅体现了网络科技更新的速度之快，还反映了网络突飞猛进增长的同时成本急剧下降的可能性，推动着科技的普及。

此外，摩尔定律经济层面的意义体现在，若一个企业芯片的产出在18个月以后量和质是一样的，那么所获得的收入只能是之前的一半，这是非常残酷的一个现状，激励着企业要持续创新。

2）达维多定律

达维多定律由曾任职于英特尔公司的高级行销主管和副总裁威廉·H.达维多于1992年提出。他认为，进入市场的第一代产品能够自动获得50%的市场份额。这就意味着一家企业不管产品性能如何初级，必须“抢跑”，领先开发出新一代产品，才能占领市场制高点，获得较大的份额和高额的利润。

实际上，达维多定律体现的是现代网络经济大形势下的马太效应，即在数字时代存在赢者通吃、强者恒强的现象，行业第一往往最受社会关注。这就促使企业必须不断地进行技术革新，及时淘汰自身的落伍产品，进一步加大研发投入力度来开发新一代产品，使新一代产品尽快进入市场以形成新的市场和产品标准，从而获得制定游戏规则的权利。数字经济蓬勃发展的核心就是创新。只有不断地创新才能够带来更广泛的节点和更快的信息传播速度，数字经济才能够建立更加全面、高效的信息网络，实现规模化发展。

3）梅特卡夫定律

梅特卡夫定律是由3Com公司创始人罗伯特·梅特卡夫于1973年提出的，其主要内容是：网络的价值等于其节点数的平方，即网络的价值与联网用户数的平方成正比，网络使用者越多，价值就越大。用公式表述就是：$V = K \times N^2$，其中V代表网络的价值，N表示这个网络的节点数，K代表价值系数。梅特卡夫定律对指导互联网的发展起到十分重要的作用，其背后体现的是网络外部性效应。通俗地说，就是每个用户从使用某产品中得到的效用，与用户的总数量有关，用户人数越多，每个用户得到的效用就越高。

在数字经济中，很多互联网企业产品市场规模的增长，往往呈现这样的模式：在起步阶段用户规模增长较为缓慢，一旦用户规模达到某个临界值，市场规模将产生爆发式增长，直至市场趋于饱和，企业价值也持续扩张。这正是梅特卡夫定律的体现。

4）零边际成本

在工业经济中，由于资源有限，当资源存量减少，企业的边际成本就会增加。而数字经济最大的特点就是具有梅特卡夫效应，能够依靠规模化实现零边际成本，从而达到收益最大化。互联网企业一般采取免费的模式推出服务，随着用户规模的不断攀升，将触发梅特卡夫效应，进而使企业价值实现爆发式增长。在成本方面，随着芯片技术的推进和互联网的日益普及，大量信息传遍到各个角落，而信息网络具有一次性投入、长期使用的特点，无数人进入互联网可以共享信息，其进入成本却不会随着人数的增加而提高。

此外，搜索引擎技术等智能化技术也极大地降低了信息搜寻及匹配成本，在信息服务成本收回后，使得信息的边际成本趋近于零。信息及类似产品能够以零边际成本的优势让无数人重复使用。这就意味着，互联网企业面临的市场规模逐渐增大，拥有无限多的用户，而需求规模也随之扩大，在企业边际成本不变甚至下降的情况下，必然形成边际收益递增。

1.3.2 数字经济的特征

数字经济受到以上四大定律的支配，决定了数字经济具有以下特征：

1）数据成为新的关键生产要素

数字经济是继农业经济、工业经济后的新发展范式和新经济形态，而每一次经济形态的重塑都将促使产生新的生产要素。

在农业经济时代，劳动、土地作为核心生产要素驱动经济发展，工业经济时代，资本、技术逐渐超越土地、劳动成为新的核心生产要素，在数字经济时代，数据成为继土地、劳动、资本和技术后新的关键生产要素，加速重构原有生产要素的配置方式和效率。互联网与物联网的持续普及、智能终端与传感器的加速应用等使得与人类生活、生产及治理等行为相关的信息以数字化方式进行存储、加工和使用，源源不断地促使海量数据产生，数据的快速增长已日渐成为社会基本战略资源，蕴藏着巨大的潜力和能量。随着数据存储及计算处理能力的提升，数据创造的价值持续倍增，庞大的数据资源也将成为企业最具竞争性的战略性资源。因为企业的核心就是对产品和服务的创新能力，而利用数据挖掘消费者的潜在需求是创新产品服务、开拓新商业模式的关键。

此外，由于企业根据需求收集大量数据，并处理为极具经济价值的数字信息，而数字信息具有零边际成本、规模报酬递增、复制无差异性、虚拟性和非竞争性等特征。对数字信息的虚拟存储不仅提高了搜索效率，也减少了使用数据进行价值创造的成本，这就促使企业不断推动技术的革新和完善，进而产生盈利。

2）数字经济具有快捷性

首先，由于数据和数字网络的流动性，互联网能够突破传统的空间限制，将全球各地紧密联系在一起，使地球变为一个村落，通过数字技术的经济活动缩小各地区的空间距离，大大加快全球化进程，提高各国经济的相互依存度。

其次，数字经济能够突破时间的约束。由于信息与网络全天运转，数据全球流动速度不断加快，基于互联网、大数据和云计算等数字技术的经济活动可以在更小的时间跨度上连续进行，不受时间因素的制约。

最后，数字经济是一种速度型经济。现代信息网络传播速度极快，以接近于实时的速度搜集、处理和应用相关信息，使得信息节奏大大加快。之所以说数字经济是速度型经济，主要是由数字经济的规模报酬递增决定的。摩尔定律决定了数字技术的快速更迭性。信息产品升级换代的速度在不断加快，创新周期也在不断缩短，企业与企业、国与国之间的竞争成为时间上的一种竞争。若企业能够将繁杂的数据第一时间转化为可供其生产、决策的信息，就能不断满足消费者的多样化需求，以最快的速度实现规模经济，变得越来越强。反之，企业就会一步落后，步步落后，直至被淘汰。

3）颠覆性创新不断涌现

创新是推动数字经济发展的原动力。当前，随着新一轮科技革命在全球范围的兴起，包括互联网、大数据、物联网、人工智能（AI、Chat - GPT）和3D打印等在内的数字技术成为核心驱动技术。根据摩尔定律，创新的研发成本持续大幅降低，创新速度明显加快。链条化、跨领域的创新成果屡见不鲜，颠覆性创新与传统的渐进式创新并行不悖。颠覆性创新主要体现在以下两个方面：

一是产品创新。数字技术使创新主体之间合作更高效，多样化的创新主体主动适应数字化技术以提供新产品和新服务，使得数字创新产品和服务具有快速迭代的特征。目前，随着人工智能算法的优化与成熟，数字经济走过了1.0时代、

2.0时代，即将迎来以“智能化”驱动为代表的3.0时代。新一代人工智能产品在各个领域实现了突破，为经济社会发展不断注入新动能，同时也深刻改变着人类的生产生活方式。例如，生活服务行业的智能家居、个人语音助手、聊天机器人，零售行业的无人超市、搜图购物，教育行业的模拟教学平台、早教机器人，交通行业的无人机、自动驾驶，医疗行业的AI诊断、医疗机器人，金融行业的智能信贷、个性化保险，安防领域的人脸识别、自动预警等。

二是商业模式的创新。数字技术的产业赋能作用增强，加速与各行业的融合，深刻改变着企业的要素组合和商业模式，加快各行业质量变革、效率变革和动力变革进程。例如，在日常生活中，打车软件对出租车业态的颠覆、电商对线下购物方式的颠覆、3D打印和智能制造对传统制造业的颠覆、微信对移动运营商的颠覆、蚂蚁金服对传统银行的颠覆、京东对大卖场的颠覆等都体现了数字经济时代商业模式的转变。未来，数字医疗、自动驾驶汽车等，都可能成为改变相关领域的创新技术。

4）产业融合趋势不断显现

数字经济发展对产业跨界融合具有强大推动力。数字经济由于本身具有虚拟性和高附加性，加上信息技术、网络技术具有极强的渗透性功能，能够提高同一产业不同环节、不同经营实体之间的关联性，并加快信息要素在不同经营主体及行业间的流动。而大数据、5G产业和新一代信息技术的不断升级，也为产业跨界融合提供了更加便利的条件。从现实看，数字技术的高连接性和数据处理能力打破了产业链供应链上下游企业、企业与用户间的信息壁垒，在推动已有产业不断完善的基础上，孕育了互联互通的新产业生态。如O2O、共享经济等新模式，提高了消费经验和资源利用效率。随着数字经济的加入，未来经济结构将不再是独立的行业相加组成，产业边界会越来越模糊甚至消失，彼此将无缝衔接，真正做到你中有我、我中有你。

5）平台经济不断崛起

平台经济的不断崛起是数字经济的一个典型特征。不同于传统产业的生产组织形态，平台经济是一种基于数字技术，由数据驱动、平台支撑、网络协同的经济活动单元所构成的生态系统。与工业时代企业遵从的组织方式和流程不同，在数字经济时代，企业从单一的产品和服务、单一的生产关系和交易关系，逐渐转变为多维度、多层次的网状体系。各个企业存在相互影响、相互依赖的多方关系。一个典型的平台经济例子就是网购领域的天猫、京东以及社交领域的微信。

6）共享经济快速兴起

数字经济的飞速发展为共享经济的到来推波助澜，共享化成为数字经济的重要特征。共享经济能够利用新一代信息技术平台，将个人或企业等组织闲置的商品、技能等资源，以较低的价格甚至免费转让给需要的个人或企业使用，是一种新型的资源配置方式。如今，各式各样的共享应用软件涌现于人们的生活中，如美团外卖、哈啰出行、大众点评、小猪短租和知乎等，囊括了交通出行、餐饮住宿、金融借贷、医疗保健和知识共享等多个行业。互联网的普及使得消费者摆脱了对企业组织及其生产工具的依赖。此外，共享经济也实现了交易成本的最小化。数字共享经济平台的出现颠覆了交易领域，超越了地域与时间的限制，利用互联网和社交平台可以认识和了解企业供需双方的共同需求，有效实现供需双方的平衡，通过新型的合作关系拓展了企业的边界，同时减少了信息的不对称，降低交易成本，扩展了共享经济价值共创的效益。这种商业模式的创新实现了生产者和消费者的双赢。

阅读材料

数字经济步入内涵式发展阶段

“尽管面对疫情冲击，很多城市的消费增长势头依然很好，原因就在于数字经济在其中发挥了很大作用，包括改善需求、提升供给和促进供求匹配。”国务院发展研究中心市场经济研究所副所长刘涛分析，尤其是在提升供给方面，数字经济能促进消费内部的优化和提升，很多产品应用了数字技术后变成了更吸引人、更能提升消费品质的商品；数字经济能有效促进消费方式转变，从线下转为线上；数字技术能推动消费场景的营造，能提升消费品牌影响力；数字经济还能促进缩小区域和城乡消费差距。

工业和信息化部发布的数据显示，我国数字经济已连续数年稳居世界第二位，对经济增长的拉动作用不断增强。

一方面，数字产业规模持续提升。上半年，网上购物、远程医疗等“非接触经济”全面提速，数字产业保持良好增长势头，为经济发展注入了强劲动力；电子信息制造业、软件业、通信业和互联网的收入总规模突破10万亿元，平稳向好的发展态势明显，产业韧性持续增强。

另一方面，产业数字化转型进程提速升级。通过着力深化新一代信息技术与制造业融合，工业互联网创新发展迈出更坚实步伐，“5G＋工业互联网”512工程纵深推进，建设项目超过3 100个，其中二季度新增项目700个。智能制造工程加快推进，孵化解决方案供应商已经超 6 000 家，服务范围覆盖 90% 以上制造业领域，规模以上工业企业关键工序数控化率和数字化研发设计工具普及率分别达 55.7% 和 75.1%，传统产业数字化转型提升进程进一步加快。

在数字产业化和产业数字化的进程中，涌现出了许多生动案例。比如，针对部分制造企业生产波谷导致产能闲置及算力资源浪费的情况，京东云联合江苏智云天工科技有限公司、常州移动等为江苏省常州市钟楼区打造了“超级虚拟工厂”，已接入 600 余家工业企业和 46 000 多台设备，打造了 150 多款爆款产品，实现 3 亿多元的剩余产能转化，助力常州制造企业提质、降本、增效，打造优质产能，最终促进区域产业升级转型。

“链网融合，是京东作为一家新型实体企业以‘实助实’的最佳实践和行业未来发展方向。京东的链网融合通过货网、仓网、云网的深度融合，实现‘三网通’，保障供应链稳定性与可靠性，助力实体经济高质量发展。”京东集团副总裁曾晨说。

中国社会科学院财经战略研究院研究员李勇坚认为，京东等企业以供应链为基础“以实助实”，可以提升产业效率、解决消费供给，更好满足消费者需求，加快数字化转型。

“推动数字经济发展的关键已从过去的突破技术瓶颈转向更好对接需求、做好现实应用。数字经济的参与主体更加丰富，构建数字生态圈必须打破数据孤岛，打通企业、用户、政府等主体之间的连通。”中国社会科学院财经战略研究院副研究员张昊说。

资料来源：黄鑫．数字经济步入内涵式发展阶段［N］．经济日报，2022-08-04（006）．

本章小结

本章分别阐述了数字经济的形成及发展、数字经济的概念内涵及研究内容、数字经济的基本定律及特征。数字经济作为一种新经济形态，其产生和发展历经了萌芽、成长、1.0、2.0 四个阶段，面临促进经济发展、促进创新创业、推动传统产业转型升级等新机遇，但同时也面临信息泄露、数字鸿沟、法律体制建设滞后等难题。关于数字经济的概念内涵，本章结合权威机构和诸多学者的观点对数字经济这一概念进行了准确界定，并围绕数字产业化、产业数字化、数字化治理和数据价值化四个维度对数字经济进行内容上的探讨，在此基础上，还阐述了与数字经济相近的其他表述，包括信息经济、网络经济、知识经济和新经济。关于数字经济的基本定律，主要包括摩尔定律、达维多定律、梅特卡夫定律、零边际成本，在此基础上，概括了数字经济的基本特征。

复习思考题

1. 数字经济发展的演进历程是什么？
2. 数字经济概念内涵是什么？
3. 数字经济发展可能会带来哪些机遇与挑战？
4. 数字经济有哪些基本定律？
5. 数字经济的基本特征是什么？
6. 如何理解数字经济时代的“免费”模式？
7. 如何理解“数据是一种关键生产要素”？

参考文献

[1] Bailey D E, Leonardi P M and Barley S R. The Lure of the Virtual, Organization Science, 2012, 23 (5): 1485 – 1504.

[2] Berisha – Shaqiri A and Berisha – Namani M. Information Technology and the Digital Economy, Mediterranean Journal of Social Science, 2015, 6 (6): 78.

[3] Bharadwaj A and Pavlou P A. Digital Business Strategy: Toward a Next Generation of Insights, MIS Quarterly, 2013, 37 (2): 471 – 482.

[4] Brent R M and Steven L. GDP and the Digital Economy: Keeping up with the Changes , Understanding the Digital Economy Data, 1999, 4 (5): 34 – 48.

[5] Goldfarb A and Tucker C. Digital Economics, Journal of Economic Literature, 2019, 57 (1): 3 – 43.

[6] Dougherty D and Dunne D D. Digital Science and Knowledge Boundaries in Complex Innovation, Organization Science, 2012, 23 (5): 1467 – 1484.

[7] Hukal P, Henfridsson O, Shaikh M and Parker G. Platform Signaling for Generating Platform Content, MIS Quarterly, 2020, 44 (3): 1177 – 1206.

[8] Landefeld J S and Fraumeni B M. Measuring the New Economy, Survey of Current Business, 2001, 81 (2): 23 – 40.

[9] Lakhani K R and Panetta J A. The Principles of Distributed Innovation, Innovations, 2007, 2 (3): 97 – 112.

[10] OECD. Measuring the Digital Economy: A New Perspective, Pairs: OECD Publishing, 2014.

[11] Sandberg J, Holmstrom J and Lyytinen K. Digitization and Phase Transitions in Platform Organizing Logics: Evidence from the Process Automation Industry, MIS

Quarterly, 2020, 44 (1): 129 – 153.

[12] Tapscott D. The Digital Economy: Promise and Peril in the Age of Networked Intelligence (vol. 1), New York: McGraw – Hill, 1996.

[13] Turcan R V and Juho A. What Happens to International New Ventures beyond Start – up: Ab Exploratory Study, Journal of International Entrepreneurship, 2014, 12 (2): 129 – 145.

[14] Teece D J. Profiting from Innovation in the Digital Economy: Enabling Technologies, Standards, and Licensing Models in the Wireless World, Research Policy, 2018, 47 (8): 1367 – 1387.

[15] Wu L, Lou B and Hitt L. Operationalizing Regulatory Focus in the Digital Age: Evidence from An E – commerce Context, MIS Quarterly, 2019, 43 (3): 745 – 764.

[16] 国务院关于印发“十四五”数字经济发展规划的通知．中国政府网．

[17] 闫德利．数字经济的由来 [J]．中国信息化，2017 (11)：86 – 87.

[18] 李国．数字经济加速驶入“快车道” [N]．工人日报，2022 – 08 – 02 (007).

[19] 陈晓红，李杨扬，宋丽洁，等．数字经济理论体系与研究展望 [J]．社会科学文摘，2022 (6)：4 – 6.

[20] 陈晓红，李杨扬，宋丽洁，等．数字经济理论体系与研究展望 [J]．管理世界，2022，38 (2)：208 – 224，13 – 16.

[21] 陈晓红，唐立新，李勇建，等．数字经济时代下的企业运营与服务创新管理的理论与实证 [J]．中国科学基金，2019，33 (3)：301 – 307.

[22] 丁志帆．数字经济驱动经济高质量发展的机制研究：一个理论分析框架 [J]．现代经济探讨，2020 (1)：85 – 92.

[23] 荆文君，孙宝文．数字经济促进经济高质量发展：一个理论分析框架 [J]．经济学家，2019 (2)：66 – 73.

[24] 李长江．关于数字经济内涵的初步探讨 [J]．电子政务，2017 (9)：84 – 92.

[25] 李广乾，陶涛．电子商务平台生态化与平台治理政策 [J]．管理世界，2018，34 (6)：104 – 109.

[26] 腾讯研究院，工信部．数字经济白皮书 (2017) [EB/OL]．https：//www. sgpjbg. com/baogao/81846. html.

[27] 徐鹏，徐向艺．人工智能时代企业管理变革的逻辑与分析框架 [J]．管理世界，2020，36 (1)：122 – 129，238.

［28］杨飞，范从来．产业智能化是否有利于中国益贫式发展？［J］．经济研究，2020，55（5）：150－165.

［29］易宪容，陈颖颖，位玉双．数字经济中的几个重大理论问题研究——基于现代经济学的一般性分析［J］．经济学家，2019（7）：23－31.

［30］王如玉，梁琦，李广乾．虚拟集聚：新一代信息技术与实体经济深度融合的空间组织新形态［J］．管理世界，2018，34（2）：13－21.

［31］王勇，辛凯璇，余瀚．论交易方式的演进——基于交易费用理论的新框架［J］．经济学家，2019（4）：49－58.

［32］二十国集团数字经济发展与合作倡议［EB/OL］．（2016－09－29）［2017－02－28］．http：//www. cac. gov. cn/2016－09/29/c_1119648520. htm.

［33］中国信息通信研究院．中国数字经济发展白皮书．

［34］张化尧，金波，许航峰．数字经济的演进：基于文献计量分析的研究［J］．燕山大学学报（哲学社会科学版），2020，21（3）：107－114，144.

［35］丁志帆．数字经济驱动经济高质量发展的机制研究：一个理论分析框架［J］．现代经济探讨，2020（1）.

［36］韩凤芹，陈亚平．数字经济的内涵特征、风险挑战与发展建议［J］．河北大学学报（哲学社会科学版），2022，47（2）：54－61.

［37］李晓华．数字经济新特征与数字经济新动能的形成机制［J］．改革，2019（11）：40－51.

［38］马化腾等．数字经济：中国创新增长新动能［M］．北京：中信出版社，2017.

［39］童锋，张革．中国发展数字经济的内涵特征、独特优势及路径依赖［J］．科技管理研究，2020，40（2）：262－266.

［40］王佳元．数字经济赋能产业深度融合发展：作用机制、问题挑战及政策建议［J］．宏观经济研究，2022（5）：74－81.

［41］谢康，肖静华．面向国家需求的数字经济新问题、新特征与新规律［J］．改革，2022（1）：85－100.

［42］尹振涛，陈媛先，徐建军．平台经济的典型特征、垄断分析与反垄断监管［J］．南开管理评论，2022，25（3）：213－226.

［43］张路娜，胡贝贝，王胜光．数字经济演进机理及特征研究［J］．科学学研究，2021，39（3）：406－414.

［44］张文魁．数字经济的内生特性与产业组织［J］．管理世界，2022，38（7）：79－90.

第2章　数字技术

【学习目标】

学完本章，你应该做到：

1. 了解人工智能的基本含义与主要技术方向
2. 了解区块链的基本含义与特点
3. 了解物联网技术的定义与特点

【知识框架】

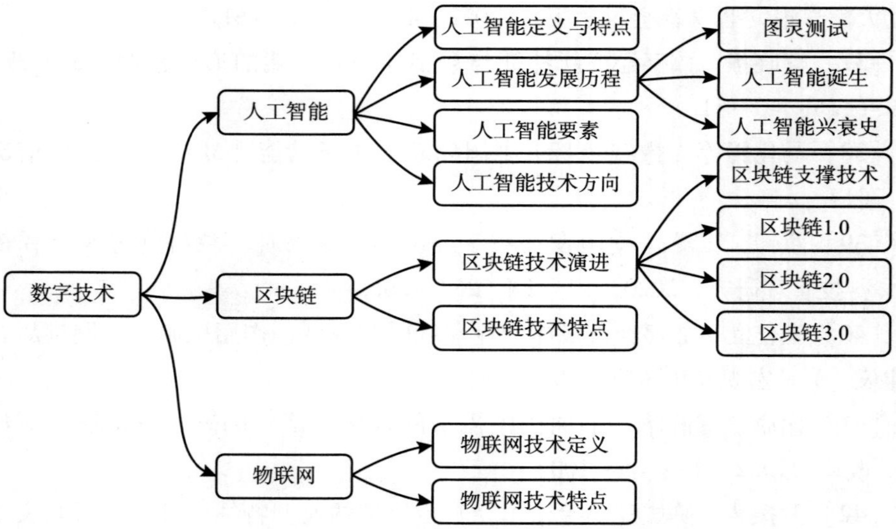

图2－1　本章知识框架

【引例】

2016年3月，阿尔法围棋与围棋世界冠军、职业九段棋手李世石进行围棋人机大战，以4比1的总比分获胜；2016年末2017年初，该程序在中国棋类网站上以“大师”（Master）为注册账号与中日韩数十位围棋高手进行快棋对决，连续60局无一败绩；2017年5月，在中国乌镇围棋峰会上，它与排名世界第一的世界围棋冠军柯洁对战，以3比0的总比分获胜。围棋界公认阿尔法围棋的棋力已经超过人类职业围棋顶尖水平。2017年5月27日，在柯洁与阿尔法围棋的人机大战之后，阿尔法围棋团队宣布阿尔法围棋将不再参加围棋比赛。阿尔法围棋将进一步探索医疗领域，利用人工智能技术攻克现实医学中存在的种种难题。在医疗资源短缺的现状下，人工智能的深度学习已经展现出了潜力，可以为医生提供辅助工具。

由此可见，人工智能将极大改变我们的日常生活。那么，什么是人工智能？人工智能经历了怎样的发展阶段？人工智能具有哪些应用场景？我们该如何迎接人工智能时代的到来？

2.1 人工智能

2.1.1 人工智能的定义与特点

1）人工智能的定义

“人工智能”（artificial intelligence）是一个含义很广的词语，其定义经历了漫长的历史演变。目前人工智能的定义有如下几种：

（1）人工智能是类人思考、类人行为，理性的思考、理性的行动。人工智能的基础是哲学、数学、经济学、神经科学、心理学、计算机工程、控制论、语言学。人工智能的发展经过了孕育、诞生、早期的热情、现实的困难等多个阶段。

（2）人工智能是研究、开发用于模拟、延伸和扩展人的智能理论、方法、技术及应用系统的一门新的技术科学，是计算机科学的一个分支。

（3）人工智能科学的主旨是研究和开发出智能实体，涉及的一些基础学科不仅包括数学、逻辑学、归纳学、统计学、系统学、控制学、计算科学，也包括哲学、心理学、生物学、神经科学、认知科学、仿生学、经济学、语言学。因此，这是一门集多门学科精华于一体的尖端学科中的尖端学科。

综合各种不同的人工智能观点，可以从“能力”和“学科”两个方面对人工智能进行定义。从能力的角度看，人工智能是相对人类的不同范畴的智能而言的，是指用人工的方法让机器实现人的某种智能；从学科的角度看，人工智能是一门研究如何构造智能机器或智能系统，能够模拟、延伸和扩展人类智能的学科。

2）人工智能的特点

广义地说，人工智能的本质仍是一种技术进步，具有以往技术进步相同的特点。但是，人工智能又与以往技术进步不同，主要体现在人工智能变革的速度、规模以及深度上，其带来的是一个时代背景的转换。人工智能超越技术本身，引导人类直面意识、思维等人类本质的问题。与以往技术进步不同，人工智能具有以下三方面的特点：

（1）更快的影响速度。技术进步从研究到应用有一个过渡期，这一过渡期留给了人们调整和适应的时间。如果技术进步从研究到应用有一个较长的过渡期，那么人类将更有机会和能力适应和调节自身的生活工作方式，以适应时代的变化。而人工智能技术是一种数字化技术进步，它遵循摩尔定律，发展速度呈指数化，当人工智能发展到一定程度后，发展速度又会进入一个新的量级。从20世纪90年代第三次人工智能浪潮开始，人工智能开始真正应用到产业中，到如今也仅仅20多年，人工智能的应用已经开始向各个领域突破，当真正进入人工智能时代的爆发期时，人工智能的发展速度完全可以用日新月异来形容。如此快的发展速度，将给人类适应人工智能时代带来极大的挑战。

（2）更广的影响范围。数据化和数字化是人工智能时代的显著特征，当信息开始数字化后，生产成本将会越来越低廉，在近乎零边际成本下，人工智能将会向各个领域普及。人工智能能够作为当前行业科技化发展的核心特征，与工业、商业、金融等各行业进行全面整合。换言之，“AI+”类似于马良之笔，利用人工智能技术以及互联网平台，实现“AI+行业”的深度整合，点亮一个新的发展生态，激发社会经济实体的生命力。如“AI+家居”通过人工智能对家居的控制，带来更好的家居生活体验，“AI+工业”通过智能机器人的应用，能够进一步提高工业生产效率。“AI+农业”不仅能够利用人工智能技术推动农业现代化，提高作物产量，还能通过大数据分析掌握农产品价格趋势，指导农业生产，提高农业效率，增加农民收益。通过“AI+”，人工智能的影响比以往任何一次技术进步的范围都广，逐渐覆盖到经济社会的方方面面。

（3）更深的影响程度。人工智能技术具有持续创新的动力，并以组合创新为特点，在这种持续而健康的创新推动下，人工智能技术将对人类经济生活产生越来越深远的影响。近年来，人工智能在各行各业的应用中，都对行业整体结构产生了颠覆性的影响。例如，目前人工智能应用在新闻行业中，对新闻业中的传播媒介、播音主持、新闻采编、新闻用户等产生了全面的影响。移动互联网时代的新闻传播媒介开始进入自媒体时代，AI主播已开始走向电视台的主播岗，AI

采编新闻信息比人类更客观，并能够快速完成写稿任务，而根据大数据技术获取并分析用户的阅读数据，能够实现对用户的精准推送。这些变化既颠覆了新闻从业者的专业认知，也颠覆了用户的阅读体验。人工智能能够在一定程度上解决以往行业发展的瓶颈问题，或者颠覆以往行业结构，其影响较以往技术进步也更深远。

2.1.2　人工智能的发展历程

1）图灵测试

1950 年，“计算机之父”及“人工智能之父”艾伦·马西森·图灵（Alan M. Turing）发表了论文《计算机器与智能》，这篇论文可以说是人工智能科学的开山之作。图灵在论文的开篇就提出了这样一个问题：机器能思考吗？这个问题启发了无穷的想象，也奠定了人工智能的雏形。在这篇论文中，图灵提出了鉴别机器是否具有智能的方法，这就是人工智能领域著名的“图灵测试”。其基本思想是，测试者进行随意提问，然后由房间里看不见的被测试者（人或者机器）对测试者提出的问题进行回答。经过一段时间的问答，如果测试者无法确定回答问题的哪个是人，哪个是机器，那么可以说这个机器有了智能。

2）人工智能的诞生

1956 年 8 月，在美国达特茅斯学院聚集了一群天才科学家，包括约翰·麦卡锡（John McCarthy）、马文·明斯基（Marvin Minsky）、克劳德·艾尔伍德·香农（Claude Shannon）、艾伦·纽厄尔（Allen Newell）、西蒙（Herbert Simon）等。他们基于以下推测：“学习的每一个方面和智能的任何特征，原则上都能被精确地描述，并被机器模仿”，尝试弄清如何让机器像人一样思考，如何让机器用自然语言来交流，并形成抽象概念，解决人类现存的问题。

这次会议被命名为“人工智能夏季研讨会”。在这次会议上，“人工智能”这个词汇被约翰·麦卡锡首次提出。因此，1956 年也被称为人工智能元年。

3）人工智能的兴衰史

自 1956 年人工智能元年至今，人工智能的发展经历了两次繁荣、两次低谷，之后经过复苏迎来了增长爆发。

（1）第一次繁荣期（1956 ~ 1974 年）。1956 年人工智能正式诞生之后的近二十年间，人工智能在各方面快速发展，研究者们以极大的热情将人工智能的技术和应用领域不断发展与扩张。

1956 年，IBM 公司的阿瑟·萨缪尔（Arthur Samuel）写出了著名的西洋棋程序，该程序可以通过棋盘状态学习一个隐式的模型来指导下一步走棋，并且击败了阿瑟·萨缪尔本人。自此，他定义并解释了一个新词——机器学习。在此期间，机器翻译、机器定理证明、机器博弈开始兴起。

约翰·麦卡锡开发了 LISP 语言，成为以后几十年人工智能领域最主要的编程语言。马文·明斯基对神经网络有了更深入的研究，发现了简单神经网络的不足。为了解决神经网络的局限性，多层神经网络、反向传播算法开始出现。专家系统也开始起步，第一台工业机器人进入了通用汽车的生产线，也出现了第一个能够自主动作的移动机器人。

（2）第一次低谷期（1974～1980 年）。人们高估了科学技术的发展速度，许多太过乐观的承诺无法按时兑现，引发了全世界对人工智能技术的怀疑，因此对人工智能的热情没有维持太长时间。

1957 年引起学术界轰动的感知机，在 1969 年遭遇到了重大打击。当时，马文·明斯基提出了著名的异或问题，论证了感知机无法解决类似异或问题等线性不可分数据的问题。

由于当时计算机的运算能力不足，程序的计算复杂度较高，导致机器翻译等项目失败。许多难题虽然理论上可以解决，但根本无法投入实际使用。例如，对于机器视觉的研究在 20 世纪 60 年代就已经开始，美国科学家劳伦斯·罗伯茨（L. R. Roberts）提出的边缘检测、轮廓线构成等方法十分经典，一直到现在仍然被广泛使用。然而，有理论基础不代表有实际产出。当时有科学家计算得出，要用计算机模拟人类视网膜视觉至少需要执行 10 亿次指令，而 1976 年世界最快的计算机 Cray－1 造价数百万美元，但速度还不到 1 亿次/秒，普通计算机的计算速度还不到一百万次/秒①。硬件条件限制了人工智能的发展。此外，人工智能发展的另一大基础是庞大的数据，而当时计算机和互联网尚未普及，根本无法获取大规模数据。

1973 年，人工智能遭遇到科学界的拷问，很多科学家认为人工智能那些看上去宏伟的目标根本无法实现，研究已经完全失败。越来越多的怀疑使人工智能遭受到严厉的批评和对其实际价值的质疑。随后，各国政府和机构也停止或减少资金投入，人工智能在 20 世纪 70 年代陷入第一次寒冬。

（3）第二次繁荣期（1980～1987 年）。1980 年，卡耐基梅隆大学研发的 XCON 正式投入使用。XCON 是个完善的专家系统，包含了设定好的超过 2 500

① 产业互联时代，国双扬帆正当时．中国日报网，2019－07－18.

条规则，在后续几年处理了超过 80 000 条订单，准确度超过 95%。这成为一个新时期的里程碑，专家系统开始在特定领域发挥威力，也带动整个人工智能技术进入一个繁荣阶段。

专家系统往往聚焦于单个专业领域，模拟人类专家回答问题或提供知识，帮助工作人员做出决策。它把自己限定在一个小的范围内，从而避免了通用人工智能的各种难题，同时充分利用现有专家的知识经验，解决特定工作领域的任务。

由于 XCON 取得的巨大商业成功，在 20 世纪 80 年代，60% 的世界 500 强公司开始开发和部署各自领域的专家系统。据统计，1980 ~ 1985 年，有超过 10 亿美元被投入人工智能领域，大部分用于企业内的人工智能部门，涌现出很多人工智能软硬件公司。

1986 年，慕尼黑联邦国防军大学在一辆奔驰面包车上安装了计算机和各种传感器，实现了自动控制方向盘、油门和刹车。它被称为 VaMoRs，是真正意义上的第一辆自动驾驶汽车。

在人工智能领域，当时主要使用计算机程序设计语言（LISP）。为了提高各种程序的运输效率，很多机构开始研发专门用来运行 LISP 程序的计算机芯片和存储设备。虽然 LISP 机器取得了一些进展，但同时 PC 也开始崛起，IBM PC 和苹果计算机快速占领了整个计算机市场，它们的 CPU 频率和速度稳步提升，甚至变得比昂贵的 LISP 机器更强大。

除此之外，还出现了具有更强可视化效果的决策树模型，以及突破早期感知机局限的多层人工神经网络，以上这些促进了人工智能的第二次繁荣。

（4）第二次低谷期（1987 ~ 1993 年）。1987 年，专用 LISP 机器硬件销售市场严重崩溃，人工智能领域再次进入寒冬。硬件市场的溃败加上各国政府和机构纷纷停止向人工智能研究领域投入资金，导致了该领域数年的低谷，但这期间也取得了一些重要成就。

1988 年，美国科学家朱迪亚·珀尔（Judea Pearl）将概率统计方法引入人工智能的推理过程，这对后来工智能的发展起到了重大影响。这个时期，人工智能技术逐渐与计算机和软件技术深入融合。

（5）复苏期（1993 ~ 2011 年）。1995 年，理查德·华莱士（Richard S. Wallace）开发了新的聊天机器人程序 Alice，它能够利用互联网不断增加自身的数据集，优化内容。

1997 年，IBM 研发的深蓝（Deep Blue）战胜了世界国际象棋冠军卡斯帕罗夫，但此次具有里程碑意义的对战，本质只是计算机依靠运算速度在规则明确的游戏中取得的胜利，并不是真正意义上的人工智能。同年，长短期记忆网络（Long Short – Term Memory）概念的提出更好地推动了语音处理及自然语言处理序列模型的发展。

2006 年，杰弗里·辛顿（Geoffrey Hinton）和他的学生开始研究深度学习。

复苏期间，计算机性能与互联网技术快速普及，促进了 AI 的发展。

（6）增长爆发期（2011 年至今）。在 2011 年，同样是来自于 IBM 公司的沃森系统参与了综艺竞答类节目《危险边缘》，与真人一起抢答竞猜，沃森系统凭借其出众的自然语言处理能力和强大的知识库战胜了两位人类冠军。计算机此时已经可以理解人类语言，这是人工智能领域的重大进步。

随着移动互联网技术、云计算技术的爆发以及 PC 的广泛使用，各机构得以积累历史上超乎想象的数据量，为人工智能的后续发展提供了足够的素材和动力。2016 年和 2017 年，谷歌公司发起了两场轰动世界的围棋人机之战，其人工智能程序 AlphaGo 连续战胜韩国的李世石和中国的柯洁两位围棋世界冠军。

如今，人工智能渗入人类生活的方方面面。在 NLP 技术支撑下，计算机可以处理人类自然语言，并以越来越自然的方式将其与期望指令和响应进行匹配。在浏览购物网通过分析用户此前的购物历史，以及用户的各种偏好表达，就可以预测用户可能会购买的商品。

2022 年 11 月 30 日美国 OpenAI 公司发布了其研发的 ChatGPT（Chat Generative Pre - trained Transformer）聊天机器人程序。ChatGPT 是人工智能技术驱动的自然语言处理工具，使用了 Transformer 神经网络架构，通过连接大量的语料库来训练模型，能够通过理解和学习人类的语言来进行对话，还能根据聊天的上下文进行互动，真正像人类一样来聊天交流，甚至能完成撰写邮件、视频脚本、文案、翻译、代码，写论文等任务。

ChatGPT 是一种非常强大和多功能的自然语言处理技术，具有广泛的应用前景。它可以大大提升人们和机器之间的交互效率和便利性，推动人工智能技术的不断发展和进步。ChatGPT 具有以下特点：

（1）非常强大的语言生成能力。ChatGPT 拥有非常强大的语言生成能力，可以自动生成符合语法规范和逻辑的文本，使得机器生成的文本更加自然流畅。

（2）可以适应不同的对话场景。ChatGPT 可以根据对话场景的不同进行相应的调整，比如在智能客服中，它可以根据用户的问题给出相应的答案；在聊天机器人中，它可以模拟人类的对话风格，使聊天机器人具有更加智能和人性化的交流方式。

（3）可以进行多语言处理。ChatGPT 支持多种语言的处理，包括英语、中文、日语等。这使得它可以应用于不同国家和地区的市场，并且可以处理不同语言之间的翻译和交流。

（4）可以用于文本生成、摘要和翻译。除了对话应用之外，ChatGPT 还可以用于文本生成、摘要和翻译等任务。它可以生成符合语法规范和逻辑的文章，可以对长篇文章进行自动摘要，也可以进行跨语言翻译。

（5）对于数据的敏感性。ChatGPT 的开发者非常重视对数据的敏感性，因此对于一些可能引起争议的数据集（如暴力、种族歧视等），OpenAI 公司已经禁止它们的使用，以确保 ChatGPT 的安全和公正性。

ChatGPT 的应用场景非常广泛，可以用于客户服务、教育培训、智能客服、智能助手、娱乐等方面。在客户服务中，ChatGPT 可以代替人工客服，为用户提供更快速、更高效的服务；在教育培训中，ChatGPT 可以作为学习辅助工具，帮助学生解答问题、梳理知识点；在智能客服中，ChatGPT 可以为用户提供 24 小时不间断的服务；在智能助手中，ChatGPT 可以帮助用户安排日程、提醒事项、查找资料等；在娱乐方面，ChatGPT 可以作为聊天机器人，与用户进行有趣的互动。

目前我国企业和科研机构也在积极开发大语言模型。如百度公司开发的文心一言（ERNIE Bot），复旦大学邱锡鹏教授团队研发了国内第一个对话式大型语言模型——MOSS。MOSS 的使用形式与 ChatGPT 基本一样，输入文字后会获得相应的反馈结果。目前 MOSS 已经可以给出语言流畅、逻辑清晰的回复内容，并且可以进行多轮交互、表格生成、代码生成等操作，而且支持中英文。MOSS 的开发也主要包括自然语言模型的基座训练和理解人类意图的对话能力训练两个部分，但与 ChatGPT 相比，二者具有不同的技术路线。在对话能力训练阶段，OpenAI 收集了几十万条人类指令，让各行各业的专业标注员写出指令回复，再将它们输入模型基座，以帮助 ChatGPT 逐步理解各种指令。而 MOSS 是让自己和人类以及其他对话模型进行交互，这种方式可以显著提升学习效率和研发效率，在短时间内高效完成对话能力训练。

2.1.3 人工智能的要素

人工智能包括四要素，分别是数据、算力、算法、场景。人工智能的智能都蕴含在大数据中。算力为人工智能提供了基本的计算能力的支撑；算法是实现人工智能的根本途径，是挖掘数据智能的有效方法；大数据、算力、算法作为输入，只有在实际的场景中进行输出，才能体现出实际价值。要满足这四要素，需要将人工智能与云计算、大数据和物联网结合。

1）*数据*

数据是人工智能的基础。人工智能最主要的工作是训练数据，就如同人类的学习，如果要获取一定的技能，必须经过不断的训练才能熟能生巧。人工智能也是如此，只有经过大量训练的模型才能总结出规律，应用到新的样本上。如果现实中出现了训练集中从未有过的场景，则模型预测的正确率会降低。比如需要识别勺子，但训练集中勺子总和碗一起出现，网络很可能学到的是碗的特征，如果新的图片只有碗，没有勺子，依然很可能被分类为勺子。因此，对于人工智能而言，大量的数据非常重要，而且需要覆盖各种可能的场景，这样才能得到一个表现良好的模型，即看起来更智能。

2）算力

有了数据之后，需要对数据进行不断训练，现在的人工智能模型均较大。海量的数据、大的人工智能模型，都需要强大的算力来支撑。不仅仅是训练，在推理过程中，同样需要算力的支持。例如，在自动驾驶中，我们希望能快速准确识别出车前方的目标障碍物，识别速度就是一个很重要的指标，要求能实时识别。如果没有强大的算力支撑，上述目标就无法实现。当前，可以通过服务器、高性能芯片来提供对算力的支撑，一般是通过云计算实现。

3）算法

算法是人工智能的核心。只有算法有了突破，人工智能才有未来。当前主流的算法分为传统的机器学习算法和神经网络算法。神经网络算法快速发展，近年来，因为深度学习的发展而达到高潮。人工智能进入到增长爆发期的里程碑事件是2016年阿尔法围棋（AlphaGo）所采用的算法击败人类围棋世界冠军，而AlphaGo所采用的算法就属于深度学习算法。

数据、算力、算法是人工智能最基本的要素，三者缺一不可。例如，多层神经网络在1969年出现，但直到2010年随着算力和云计算的发展才商业化落地。深度学习算法本身是建构在大样本数据基础上（概率统计），而且数据越多，数据质量越好，算法结果表现得也越好。

4）场景

只有在具体场景中，人工智能才有意义。数据要从场景中获得，算力的支撑要在场景中实现，算法也要在场景中优化适配。例如，对于炒菜，数据就是炒菜需要的食材，算力就是烹饪的灶台厨具，算法就是菜谱，但是炒菜的最终目的是享用，或是在饭店、在家里、在餐厅食堂等，只有将炒菜放置在一个具体场景，炒菜才有意义，而不会为了炒菜而炒菜。

2.1.4　人工智能的主要技术方向

人工智能的主要技术方向有三个：计算机视觉、语音处理、自然语言处理。计算机视觉是研究如何让计算机“看”的科学；语音处理是研究语音发声过程、语音信号的统计特性、语音识别、机器合成以及语音感知等各种处理技术的统称；自然语言处理是利用计算机技术来理解并运用自然语言的科学。

1）计算机视觉

计算机视觉中的大部分理论运用了人工智能的技术。人工智能的发展离不开计算机视觉，计算机视觉中的很多应用问题给人工智能技术提供了研究方向。

人工智能在计算机视觉中最成熟的技术方向是图像识别，实现了如何让机器理解图像中的内容。

计算机视觉在广义上是和图像相关的技术总称。包括图像采集获取，图像压缩编码，图像存储和传输，图像合成，三维图像重建，图像增强，图像修复，图像的分类和识别，目标的检测、跟踪、表达和描述，特征提取，图像的显示和输出等。

计算机视觉技术已经在许多领域得到了广泛的应用，例如公安安防、生物医学、文字处理、国防军事、智能交通、休闲娱乐等领域。未来计算机视觉有望进入自主理解、分析决策的高级阶段，真正赋予机器“看”的能力，在无人驾驶汽车、智能家居等场景发挥更大的价值。

2）语音处理

语音处理研究的主题主要包括语音识别、语音合成、语音唤醒、声纹识别、音频事件检测等。其中，最成熟的技术是语音识别，在安静室内、近场识别的前提下能达到96%的识别准确度。

语音识别技术就是让机器通过识别和理解把语音信号转换为相应的文本或命令的技术。语音识别技术所涉及的领域包括：信号处理、模式识别、概率论和信息论、发声机理和听觉机理、人工智能等。

语音合成，又称文语转换技术，能将任意文字信息转化为相应语音朗读出来。语音合成涉及声学、语言学、数字信号处理、计算机科学等多个学科技术，是中文信息处理领域的一项前沿技术。

3）自然语言处理

自然语言处理是利用计算机对人类特有的书面形式和口头形式的自然语言的

信息，进行各种类型处理和加工的技术。

自然语言处理可以定义为研究在人与人交际中以及在人与计算机交际中的语言问题的一门学科。自然语言处理要研制表示语言能力和语言应用的模型，建立计算机框架来实现这样的语言模型，提出相应的方法来不断完善这样的语言模型，根据这样的语言模型设计各种实用系统，并探讨这些实用系统的评测技术。

自然语言处理研究的主题主要包括机器翻译、文本挖掘和情感分析等。自然语言处理的技术难度高，技术成熟度较低。因为语义的复杂度高，仅靠目前基于大数据、并行计算的深度学习还很难达到人类的理解层次。

未来语音处理有望从只能理解浅层语义到能自动提取特征并理解深层语义，从单一智能（ML）到混合智能（机器学习 ML、深度学习 DL、强化学习 RL）。

2.2 区块链技术

2.2.1 区块链技术演进

1）区块链支撑技术发展历程

1976 年，迪菲（Diffie）和赫尔曼（Hellman）发表了论文（*New Direction in Cryptography*），该论文奠定了公钥密码学的发展方向，开创了公钥密码学的新纪元，对区块链的技术发展起到了决定性作用。

1977 年，美国麻省理工学院李维斯特（Rivest）、沙米尔（Shamir）和阿德勒曼（Adleman）提出了具有基于大数分解难题的 RSA 公钥密码算法，这标志着公钥密码学的研究进入了快速发展阶段。

1980 年，计算机科学家拉尔夫·默克尔（Ralph Merkle）提出了 Merkle - Tree 数据结构和相应算法。Merkle - Tree 算法的主要用途之一就是分布式网络中数据同步正确性的校验，后来该技术也被比特币引入作为区块同步校验的重要手段。

1982 年，兰波特（Lamport）提出拜占庭将军问题，标志着分布式网络与计算的可靠性理论和实践进入实质性阶段。同年，大卫·乔姆（David Chaum）提出不可追踪的密码学支付系统，并在几年后将此想法扩展为密码学匿名现金系统，即 E - Cash，这成为密码学货币最早的先驱之一。此时，密码学已经被学者尝试性地运用到货币、金融、支付等相关领域。

1985 年，科布利茨（Koblitz）和米勒（Miller）各自独立地几乎在同一时间提出了著名的椭圆曲线加密（elliptic curves cryptography，ECC）算法。ECC 算法只需采用较短的密钥就可以达到和 RSA 算法相同的加密强度，这就有效地解决了为提高安全强度必须增加密钥长度所带来的工程实现难度的问题。

1993 年，“智能合约”概念由计算机科学家、加密大师尼克·萨博（Nick Szabo）提出。1994 年尼克·萨博的论文《智能合约》（*Smart Contracts*）是智能合约的开山之作。Nick Szabo 关于智能合约的工作理论最终由区块链技术解决并实现。

1997 年，英国的密码学家亚当·贝克（Adam Back）发明了哈希现金（hash cash），提出工作量证明机制（proof of work，PoW）的概念，并提出第一代 PoW 算法。最初 PoW 机制仅仅是用于解决互联网垃圾邮件问题。目前，这种通过一定工作量来获取奖励的算法机制成为分布式加密货币获得公信力的重要基础，是区块链技术的核心要素之一。同年，哈伯（Haber）和斯托内塔（Stornetta）提出了一个用时间戳的方法保证数字文件安全的协议，这个协议成为比特币区块链协议的原型。

1998 年，密码学货币的完整思想正式出现，密码学家大卫（David）和尼克·萨博（Nick Szabo）同时提出了密码学货币的概念。其中大卫发明了 B - money，在 B - money 系统中，每台计算机单独书写交易记录，系统各账本难以达成一致。且计算量的成本信息并不准确、及时，也难以获取，因而 B - money 很难实现，B - money 被称为“比特币的精神先驱”。尼克·萨博则发明了 Bitgold，该密码学货币的特性与后来中本聪的比特币论文里列出的特性也非常接近。

21 世纪以来，区块链相关的支撑技术又迎来了几次重大进展。首先是分布式对等网络（peer-to-peer networking，P2P），接着在 1999 ~ 2001 年的三年时间内，Napster、EDonkey 2000 和 BitTorrent 先后诞生，奠定了 P2P 网络计算的基础。

2001 年，美国国家标准与技术研究院（National Institute of Standards and Technology，NIST）发布了 SHA - 2 系列算法（secure hash algorithm，安全散列算法），其中包括目前广泛应用的 SHA - 256 算法，这也是比特币最终采用的哈希算法。

2004 年，哈尔·芬尼（Hal Finney）推出了自己的电子货币版本，他是 PGP 公司的一名研发人员，在他开发的电子货币中采用了可重复使用的工作量证明机制（RPoW），为比特币的诞生奠定了基础，并提供了大量可供借鉴的经验。

2008 年 10 月 31 日，纽约时间下午 2 点 10 分，中本聪发送的电子邮件出现在密码朋克邮件列表中，邮件中提到“我一直在研究一个新的电子现金系统，这完全是点对点的，无须任何可信的第三方”，里面附有一份九页的白皮书《比特币：点对点的电子现金系统》。11 月 16 日，中本聪发布了比特币的先行版本。

2009 年 1 月 3 日，中本聪在芬兰赫尔辛基的一个小型服务器上创建了比特币的第一个区块——创世区块（genesis block），并获得了其预先设定好的“首矿”奖励——50 个比特币。

2）区块链 1.0

区块链 1.0 为区块链发展的第一阶段，以数字货币的相关应用为起点，以比特币为代表的虚拟货币是区块链技术目前最成功的应用之一。

2009 年初，比特币网络正式上线运行，也是区块链第一个时代的开始，是比特币市场酝酿与发展的新阶段。2010 年 9 月，第一个矿场 Slush 发明了多个节点合作挖矿的方式，成为比特币挖矿这个行业的开端。直到 2011 年 4 月，比特币官方有正式记载的第一个版本（bitcoin 0.3.21）发布。这个初级版本意义重大。首先，它支持通用即插即用（Universal Plug and Play，UPNP），实现了日常使用的 P2P 软件的能力，因此比特币才能够真正进入大众视野，让任何人都可以参与交易；其次，在此之前比特币节点最小单位只支持 0.01 比特币，相当于“分”，而这个版本真正支持了“聪”。

随着比特币市场的扩大，数字货币逐渐进入“一链一币”的数字货币时代，也称为区块链 1.0 阶段。2009 ~ 2013 年，区块链 1.0 是以比特币为代表的数字货币的应用，具备了去中心化交易平台的功能。

总体而言，数字货币的发展体系可以划分为四个部分：第一部分是比特币区块链；第二部分是使用比特币区块链协议但不使用比特币的系统，如万事达币、彩色币、合约币，以及采用合并挖矿的域名币等；第三部分是同时使用独立货币和独立的区块链系统，如以太坊、瑞波、莱特币和未来币等；第四部分是侧链，采用独立的网络，但以比特币作为底层货币的系统，如 BTC Relay 等。

3）区块链 2.0

区块链 2.0 为区块链发展的第二阶段，由数字资产开启，可以理解为区块链技术在其他金融领域的运用，如银行结算、跨境支付、股权登记转让等。

2013 年，业界也逐渐开始认识到支撑比特币运行的底层技术——区块链技术的重要价值。区块链实际上是一种极其巧妙的分布式共享账本及点对点价值传输技术，会对金融乃至各行各业带来较大影响。

2013 年 11 月，出现了区块链技术的第一个重要飞跃，维塔利克·布特林（Vitalik Buterin）发起了以太坊（Ethereum）项目，并在 12 月发布了以太坊白皮书的首个版本。同时他发现区块链技术不仅可以支持可编程合约，而且具有去中心化、不可篡改、过程透明以及可追溯等特点，特别适合于智能合约。智能合约是将纸质合约数字化，能被计算机自动执行。智能合约同时具备两个功能：一个是现实产生的合同，另一个是不需要第三方的、去中心化的、公正和超强行动力的执行者。从最早的 EVM 定义的论文开始，到 2014 年正式开始预售，再到以太坊 2015 年 7 月发布第一个正式版本 Frontier、2016 年 3 月发布 Homestead 版本和 2017 年发布 Metropolis 版本，以太坊逐渐成为最热门的区块链项目开发环境之一。

以太坊创造性地使用区块链技术解决并实现了智能合约的实际应用，由于智能合约与区块链技术的结合，这一时代被称为“区块链 2.0”，也被称为“区块链可编程时代”，区块链技术迎来高速发展的时期。

4）**区块链 3.0**

从技术的角度来看，在区块链技术应用大发展的时代，以太坊、Corda 和 ZCash 等区块链项目并起，一种为商用分布式应用设计的区块链操作系统（enterpnse operation system，EOS）也逐步实现，可实现分布式应用的性能扩展。同时，区块链技术的共识机制目前也日渐成熟，出现了多种类别和具体实现方式。另外，区块链技术占用的算力也大幅度提高，莱特币还率先实现了隔离见证的技术，区块链技术进入了高速发展阶段。

从行业的角度上看，全球范围内票据、证券保险、防伪、存证、溯源和知识产权等十几个领域都有了区块链应用的成功案例。国内外多家大的金融机构和其他传统企业，也都纷纷建立自己的区块链项目，无论是行业的应用广度，还是区块链的应用深度，都得到大幅度提高。

在区块链 3.0 时代，众多区块链应用正在接受市场的检验，适应区块链技术的主要行业领域会逐步发展起来，对全球范围内人们的生活产生深远的影响。

2.2.2 区块链的类型

在不同的应用场景中，区块链满足不同的需求，按照去中心化的程度，区块链通常划分为公有链、联盟链和私有链。

1）**公有链**

公有链是指向全球开放、任何人都可以下载查看账本，并将自己的数字币进行交易且获得有效确认，也可以自己的算力参与达成共识过程的区块链。这是一种完全去中心化的、公开数据块的分布式的块链技术，任何人都可以随时加入或退出数据块的生成与认证，而不需要通过中心节点注册、认证和授权，因此又称为全网公开、无用户授权机制的区块链。公有链以比特币、以太坊为代表。公有链主要具有以下特点：

（1）链上所有的数据公开，全世界任何人都可以随时查看整个数据链的所有交易记录。

（2）支持大规模的网络和数据扩展，所有节点地位平等，任何参与者都可以自由选择是否参与数据验证、挖矿等环节。

（3）比特币的工作量证明是一个消耗节点算力的过程，所以挖矿过程通常需要耗费巨大的能源。

2）联盟链

联盟链是一种部分去中心化（又称多中心化）、仅对特定群体公开的分布式数据块链技术，通常由多个实体或组织共同发起建立的区块链系统，链上数据的读写权限受到预定义的一组节点控制，达成的共识需要 10 个预选节点中的 5 个来确认，因此这是一种允许授权的节点加入网络，可根据权限查看信息，往往被用于机构间的区块链，被称为联盟链或行业链。最早的具有代表性的联盟链是全球几家大型银行联合建立的 R3 CEV 区块链联盟。联盟链具有以下特点：

（1）区块链访问受限，只有经过相应功能授权的节点才可以访问数据、参与系统区块的生成工作，而不是公开参与挖矿的方式。

（2）由于特定的节点范围达成共识，区块的生成不需要耗费巨大的能源。

3）私有链

私有链是一种完全中心化、交易数据写入区块的权限由一个特定组织中心机构来控制的许可区块链，而读取数据的权限则根据需要有选择性地对外开放。私有链具有以下特点：

（1）区块的生成不依赖复杂的共识计算，计算敏感度低，维护成本低。

（2）信任机制为中心机构自行背书，因而不需要激励机制，数据吞吐量大。

2.2.3 区块链技术的主要特点

区块链实质上是一种分布式记账本，它是 P2P 网络、共识机制、加密算法等多种计算机技术的集成应用技术。区块链作为加密货币体系的核心支撑技术，可以从两方面进行定义：

（1）狭义的区块链技术是一种以时间顺序排列的链式数据结构，并通过哈希函数等密码学技术保证了数据的不可篡改、不可伪造。

（2）广义的区块链技术是利用区块的链式数据结构以存储数据、利用链式数据的前后关系验证数据、利用分布式节点生成数据、利用共识算法来更新数据、利用密码学保证数据真实性、利用智能合约保证协议的不可违约性的一种具备高拓展性、高安全性的分布式数据系统。其核心优势是透明性与去中心化：首先，任何节点都可以参与共识形成的过程，而且新创建的区块必须在全系统公示，只有超过51%的节点都通过，才能确定一个新区块的添加；其次，区块链技术能通过时间戳、共识机制和经济激励等手段，在节点间无须互相信任的分布式系统中实现基于去中心化信用的点对点交易、协作与协调。

区块链具有去中心化、透明性、自治性、不可篡改性、可追溯性、准匿名等特性。

第一，去中心化。区块链数据的验证、记账、存储、维护和传输等过程都是基于分布式网络架构，无需第三方机构或者中心机构。区块链系统中的所有节点之间都可以自由通信，所有节点都共同存储着区块数据，所有节点都扮演着“传播者”和“验证者”的角色。

第二，透明性。区块链系统整体上是开放透明的，除节点私钥以外，网络中的节点信息对所有参与者公开，区块链中存储的数据对所有参与者公开，区块链的源代码也对所有人公开。

第三，自治性。区块链系统采用特定的经济激励机制来保证分布式系统中所有节点均可参与数据区块的验证过程，并基于预先设定好的规范或共识协议来增加新区块，整个系统中所有节点都是自发地维护其制定的规则。同时，区块链技术提供了灵活的脚本代码系统，支持用户创建高级的智能合约等形式的应用。

第四，不可篡改性。区块链技术使用哈希函数和非对称加密等密码学技术对区块数据进行加密，确保了数据和信息的基础安全；同时还借助分布式系统、经济激励、共识机制，使大部分节点自发地抵御攻击，少量节点对区块的修改几乎不会影响整个区块链系统，保证了区块链数据不可篡改和不可伪造。

第五，可追溯性。尽管区块链的准匿名性使得用户无法获知交易双方的身份信息，但是区块链的链状结构保存了从第一个区块开始的所有历史数据，连接的形式是后一个区块存储前一个区块的哈希值，区块链上任意一条记录都可通过链式结构追溯源头。

第六，准匿名。区块链系统不采用传统的基于PKI（Public Key Infrastructure，公钥基础设施）的第三方认证中心（Certificate Authority，CA）颁发数字证书来标识用户身份，而是采用由用户公钥转化而来的地址确认用户信息。用户在参与区块链系统的交互时，只需要公开地址，不需要公开真实身份。因此，区块链上公开的用户信息不与用户真实身份挂钩，只与用户的地址挂钩，具有交易的准匿名性。

2.3 物联网技术

2.3.1 物联网技术的定义

随着对物联网认识的日益深刻，其内涵也在不断地发展、完善，所以目前人们对于物物互联的网络这一概念的准确定义一直未达成统一的意见，存在着以下几种相关概念，即物联网（Internet of Things，IoT）、无线传感器网络（Wireless Sensor Network，WSN）以及泛在网（Ubiquitous Sensor Network，USN）。

不同研究机构对于物联网的起点和侧重点所持意见不同，目前还没有一个权威的物联网定义，只存在几个具有代表性的被普遍认可的定义。物联网的概念最早于 1999 年由美国麻省理工学院 Auto – ID 研究中心提出。

定义 1：把所有物品通过射频识别（radio frequency identification，RFID）和条码等信息传感设备与互联网连接起来，实现智能化识别和管理。

定义 1 实质上说明物联网是 RFID 技术和互联网的结合应用。RFID 标签可谓是早期物联网最为关键的技术与产品环节，当时认为物联网最大规模、最有前景的应用就是在零售和物流领域，利用 RFID 技术，通过计算机互联网实现物品（商品）的自动识别和信息的互联与共享。

2005 年，国际电信联盟（ITU）在 *The Internet of Things* 报告中对物联网概念进行扩展，提出如下定义。

定义 2：任何时刻、任何地点以及任意物体之间的互联，无所不在的网络和无所不在计算的发展愿景，除 RFID 技术外，传感器技术、纳米技术、智能终端等技术都将得到更加广泛的应用。

但 ITU 未针对物联网的概念扩展提出新的物联网定义。欧洲智能系统集成技术平台（EPoSS）在2008 年5 月27 日发布的 *Internet of Things in 2020* 报告中对物联网的定义如下：

定义 3：由具有标识、虚拟个性的物体/对象所组成的网络，这些标识和个性运行在智能空间，使用智慧的接口与用户、社会和环境的上下文进行连接和通信。

EPoSS 的报告分析预测了未来物联网的发展，认为 RFID 和相关的识别技术是未来物联网的基石，因此更加侧重于RFID的应用和物体的智能化。

欧盟第7框架下RFID和物联网研究项目簇（Cluster of European Research Projects on the Internet of Things，CERP－IoT）在2009年9月15日发布的*Internet of Things Strategic Research Roadmap*研究报告中对物联网定义如下：

定义4：物联网是未来互联网的一个组成部分，可被定义为基于标准的和可互操作的通信协议且具有自配置能力的动态全球网络基础架构。物联网中的“物”都具有标识、物理属性和实质上的个性，使用智能接口，实现与信息网络的无缝整合。

从上述4种定义不难看出，“物联网”的内涵起源于由RFID对客观物体进行标识并利用网络进行数据交换这一概念，并不断扩充、延展、完善而逐步形成。物联网目前没有明确定义，一方面说明了物联网的发展还处于探索阶段，不同背景的研究人员、设备厂商、网络运营商都是从各自角度去描述物联网的发展状况，对物联网的未来缺乏统一全面的规划；另一方面也说明了物联网不是一个简单的技术热点，而是一个融合了感知技术、通信与网络技术、智能运算技术的复杂信息系统，人们对它的认识还需要一个过程。

本书中，物联网是指通过传感设备及其他基于物体—物体通信模式的无线自组织网络，将物体与互联网相连接进行信息交换和通信，已实现对物体的智能化感知、智能化识别、跟踪、定位、监控和管理的一个智能网络。物联网可以通过各种传感器、射频识别技术、卫星定位系统、地理信息系统、激光扫描器等信息传感设备，按相关协议，将各种物体通过有线与无线方式与互联网连接，从而进行通信和信息交换。

2.3.2 物联网技术的主要特点

物联网有着巨大的应用前景，被认为是将对21世纪产生巨大影响力的技术之一。物联网从最初应用于军事侦察等的无线传感器网络，逐渐发展到环境监测、医疗卫生、智能交通、智能电网及建筑物监测等应用领域。随着传感器技术、无线通信技术、计算技术的不断发展和完善，各种物联网将遍布人们的生活。与移动通信网、互联网相比，物联网有着本质的差别。移动通信网、互联网从根本上来说还是属于人与人的互联，网络本身不是智能的；而物联网提出的是物与物的连接，要求网络必须是智能的、自治的。因此，物联网的发展不能按照传统的移动通信网、互联网的发展，它代表了新的业务、技术领域与模式，有着更广阔的发展前景。

物联网曾被称为传感网，传感器是信息获取的核心，也是物联网感知世界的源头，外界信息均由传感器感知、转化成可读信息。物联网通过各种信息传感设备，如传感器、射频识别技术、全球定位系统、红外感应器、激光扫描器及气体感应器等各种装置与技术，实时采集任何需要监控、连接、互动的物体或过程，采集其声、光、热、电、力学、化学、生物和位置等各种需要的信息，与互联网结合形成的一个巨大网络。其目的是实现物与物、物与人及所有的物品与网络的联接，方便识别、管理和控制。与传统的互联网相比，物联网有其鲜明的特征。

第一，物联网是各种感知技术的广泛应用。物联网上部署了多种类型的传感器，每个传感器都是一个信息源，不同类别的传感器所捕获的信息内容和信息格式不同。传感器获得的数据具有实时性，按一定的频率周期性采集环境信息，不断更新数据。

第二，物联网是一种建立在互联网上的泛在网络。物联网技术的重要基础和核心仍旧是互联网，通过各种有线和无线网络与互联网融合，将物体的信息实时准确地传递出去。在物联网上的传感器定时采集的信息需要通过网络传输，由于其数量极其庞大，形成了海量信息，因此在传输过程中，为了保障数据的正确性和及时性，所采集的信息必须适应各种异构网络和协议。

第三，物联网具有智能处理的能力，能够对物体实施智能控制。物联网将传感器和智能处理相结合，利用云计算、模式识别等各种智能技术，扩充了其应用领域。从传感器获得的海量信息中分析、加工和处理出有意义的数据，以适应不同用户的不同需求，发现新的应用领域和应用模式。

阅读材料1

数字藏品受年轻人追捧，成文化传承新载体

数字藏品是近两年兴起的数字出版物的新形态，具体指使用区块链技术，对应特定的作品、艺术品生成的唯一数字凭证，在保护其数字版权的基础上，实现真实可信的数字化发行、购买、收藏和使用。随着数字藏品在国内的蓬勃发展，已经成为年青一代了解、学习和传承优秀文化的新载体。

文物融入数字藏品，敦煌、三星堆焕发新活力

《“十四五”文物保护和科技创新规划的通知》中明确提出要推动博物馆发展线上数字化体验产品，文博数字藏品必然是大势所趋。

利用数字化的展现形式，将文物制作为数字藏品，并凭借互联网的易传播性，让文物背后的历史文化能够展现在更多人的视野当中，这让众多文物管理机构看到了一个新的突破方向。

2022年6月，由灵境·人民艺术馆与敦煌工美文化创意有限责任公司、上海

艺述事文化传媒有限公司联合推出“天歌神韵 神化轻举”敦煌飞天壁画数字藏品，一经推出广受市场好评。本次敦煌飞天壁画数字藏品一共精选了 4 幅作品，分别是《反弹琵琶伎乐天》《起舞飞天》《散花飞天》壁画修复版和再创作版《寰球共此仙乐：反弹琵琶伎乐天》（动画）。

2022 年 4 月，由川观新闻、腾讯安全联合呈现的全球首款「三星堆 + 珍稀动物」主题数字藏品——《物物相生》也深受年轻人的追捧，“三星堆青铜面具 × 大熊猫”“三星堆铜鸟 × 红腹角雉”“三星堆青铜大立人像 × 朱鹮”等 6 幅以三星堆出土文物及珍稀野生动物为主题创作的画面，不仅制作精美，并以独特的四川方言作藏品名称。

“面对如此珍贵的文化宝藏，为它们插上数字化的翅膀，使其重焕生机，走向世界，助力传播中国文化。”近日，三星堆遗址工作站站长、三星堆博物馆馆长雷雨也公开表示，文化遗产的数字化，是实现文物由物质资源向数字资源转化的基础工作。

根据国家文物局数据，截至 2021 年底，全国共有备案博物馆 6 183 家，无论是博物馆数量还是文物储备都有巨大的数字化潜力。

赋能传统文化传播，十八数藏打造熊猫“阿璞”数字形象

提到大熊猫，很多人脑海中第一个出现的词汇都是“国宝”。大熊猫作为我国的名片，憨态可掬的形象早已深入人心，在全世界拥有极高的知名度，深受各国人民喜爱，也成为我国对外文化展示的重要标志。

将可爱的大熊猫形象与数字藏品相结合，以满足大众收藏或欣赏的需求，也是一种全新的尝试。近期，数字藏品电商平台十八数藏推出的以熊猫“阿璞”为形象的数字藏品深受年轻群体的喜爱。熊猫“阿璞”是 2019 年在国务院新闻办公室指导的“中国大熊猫国际形象全球招募大赛”中，以最高票当选的“中国大熊猫国际形象”。在 8 月 8 日全民健身日当天，熊猫“阿璞”乡村振兴活动主题数字藏品发布，借此号召生活在城市中的朋友多前往乡村展开体育运动，展示和宣传中国青年积极健康的风貌和新乡村发展成就。我国《乡村振兴战略规划（2018 ~ 2022 年）》，于今年已取得阶段性的重大成果，十八数藏也希望通过新推出的数字藏品，让更多的年轻人了解中国乡村振兴建设的伟大成就。

此次数字藏品的发售平台方十八数藏是一站式的数字藏品电商平台，由一支业内资深团队管理运营，致力于构建从创作者发掘、内容孵化、IP 价值发现到应用场景运营的完整业务生态，平台将围绕中国传统文化与现当代优秀文创内容，建立数字营销、IP 孵化、创作者扶持、元宇宙应用等完整内容生态闭环的链条打造，同时打造品牌认证 + 创作者自营的数字藏品运营模式，着重围绕中国传统文化的传承与传播不断发力。

“数藏新赋能，非遗正弄潮”，可以预见的是，未来中华民族越来越多的优秀文化遗产，都能在数字技术的运用下，展现新的生命力，焕发出历经岁月沉淀的新光彩。

资料来源：数字藏品受年轻人追捧，成文化传承新载体［N］. 人民日报数字传播，2022－09－06.

阅读材料2

经济学家洪永淼：ChatGPT对经济学研究范式的影响

一、数智时代的基本特征

在数智时代，大数据为人类社会提供了认识世界、改造世界的新思维，即大数据思维。大数据思维是通过大数据去发现、理解现实复杂系统的运行状态与发展规律，分析、解决现实问题，探索、预测未来变化趋势的新范式、新方法、新工具。大数据思维与现代经济学的主流研究范式是一致的。现代经济学的主流研究范式是实证研究，以数据为基础，应用计量经济学方法推断经济变量之间的逻辑关系尤其是因果关系，从而揭示经济的运行规律。大数据思维的实现方式是人工智能，特别是机器学习。

那么，以ChatGPT为代表的人工智能先进技术的发展理念与方法论，会对经济学的研究方法与研究范式产生什么潜在影响?

二、ChatGPT与大模型范式

ChatGPT的方法论是“规模至上”，其算法基础是大语言模型。大模型是参数维数极大的模型，这些参数需要通过数据训练或估计。大语言模型是指输入数据主要为文本数据的大模型。实际上，大语言模型在深度学习发展阶段就已出现。随着人工神经网络模型的隐藏层不断增加，其参数数量呈现快速增长。文本数据本质上是高维或超高维数据，简约模型无法刻画异质性高维数据的特征，因此需要使用大语言模型。从计量经济学视角看，大模型最主要优点是系统偏差比较小。同时，由于ChatGPT的训练数据主要来自互联网文本数据，样本容量极其庞大，从而保证了大语言模型参数的估计精度。因此，大语言模型具有比较强的泛化能力，即样本外预测能力。

长期以来，计量经济学与统计学面临的一个困扰是“维数灾难”：当模型参数维数相比数据容量不是很小时，虽然模型偏差比较小，但因为参数维数大，在有限数据容量条件下，对每个参数的估计不甚精准，导致模型过度拟合，其样本外预测能力较差。“维数灾难”不仅存在于计量经济学与统计学，在社会科学和自然科学很多领域也存在。ChatGPT通过使用海量互联网大数据，确保训练数据容量远大于模型参数维数，从而避免了“维数灾难”。

三、大模型与经济学研究范式

作为学术研究的好助手，ChatGPT 可大幅提高研究效率。在经济学研究中，可借助 ChatGPT 搜索信息、收集数据、撰写文献综述、编写代码、检查程序、设计实验方案、翻译文本等。虽然目前 ChatGPT 的表现仍有不少缺点，其整体智能水平与人类相比尚有不小的差距，但可以预计，随着人工智能技术的发展以及 ChatGPT 广泛应用的经验积累，ChatGPT 的智能程度在很多方面将日益接近甚至超过人类。ChatGPT 及其大模型方法论可能会对经济学乃至整个社会科学产生深远影响。

比如，ChatGPT 与大模型将对计算经济学产生较大影响。计算经济学与计算金融学已存在相当长一段时间。经济学是一个比较复杂的系统，数学经常无法给出解析解，这时就必须用到计算机模拟仿真方法，经济学家比较熟悉的有可计算一般均衡模型和基于主体的模型（Agent – Based Model）。近十年出现的计算社会科学就是一种数据密集型研究范式。再如，ChatGPT 与大模型将对经济学的理性经济人假设产生较大影响。实验经济学研究表明，人类经济行为并不满足完全理性假设，更多表现为有限理性，甚至存在预期偏差。但是，ChatGPT 能够改进理性经济人假设，基于人工智能或人工辅助的决策有可能成为计算经济学的一个重要研究方向，比如提供理想参照系、定量政策评估以及进行人工智能决策等。

我今天重点探讨 ChatGPT 与大模型将对计量经济学产生的深远影响。计量经济学有两个原则，一个是简约模型原则，即如果能用最简单的模型去总结最多的数据，那就是最好的统计模型；另一个是充分性原则，用低维统计量总结样本信息。20 世纪，统计学存在参数与非参数建模的方法论之争。统计学家 Ronald Fisher 认为非参数模型因其参数维数高而估计不精确，主张使用参数维数较少的参数模型；另一位统计学家 Karl Pearson 则关注参数模型可能误设而产生较大偏差，主张使用非参数模型。计量经济学也有类似争论。2003 年诺贝尔经济学奖得主 Robert Engle 主张从特定模型出发，通过检验遗漏变量等计量经济学方法拓展模型，这是所谓的“从特殊到一般”的建模方法；而伦敦计量经济学派代表人物 David Hendry 则主张从高维的一般模型出发，通过统计学假设检验与经济理论约束条件等方法得到特定模型，这是所谓的“从一般到特殊”的建模方法。“从一般到特殊”的建模方法更适合大数据分析，更接近数据驱动研究范式。但是，两种建模方法的最终目的都是获得一个具有经济可解释性的简约模型，参数不多且有经济含义，同时拥有良好的样本外预测能力。为了获得简约模型，计量经济学与统计学提出了很多经典降维方法，比如主成分分析、因子模型、模型选择、经济理论约束等。在大数据时代，由于潜在解释变量或预测变量很多，新的统计降维方法也不断产生。例如，人工智能与统计学的交叉产生了一个新领域——统计学习，其中一个代表性降维方法是 LASSO 回归。LASSO 的基本思想是假设大量潜在解释变量中只有少数变量有重要影响，在此稀疏性假设下，通过引入适合的惩罚项，以牺牲估计偏差为代价，换取估计方差的大幅度减少，从而显著降低均方误差，达到精准选择重要变量和改进样本外预测的目的。

统计学与计量经济学一直考虑的数据均是“小”数据，相对人类拥有的海量大数据来说，只是使用了“沧海一粟”，大量数据信息没有被利用。目前，统计学和计量经济学的研究还是以模型为重心，特别是以降维为导向，这主要是受到可解释性需求、数据容量、计算资源等原因的限制。在预测经济金融数据方面，机器学习比传统计量经济学模型有显著改善，但尚未达到令人满意的程度，特别是与其他领域（如人脸识别）相比，更是如此。这主要是因为经济金融系统是复杂系统，受人类心理影响很大，而且经济金融系统具有时变性。为显著改进经济金融预测，可以考虑大模型范式。大模型可以容纳高维影响因素，允许模型参数时变性或非线性影响，显著减少预测偏差或模型偏差。同时，大模型使用了海量数据，对数据的估计精确度有一定保障。实际上，计量经济学与统计学中的模型组合或模型集合就是一种大模型研究范式，计量经济学已经开始往大模型方向发展，只是发展速度远远比不上 ChatGPT。因此，可以考虑使用大量的非结构化数据，通过类似 ChatGPT 的建模方法来大大改进经济金融预测。在这方面，热力学与统计物理学的发展历史经验或许可以给我们一些启示。关于黑体辐射，曾经出现两个理论——在短波范围拟合较好的维恩近似，以及在长波范围拟合较好的瑞利—金斯定律，后来普朗克将两者综合起来，提出了适合全波段范围的黑体辐射定律。在经济学研究中，大小模型各有优缺点，那么是否可以找到更好的方法把这两种模型结合在一起，从而提高模型的经济可解释力和预测力？

四、ChatGPT 范式的局限性

人工智能特别是 ChatGPT 及其大语言模型正在推动经济学研究范式的深刻变革，但是人工智能与 ChatGPT 的大语言模型范式也有局限性。

第一，以 ChatGPT 为代表的人工智能前沿技术没有人的意识或理解能力，只有预测能力。ChatGPT 在《时代》周刊的采访中表示，它只是一个机器学习模型，只能根据给定的训练数据，根据某些单词或单词序列一起出现的概率生成文本。因此，ChatGPT 本质上并不是在理解文本数据，而是在预测。此外，目前的人工智能技术不具备与人类一样的批判性思维与想象力，无法从现有数据推断或预测出重大创新成果。

第二，基于大数据的人工智能因果推断本质上其实是一种统计关系推断，并不是真正的因果关系。所谓因果关系，是指其他因素不变的条件下，某一变量的变化必然引起另一变量的变化。实验方法是识别、测度因果关系的最有效方法，通过可控试验控制其他变量不变，只让其中一个变量变化，观察结果是否变化。由于大数据基本上是观测数据而非实验数据，基于人工智能的因果推断本质上是一种预测关系或相关关系，它只不过是两个变量在计算机中的统计关联。这种人工智能因果关系类似于英国哲学家休谟所说的因果关系，比如太阳出来，石头变热。因此，人工智能因果关系和经济学因果关系并不完全一致。要识别经济学因果关系，不能仅仅依靠人工智能因果推断，还必须有经济理论的指导或引入实验经济学的方法。在我看来，经济学家不用担心会被ChatGPT等人工智能工具所替代，如果没有经济学理论的指引，很难找到经济学因果关系。ChatGPT是一种数据驱动的研究范式，比起计量经济学的模型驱动范式，有显著的改进。模型驱动建立在各种假设的基础上，结论常常受到所假设模型的限制，使用不同模型可能会导致不同的结论。布里兹纳乌等（Breznau et al.，2022，PNAS）研究表明，基于同一数据，不同人使用不同的模型，会得到不同的结论，这也是模型驱动的缺点。数据驱动无需假设具体的函数模型，通过算法从数据中获得经济变量之间的逻辑关系，特别是经济学因果关系，以得到更加稳健的结论。但是，对经济学研究而言，数据驱动必须与经济思维、经济理论相结合，否则无法得到经济学意义上的因果关系。

第三，以ChatGPT为代表的人工智能前沿技术没有改变经济学实证研究的本质，即从样本推断总体性质。毫无疑义，大数据与人工智能大大强化了经济学以数据为基础的实证研究范式。虽然ChatGPT使用了海量大数据甚至是整个互联网文本数据，但是互联网大数据并非全样本。人类经济社会发展是一个漫长历史过程，现有互联网大数据纵使样本容量极大，也只是这个历史过程的一个样本。基于大数据的经济学实证研究仍然是从样本推断总体，以及进行样本外预测。此外，经济发展在不同历史阶段具有不同的特征，经济运行规律因此会呈现出显著的时变性，有时是缓慢变化，有时是突变，这使得人工智能对经济金融变化趋势的预测更具挑战性。

第四，模型、算法与数据的可靠性有待验证。以ChatGPT为代表的人工智能正在推动经济学与社会科学研究从模型驱动范式转变到数据驱动范式，从数据直接获得稳健的结论，克服了模型驱动范式得到的结论可能会因模型改变而变化的缺陷。但是，互联网开源大数据存在各种虚假信息与社会偏见，人工智能尚无法确认其表述内容的真实性。此外，互联网大数据也存在“样本选择偏差”问题，如城乡数字鸿沟、地区数字鸿沟、代际数字鸿沟等。这些问题不可避免会影响基于互联网大数据的ChatGPT乃至人工智能所获得的结论的可靠性与科学性。

我们正处于大数据、大科技、大模型的时代，加上中国超大人口规模和超大经济规模给人工智能技术带来的广阔应用场景，这些将为经济学研究提供大量丰富素材。应当充分利用所有数据资源，积极探索大模型研究范式，揭示中国复杂经济系统的运行与发展规律。需要指出，强调大模型并不意味小模型不重要，大小模型分别适用于不同情境；强调大数据并不意味“小”数据不重要，“小”数据的信息密度通常更高；强调文本数据等非结构化大数据也并不意味结构化数据并不重要。

资料来源：洪永淼，汪寿阳．人工智能新近发展及其对经济学研究范式的影响［J］．中国科学院院刊，2023，38（3）：353－357.

本章小结

从能力的角度看，人工智能是相对人类的不同范畴的智能而言的，是指用人工的方法让机器实现人的某种智能。从学科的角度看，人工智能是一门研究如何构造智能机器或智能系统，能够模拟、延伸和扩展人类智能的学科。

区块链技术是利用区块的链式数据结构以存储数据、利用链式数据的前后关系验证数据、利用分布式节点生成数据、利用共识算法来更新数据、利用密码学保证数据真实性、利用智能合约保证协议的不可违约性的一种具备高拓展性、高安全性的分布式数据系统。

“物联网”的内涵起源于由RFID对客观物体进行标识并利用网络进行数据交换这一概念，并不断扩充、延展、完善而逐步形成。物联网是一个融合了感知技术、通信与网络技术、智能运算技术的复杂信息系统，人们对它的认识还需要一个过程。

复习思考题

1. 人工智能的定义是什么？
2. “图灵测试”的中心思想是什么？
3. 人工智能的要素有哪些？
4. 人工智能技术具有哪些应用场景？
5. 区块链技术的定义是什么？
6. 区块链技术具有哪些应用场景？
7. 物联网技术具有哪些应用场景？

参考文献

［1］毕伟，雷敏，贾晓芸．区块链导论［M］．北京：北京邮电大学出版

社，2019.

[2] 季顺宁．物联网技术概论［M］．西安：西安电子科技大学出版社，2020.

[3] 吕云翔，韩雪婷，亮泽众，等．人工智能导论［M］．北京：机械工业出版社，2022.

[4] 彭欢．人工智能对中国居民收入分配的影响研究［D］．武汉：武汉大学，2021.

第3章　数字产业

【学习目标】

学完本章，你应该做到：

1. 理解数字产业的内涵与特征
2. 掌握云计算、大数据、物联网技术的概念与特征
3. 掌握典型数字产业的发展脉络

【知识框架】

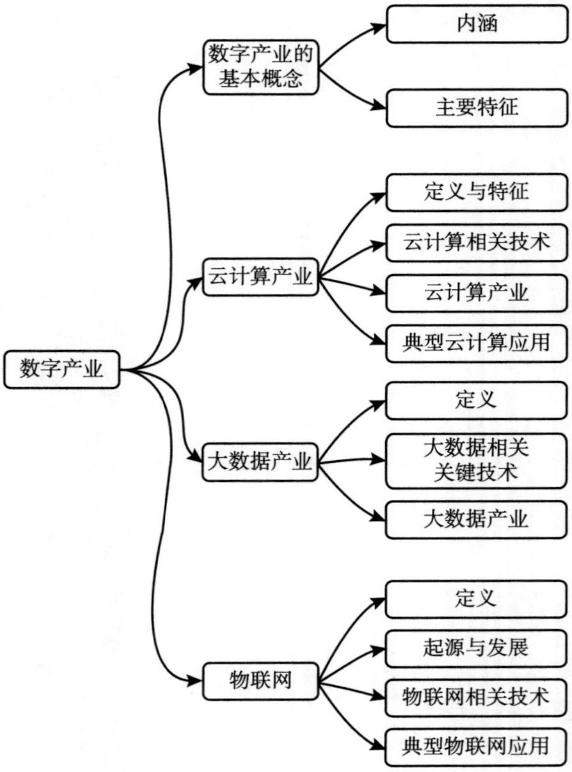

图3-1　本章知识框架

【引例】

智慧城市

“智慧城市”这一概念最早由IBM在2009年提出，是指能够充分运用信息和通信技术手段感测、分析、整合城市运行核心系统的各项关键信息，从而对于包括民生、环保、公共安全、城市服务、工商业活动在内的各种需求做出智能的响应，为人类创造更美好的城市生活。其本质是融合利用物联网、云计算、大数据、人工智能等各种信息技术或创新理念，将城市里分散的、孤立的属性和功能整合起来，让其具有感知化、物联化、集成化和智能化的特点，从而提升城市资源利用效率，优化政府管理和服务，改善居民生活质量，促进经济社会高质量发展。

智慧城市1.0由科技公司主导，交通、环保等个别行业推动应用，服务对象为企业，行业数据孤立，采集局部信息，组建物联机构，是数字经济成型阶段；智慧城市2.0由通信运营商主导，数个行业实施应用，服务对象为特定用户，个别行业进行数据的内部共享应用，存储商业信息，形成局域物联网，是数字经济的基础阶段；智慧城市3.0，由互联网公司主导，各行各业实施应用，服务对象为商业顾客，各行业进行数据交流使用，分享商业信息，形成领域物联网，是数字经济发展阶段；智慧城市4.0由智能商和中心智库主导，各行业整体应用，服务对象为人民群众，城市的各项数据能够实现共享互通，共享服务信息，实现智能物联网，是数字经济的高级阶段。

总体上看，我国未来的智慧城市建设将以数字经济作为城市的命脉，形成“智慧互联和高端智库统领、总体设计和政府管理运作、经济发展与事业融合”的数字共同体。

资料来源：杨新臣．数字经济重塑经济新动力［M］．北京：中国工信出版集团，2021.

3.1 数字产业的基本概念

3.1.1 数字产业的概念

伴随着信息通信技术创新、融合、扩散所带来的人类生产效率和交易效率的提升，以及新产品、新业态、新模式的不断涌现，人类社会的沟通方式、组织方式、生产方式、生活方式正在发生深刻的变革，数字产业作为一种新的经济形态，正成为转型升级的重要驱动力，也是全球新一轮产业竞争的制高点。

数字产业的出现是伴随着计算机技术的发展，特别是信息技术产业的演化所形成的。随着20世纪40年代计算机技术的出现与发展，马克卢普于1962年在《美国的知识生产与分配》一书中，首次提出“信息经济”与“知识产业”的概念，指出知识产业具体包括教育、科学研究与开发、通信媒介、信息设施和信息活动五个方面。1977年，波拉特在其著作《信息经济定义与测量》中，系统地提出了包括信息、信息资本、信息劳动、信息活动等一系列概念，并形成了具体的分析与测算框架。伴随着大规模集成电路和微型处理器的发明，20世纪70年代之后信息技术加速溢出和渗透，信息经济的内涵不断扩展。1998年经济合作与发展组织（OECD）构建了“信息与通信技术”分类方法，形成了较为详细的信息经济分类目录。

数字技术的持续创新与渗透使得数字经济内涵日益丰富，“数字产业”的概念也逐渐由“数字经济”的概念分化出来，具体指数字经济发展的基础性与先导性的产业。伴随着计算机技术的发展和应用，数字产业主要经历了初期的“信息经济”到伴随着信息技术革命不断发展的“数字经济”再逐渐细化为“数字产业”的过程。尽管关于数字产业的定义和详细分类尚未形成统一的标准，但关于数字产业的内涵与主要特征已形成统一认知。

3.1.2 数字产业的内涵

数字经济包括两大部分：一是数字产业化，主要对应的产业为信息制造业、信息通信业、软件服务业等信息产业，还包括基于互联网平台的信息技术服务业新业态、新模式；二是产业数字化，主要体现传统产业部门应用信息技术带来产量和生产效率的提升，构成数字经济的重要组成部分，具体包括数字化投入对工业、农业、服务业的贡献。其中，“数字产业化”是手段，“产业数字化”是目的。数字产业化与产业数字化都是数字经济的主要内容，是数字技术转变为现实生产力的重要支撑。

2019年，中国信息通信研究院根据G20报告提出，数字产业化具体包括软件业、电信业、电子信息制造业和互联网行业等，代表了5G、大数据、集成电路、云计算、人工智能、区块链等新一代数字技术的发展方向和最新成果，不断创新突破的新技术、新理论、新硬件、新软件、新算法加速了由软件定义、数据驱动的新型数字产业体系的形成。中国信息通信研究院发布的《中国数字经济发展白皮书（2020年）》中明确提出数字产业包括软件与信息技术服务业、互联网与服务业、电信业、电子信息制造业。

可以看出，数字产业是数字技术自身的价值实现，是以数字技术为主要工具进行利润和价值创造的经济活动。作为数字经济的基础部分，数字产业主要围绕数据归集、传输、存储、应用、展现等数据链各环节，形成技术、产品和服务等有关的产业，主要包括以信息产业为主的基础型数字经济，涵盖电子信息制造业、信息通信业和软件服务业等信息产品、服务的生产和供给产业，以及以数据的生产和制造为主的大数据产业。

《中华人民共和国国民经济和社会发展第十四个五年规划和2035年远景目标纲要》指出，加快推动数字产业化，培育壮大人工智能、大数据、区块链、云计算、网络安全等新兴数字产业，提升通信设备、核心电子元器件、关键软件等产业水平。构建基于5G的应用场景和产业生态，在智能交通、智慧物流、智慧能源、智慧医疗等重点领域开展试点示范。鼓励企业开放搜索、电商、社交等数据，发展第三方大数据服务产业。

3.1.3 数字产业的主要特征

尽管关于数字产业的定义尚未形成统一界定，数字技术的不断创新发展也使得数字产业的外延持续拓展，但可以看出，数字产业呈现高技术密集型与高渗透性的核心特征。

1）**数字产业是高技术密集型产业**

数字技术通过产业化发展成为数字产业。不同于传统产业以劳动力或资本为主要要素，数字产业的核心是数字技术，不仅有电子信息制造业、软件和信息技术服务业等较为成熟的技术，也有云计算、大数据、物联网、工业互联网、区块链、人工智能等新技术。与此同时，由于数字技术仍在不断创新变革，技术创新的高风险与不确定性也造成数字产业有别于传统产业的高风险特征。

2）**数字产业是高渗透性产业**

大数据、物联网、移动互联网、云计算等新一代信息技术具有渗透性和倍增性的特征，造成数字产业呈现由数字技术从消费端向生产端渗透延伸，从线上活动向线下活动发展的渗透性特征，并催生出平台经济、共享经济等新模式、新业态。数字产业作为数字经济的基础产业，可为数字经济的发展提供技术、产品和服务等。数字技术的高渗透性使其在新一轮技术革命中具有先导性和战略性，基于数字产业所收集整理分析的数据也逐渐成为影响生产力水平与生产关系的关键要素，对产业体系的现代化程度有着决定性影响，新一代信息技术成为传统产业生产方式变革的新动力，也成为提升产业体系现代化程度的重要支撑。

3.2 云计算产业

2006年，谷歌首次提出“云计算”这一概念，亚马逊相继推出在线存储服务（simple storage services，S3）和弹性计算云（elastic compute cloud，EC2）等云服务，云计算快速发展的大幕被拉开，之后国内外各大数字企业都不同程度地涉猎云计算领域，从事云计算服务的投资与相关研究。

3.2.1 云计算的定义与特征

“云计算”由互联网巨头谷歌公司首席执行官埃里克·施密特在2006年搜索引擎大会上首次提出，但没能给出较为详细的定义。维基百科认为，云计算是共享的软硬件资源和信息可以按需供给计算机与其他设备的计算方式，在这种方式下，用户不必具有相应的专业知识，也不再需要了解“云”中基础设施的细节，更无须进行直接控制。美国国家标准与技术研究院认为云计算是一种只要按使用量付费即可使用，并可被快速按需配置、便捷可用的网络访问的服务器、存储及应用软件等计算资源的共享池模式。

云计算有狭义和广义之分。狭义的云计算仅指以按需、易扩展的方式获得所需IT基础设施的交付和使用模式；广义的云计算描述了一种通过网络以按需、易扩展的方式提供数据资源、应用资源等动态虚拟化资源的硬件数字基础设施、软件系统及相关数字平台等不同ICT服务和交付模式。

云计算体系由主要负责底层硬件配置、以数据中心为具体载体的硬件层，可利用虚拟化技术管理和调用底层资源池的基础设施层，操作系统和应用框架的平台层与直接为用户提供低成本服务性能的应用层四层组成。云计算通过对成千上万台设备和大量数据共享，可实现规模的动态伸缩，既可以灵活地满足用户因大规模计算对硬件设备的需求，又可以为客户提供低成本、高效率、高安全性和可靠性的服务。云计算具有快速部署资源或获得服务、资源池多人共享可达到规模经济、按需提供自助服务、按服务范围收费、随时随地即可访问、用户对专业知识的依赖度降低等特征。

总之，云计算是由远程数据中心成千上万台服务器和电脑组成的，可以对外提供各种软硬件资源和网络服务的并行计算模式。在这种计算模式下，用户通过台式电脑、笔记本电脑、智能手机等各种终端设备就可接入数据中心，按需付费使用处理器、存储设备、应用程序及服务等云计算资源。可见，云计算的本质是数字基础设施及相关资源集约化和标准化的共享，云计算的出现和快速发展，使计算、存储和应用数据资源成为与电力一样的公用资源，使每个企业不必都建设自己的数据中心，从而大大降低了企业使用相关资源的难度和成本，并专注于商业模式的转型、开发与创新，对整个数字经济的发展具有重大的推动作用。

3.2.2 云计算相关技术

云计算是由分布式计算、并行处理、网格计算发展而来的新兴计算模式，其运行原理是透过网络将庞大的计算处理程序分拆成无数个较小的子程序，再交由多部服务器组成的庞大系统搜寻、加工、计算、汇总，然后再将最终结果传给用户。因此，整个系统及运行过程依赖许多新兴技术完成，其中，用于大规模数据集并行运算的分布式编程模型，海量数据分布式存储与管理技术，包括存储虚拟化、计算虚拟化和网络虚拟化的虚拟化技术。国内外知名的互联网企业都在发展自己的云计算平台，Amazon 云平台、Google 云计算、Apple 云计算、Microsoft 云计算、IBM 云计算、阿里云、腾讯云以及我国三大电信运营商云计算平台（中国移动推出的“大云”、中国电信推出的“e 云”、中国联通推出的“互联云”），都在国内外商业领域较为流行。

数据中心是分布在不同的核心城市，为云计算提供基础支撑的数字基础设施。数据中心，也称互联网数据中心、运算速度在 1 000 万亿次/秒以上的国家级超级计算中心，其主要是为了让电子信息设备可以集中放置并达到充分利用而提供运行环境场所的电子信息系统机房，包括主机房、辅助区、支持区和行政管理区等。在数据中心的基础上，云计算才能提供包括基础服务和增值服务的计算模式，可见，云计算必然需要依托数据中心才能实现其价值，而云计算能力的进一步发展与提升又可促进数据中心规模的不断壮大，而数据中心的不断壮大又可为云计算发展提供更坚实的基础支撑，所以云计算和数据中心是相互依存、相互促进的关系。

3.2.3 云计算产业

1）亚马逊、微软等巨头主导全球云计算发展

亚马逊、微软、国际商业机器公司（IBM）和谷歌四大厂商主导了全球云计算市场。根据信息技术研究和分析公司 Gartner 的数据，四家公司占据全球云计

算基础服务市场一半以上的份额。

AWS是亚马逊的云计算业务，如今已成为全球最大的云计算厂商，是当之无愧的云计算霸主。根据协同研究集团（Synergy Research Group）的数据，2016年第三季度AWS在全球基础设施即服务（IaaS）公开市场的份额为45%，是微软、谷歌和IBM三大厂商总和的两倍多。2016年，AWS的收入达122亿美元，它在全球16个区域内部署了42个可用区。AWS不断推出新产品，不断降低原有产品的价格。成立10年时间AWS降价达52次之多。正是依托于云计算业务的巨大成功，亚马逊在2016年成为世界第五大上市公司。

微软是由传统IT厂商成功转型云服务的典范。2014年，微软确立了“移动优先、云计算优先”的新战略。凭借Office 365和Azure双引擎，微软奠定了行业第二的地位。Azure增长尤为强劲，截至2016年底，Azure Premi - um业务的收入连续10个季度实现三位数增长。基于云计算和人工智能的发展，微软的市值也在时隔17年后在2017年1月重新站上5 000亿美元高点。

另一传统IT巨头IBM的转型则相对艰难。IBM先是转型做软件和咨询服务，后才转向云计算。尽管IBM已成为私有云的领导者，但尚不能扭转公司业绩不断下滑的趋势。

为加快追赶亚马逊和微软的步伐，谷歌加大了对云计算的布局调整。2015年11月，谷歌新成立的云计算应用和基础设施部门。2016年10月，谷歌将企业沟通服务Google for Work、云办公处理软件、云平台（Cloud Platform），甚至是企业级的安卓手机、平板和Chromebook电脑等软硬件，都归到云计算应用和基础设施部门。

近年来，全球云计算市场规模总体呈稳定增长态势。2018年，以IaaS、PaaS和SaaS为代表的全球公有云市场规模达到1 363亿美元，增速23.01%。未来几年，市场平均增长率预计在20%左右。

2）第二梯队企业加大投资并购力度

亚马逊、微软、IBM和谷歌四大厂商的主导地位已经确立，短期内难以改变。但云计算的涉及范围广，市场空间大，在诸多细分领域仍有数量众多的成功企业。尤其是那些实力雄厚且位于第二梯队的云服务商。2016年，以甲骨文、Salesforce为代表的第二梯队企业取得了突出的成绩。它们主要通过加大投资并购力度，来巩固优势、弥补不足。

甲骨文目前积极向云计算转型。自2010年以来其收购的重点转向云计算，特别是SaaS供应商，来填补特定垂直市场的空白。2016年，甲骨文的并购十分活跃，一共花费了120亿美元成功收购9家公司。其中，最大一笔交易是斥资93

亿美元收购云服务解决方案供应商 NetSuite，这也是甲骨文史上第二大的收购。云软件创业公司 Ravello Systems、建筑工程云服务提供商 Textura、节能数据云服务公司 Opower、基于云的互联网性能和 DNS（域名系统）提供商 Dyn 四家公司的收购价格均在5亿美元以上。甲骨文的转型已取得阶段性进展，2017 年第二季度，其云服务总营收首次突破 10 亿美元大关，达到 10.5 亿美元，增速高达62%。

3）中国市场中阿里和腾讯处于领先位置

近年来，我国云计算产业快速发展，产业规模不断扩大，市场竞争激烈，技术水平不断提升，云计算产业规模快速增长。根据中国信息通信研究院发布的《云计算发展白皮书（2019 年）》，2018 年，我国云计算产业规模达到 9628 亿元。我国云计算服务提供商众多，主要有中国移动、中国电信、中国联通等基础电信运营商，BAT（百度、阿里、腾讯）等大型互联网企业以及浪潮、发展曙光等专业云计算服务提供商，市场竞争较为激烈。

2014 年 12 月，金山公布“All – In 云服务”的三年战略，开拓出一条聚焦行业云的差异化战略。从 2015 年开始，网易相继推出了网易云信、网易七鱼等云服务，2016 年正式发布了场景化服务和知识体系输出的云战略。京东也大力发展云计算业务，将 2016 年作为云计算元年。百度云、美团云也快速成长。其中，我国公有云市场保持高速增长。2018 年我国云计算整体市场规模达 962.8 亿元，增速39.2%，其中，公有云市场规模达到437.4 亿元，相比2017 年增长65.2%，2019 年云市场规模达到 668.3 亿元，2020 年达到 949.6 亿元。其次，我国私有云规模的增速放缓。私有云市场规模达 525 亿元，较 2017 年增长 23.1%。其中，2018 年私有云硬件市场规模为 371 亿元，占比 70.6%，较 2017 年有所下降；软件市场规模为 83 亿元，占比为 15.8%，与 2017 年相比上升了 0.2%；服务市场规模为 71 亿元，占比 13.6%，提高了 0.3%①。

从市场份额方面来看，据中国信息通信研究院调查统计，阿里云、天翼云、腾讯云占据公有云 IaaS 市场份额前三；光环新网、UCloud、金山云（排名不分先后）处于第二；集团阿里云、腾讯云、百度云位于公有云 PaaS 市场前三；用友、金蝶、畅捷通位居公有云综合 SaaS 能力第一梯队；中国电信、浪潮、华为、曙光则处于政务云市场前列。

近年来，我国云计算技术创新能力明显增强。云计算平台大规模资源管理与调度、运行监控与安全保障等关键技术研发取得突破，云计算相关软硬件产品研

① 中国信息通信研究院．云计算发展白皮书（2019 年）．

发及产业化水平明显提升。云计算应用深入推进，许多政府部门建立了政务云，许多大中型企业建立了私有云，成为信息化应用的重要支撑。许多地方政府提出实施“企业上云”计划，由云平台为当地中小企业提供云计算服务，降低了中小企业的信息化门槛。

4）云计算产业发展的问题与应对

第一，云计算在发展过程中也存在如核心设备和元器件国产化率低的一些问题，我国许多云计算平台的核心设备服务器都采用 IBM、戴尔、惠普等国外厂商的产品，国产化程度低。国产服务器的核心器件即芯片依赖进口，网络安全存在隐患。第二，当前云计算产业规模小，技术产品服务能力弱。中国在全球云计算市场中的份额不足5%。国内云计算产业总体能力与国际水平相比还有一定差距，部分关键行业还没有形成成熟的解决方案，产业供给能力有待提升。国内云计算企业规模普遍较小，提供的服务种类有限，缺少综合性的大型云计算服务提供商。第三，云计算产业生态体系不完善，云计算产业发展“重硬轻软”，云计算生态系统有待进一步完善。国内提供服务器、存储设备等硬件设备的厂商很多，而应用开发、系统迁移、标准认证、安全测试等与云计算配套的软件和信息服务业发展滞后，亟待建立技术、应用、产业、安全等协调发展、良性互动的产业生态体系。

3.2.4 典型云计算应用

1）政务云

2018 年，我国政务云市场规模达 370.8 亿元，政务云已实现全国 31 个省级行政区全覆盖，地级市行政区覆盖比例达到 75%。整体来看，政务云行业呈现出三个特点：一是逐步走出“跑马圈地”的快速建设期，新增项目以扩容为主；二是应用成效不断提升，依托云平台有效推动“互联网 + 政务服务”建设，极大提升了政务服务的便捷性，同时，政务云在帮助政府节约信息化成本方面效果显著；三是政务云正在成为“数字城市”建设的关键基础设施，在政务云基础设施之上，结合大数据、物联网、人工智能等技术，为实现城市经济运行、城市综合管理、城市综合服务的精准数字化提供保障。

2）金融云

传统金融企业与云计算厂商共同发力金融云市场，金融云四个细分领域在监管要求和业务需求上有显著区别，导致金融云在行业应用时产生了不同的侧重。

（1）银行方面。行业对服务可用性和数据持久性要求较高。银行科技公司成为银行云主体，兴业银行、招商银行、建设银行、民生银行、工商银行、光大银行、华夏银行、北京银行、平安银行等纷纷成立科技公司，提供包含 IaaS、PaaS、SaaS 全方位的云计算服务，银行领域科技公司总注册资金超过 37 亿元人民币。

（2）证券方面。证券对交易系统的响应时延要求苛刻，系统上云不能显著影响交易速度。证券交易系统在数据库、操作系统和小型机等方面对传统部署方式依赖度较大，上云推进缓慢。但也有证券公司探索开启云平台建设，中信证券已经建设完成金融服务云平台和私募基金云服务平台，构建“平台 + 服务”新型商业模式招商证券利用混合云架构实现系统弹性与数据安全，国泰君安证券搭建金融云平台提升灾备管理，赋能业务创新。

（3）互联网金融方面。银行与信息通信技术（Information Communications Technology，ICT）服务商争相成立互联网金融公司。阿里成立蚂蚁金服，京东成立的京东金融，腾讯扶持的微众银行，为互联网金融企业提供定制化的云计算解决方案；民生银行、江苏银行、兴业银行、工商银行、浦发银行、北京银行、华夏银行等纷纷成立直销银行，进军互联网金融领域，利用“互联网 + 云计算”为客户提供理财、基金等服务；苏宁、海尔、国美等厂商纷纷成立消费金融公司，利用云计算技术为客户提供方便快捷的在线支付手段。

（4）保险方面。云计算公司纷纷布局保险行业，阿里云、腾讯云、百度云、华为云、青云、云栈科技等云计算公司利用容器、微服务等技术手段构建核心架构的上云方案，实现保险系统的快速开发迭代。

3）交通云

交通行业具有服务对象数量多、安全可靠性要求极高、信息化系统生命周期长等特点。现阶段，我国交通行业正向高速化、密集化发展，而基础设施利用率和共享度低，系统分散独立、可靠性低、扩容难、新系统上线周期长，数据缺乏统一管理部署安全性堪忧，这些已成为限制交通行业信息化发展的痛点。云计算技术特有的超强计算能力、动态资源调度、按需提供服务等特点，将使交通行业在海量数据信息存储、应用负载波动需求、数据贡献、高可用性及高稳定性、综合交通业务融合、安全性上有突出的表现。

3.3 大数据产业

3.3.1 大数据的定义

大数据是将结构化数据和非结构化数据形成的数据集合综合起来，用来分析发现数据背后的相关关系的信息资产，是需要新的处理模式才能具有更强的决策力、洞察力和流程优化能力的信息资产①。面对这些大数据，必须要经过一定的梳理才能称为信息，而大量的信息又包含很多规律，从信息中将规律总结出来，就成为知识，然后将这些知识应用于实践与决策创造更大的价值才称作智慧。因此，数据的分析应用大致分为四个步骤：数据—信息—知识—智慧。

3.3.2 大数据相关关键技术

大数据分析背后离不开以数据中心部署和运营的虚拟化技术、数据挖掘技术、大规模为支撑并行处理数据库、分布式文件系统、数据库和可扩展的存储系统等关键的技术。大数据相关关键技术的战略意义不仅在于收集、掌握海量庞大的数据信息，更在于通过对海量数据的过滤、筛选，进行专业化加工与精确分析处理，进一步提升数据的增值与服务能力，进而上升为信息、知识，将其用于指导科学的决策。

大数据分析常与云计算联系在一起，只靠一台机器设备要对海量的数据进行收集、整理、统计、汇总、处理、分析，在短期内很难实现，于是就有将大量的数据分成不同的小份，每台机器分别处理其中一小份，多台机器同时并行处理的分布式计算的方法，这就是大数据分析技术。可是随着整个社会存储的数据量越来越大，很多规模小或资金实力不足的公司不可能都拥有这么多的机器资源去处理海量的数据，或者如果自身购置大宗机器设备资源一次用完后又会导致大量资源长时间的闲置，此时就可用到云计算服务，需要什么样的服务、需要多少服务、什么时候需要相关服务都可以随时有偿获取，这就是云计算，云计算就是将服务器、存储设备、网络、信息化应用系统等软硬件资源打包成一朵资源池的云，是一种可以为客户提供按需服务并按用量收费的服务模式。可见，大数据离

① 国务院印发. 促进大数据发展行动纲要.

不开云计算，大数据分析依赖于云计算提供的服务；同时，云计算也离不开大数据，云计算依赖于大数据的分布式计算方法与技术，所以大数据与云计算也是相互依存的关系。

3.3.3 大数据产业

大数据是以容量大、类型多、存取速度快、应用价值高为主要特征的数据集合。大数据产业是指一切与大数据有关的经济活动，如数据采集、存储、清洗、加工、可视化、分析与交易。

1）**全球主要国家大数据战略布局**

大数据与人工智能、云计算、物联网、区块链等技术日益融合，成为抢抓未来发展机遇的战略性技术，各国都将大数据产业上升至国家战略高度。

2012 年 3 月 22 日，美国奥巴马政府宣布推出“大数据的研究和发展计划”，该计划承诺投资 2 亿美元推动和改善大数据相关的收集、组织和分析工具及技术。这是大数据技术从商业行为上升到国家科技战略的分水岭，表明大数据正式提升至战略层面；2014 年 5 月美国发布《大数据：把握机遇，守护价值》白皮书，对美国大数据应用与管理的现状、政策框架和改进建议进行了集中阐述。从《白皮书》所代表的价值判断来看，美国政府更为看重大数据为经济社会发展所带来的创新动力，至于可能与隐私权产生的冲突，则以解决问题的态度来处理；2019 年 12 月 23 日，美国白宫行政管理和预算办公室（OMB）发布《联邦数据战略与 2020 年行动计划》。

2013 年，英国政府加大了对大数据领域研究的资金支持，提出总额 1.89 亿英镑的资助计划，包括直接投资 1 000 万英镑建立“开放数据研究所”；2020 年 9 月 9 日，英国数字、文化、媒体和体育部（DCMS）发布《国家数据战略》，支持英国对数据的使用，帮助经济从疫情中复苏，并在 2020 年 12 月之前面向社会进行公开咨询。《战略》将设定五项“优先任务”，研究英国如何利用现有优势来促进企业、政府和公民社会对数据的使用。政府必须充分利用这些任务来发挥数据带来的机会，创建一个蓬勃发展、快速增长的数字行业，以促进经济发展。

日本在新一轮 IT 振兴计划中把发展大数据作为国家战略的重要内容，新的 ICT 战略重点关注大数据应用技术；日本总务省 2012 年 7 月推出了新的综合战略“活力 ICT 日本”，将重点关注大数据应用，聚焦大数据应用所需的、社会化媒体等智能技术开发，以及在新医疗技术开发、缓解交通拥堵等公共领域的应用；2019 年 6 月于大阪举办的 G20 峰会上，日本提出将致力于推动建立新的国际数据监督体系和 G20“大阪路径”。

为应对未来发展，欧盟致力于平衡数据流动和广泛使用，希望通过建立单一的数据市场，确保欧洲在未来的数据经济中占据领先地位。2020 年 2 月 19 日，欧盟委员会公布了《欧盟数据战略》，以数字经济发展为主要视角，概述了欧委会在数据方面的核心政策措施及未来五年的投资计划，以助力数字经济发展。

近年来，我国逐渐认识到发展大数据的重要性，正加快推进大数据与实体经济融合发展。2014 年，大数据被首次写入政府工作报告。从这一年起，大数据逐渐成为各级政府关注的热点，政府数据开放共享、数据流通与交易、利用大数据保障和改善民生等概念逐渐深入人心。2015 年 8 月，国务院印发了《促进大数据发展行动纲要》（以下简称《行动纲要》），成为我国发展大数据产业的战略性指导文件。《行动纲要》作为我国推进大数据发展的战略性、指导性文件，充分体现了国家层面对大数据发展的顶层设计和统筹布局，为我国大数据应用、产业和技术的发展提供了行动指南。2016 年，《中华人民共和国国民经济和社会发展第十三个五年规划纲要》（以下简称《“十三五”规划纲要》）正式发布。《“十三五”规划纲要》的第二十七章题目为“实施国家大数据战略”，这也是“国家大数据战略”首次被公开提出。《“十三五”规划纲要》对“国家大数据战略”的阐释，成为各级政府在制定大数据发展规划和配套措施时的重要指导，对我国大数据的发展具有深远意义。2016 年底，工业和信息化部发布了《大数据产业发展规划（2016～2020 年）》。《大数据产业发展规划（2016～2020 年）》以大数据产业发展中的关键问题作为出发点和落脚点，明确了“十三五”时期大数据产业发展的指导思想、发展目标、重点任务、重点工程及保障措施等，成为大数据产业发展的行动纲领。农业林业、环境保护、国土资源、水利、交通运输、医疗健康、能源等主管部门纷纷出台了各自行业的大数据相关发展规划，逐渐完善大数据政策的布局。

2）全球大数据储量规模高速增长

大数据发展浪潮席卷全球。随着社会的进步和信息通信技术的发展，信息系统在各行业、各领域快速拓展。这些系统采集、处理、积累的数据越来越多，数据量增速越来越快。国际数据公司（IDC）的监测数据显示，2013 年全球大数据储量为 4. 3ZB（相当于 47. 24 亿个 1TB 容量的移动硬盘），2014 年和 2015 年全球大数据储量分别为 6. 6ZB 和 8. 6ZB。近几年，全球大数据储量的增速每年都保持在 40%，2016 年甚至达到了 87. 21% 的增长率。2016 年和 2017 年全球大数据储量分别为 16. 1ZB 和 21. 6ZB。2018 年全球大数据储量达到 33. 0ZB，2019 年全球大数据储量达到 41ZB。根据全球知名数据提供商 Statista 的数据统计，2020 年，全球大数据储量约为47ZB。在数据储量不断增长和应用驱动创新的推动下，大数据产业将会不断丰富商业模式，构建出多层次多样的市场格局，具有广阔的发展空间。

2014年，全球大数据市场规模达到约285亿美元，实现53.23%的增长，比2013年57.63%的增速略有回落，但快速增长态势不变，且呈现出应用成为新增长动力、竞争态势愈加激烈、融资并购成为市场热点、产业生态不断优化和基础设施建设更加合理等特点。2020～2024年全球大数据市场规模在五年内实现约10.4%的复合增长率，2021年全球大数据市场的IT总投资规模为2 176.1亿美元（约1.5万亿元人民币），并有望在2026年增至4 491.1亿美元（约3.1万亿元人民币），五年预测期内（2021～2026年）实现约15.6%的复合增长率①。

全球大数据市场结构也从垄断竞争向完全竞争格局演化。企业数量迅速增多，产品和服务的差异度增大，技术门槛逐步降低，市场竞争越发激烈。全球大数据市场中，行业解决方案、计算分析服务、存储服务、数据库服务和大数据应用为市场份额排名最靠前的细分市场，分别占据35.40%、17.30%、14.70%、12.50%和7.90%的市场份额。云服务的市场份额为6.30%，基础软件占据3.90%的市场份额，网络服务仅占据了2.00%的市场份额②。

3）我国大数据产业发展情况

中国电子信息产业发展研究院发布的《中国大数据发展指数报告（2018年）》显示，全国大数据发展逐步形成了以8个国家大数据综合试验区为引领，京津冀区域、长三角地区、珠三角地区、中西部地区四个集聚区域协同发展的格局。

从分区域角度看，东部地区是大数据发展的前沿地带，占据全国大数据发展指数前10的前6个席位；西部地区紧随其后，中部地区和东北地区大数据发展相对滞后。广东以11.21的指数位列榜首，上海、贵州、北京、重庆等省市全国领先。

从大数据产业发展看，随着大数据上升为国家战略，大数据产业发展对经济社会的价值和影响得到广泛认可，各省市纷纷抢抓大数据产业发展机遇，尤其是东部沿海地区大数据产业发展势头迅猛。其中，北京以26.50的发展指数在全国遥遥领先，广东、江苏等省市位列第一梯队。此外，随着国家大数据综合试验区建设的不断深入，试验区集聚引领态势凸显，八大数据综合试验区总指数占全国的比重为45.62%。

①② 中关村大数据产业联盟．http：//www.zgc－bigdata.org/nd.jsp？id＝479.

从大数据应用发展看，发达省市引领全国大数据应用发展，广东省以大数据应用指数 20.62 高居榜首；北京、浙江、上海、江苏等省市受经济基础较好、政府重视政务、民生大数据应用以及利用大数据技术推动产业转型升级等因素影响，位列第一梯队。此外，不同梯队省份大数据应用各有侧重，第一梯队侧重政务应用，第二梯队各类应用均衡发展，第三梯队工业应用成为重点。

从大数据技术研发创新发展看，各省区市技术研发创新依然存在较大的实力差距，研发实力排名靠前的省份大多来自传统 ICT 产业发达的东部地区，中西部地区实力整体较为平均但明显落后于东部地区。

从数据开放共享看，全国数据资源开放共享指数省份间差异较大，体现出明显的省域发展水平不均衡。其中，山东、贵州、广东和北京四个省份在数据资源开放共享方面处于全国领先地位。此外，全国数据资源开放共享尚未形成区域联动发展态势，区域化发展格局尚未形成，各省份间没有明显的关联性。

4）我国大数据产业发展的挑战

自党的十八届五中全会提出实施国家大数据战略以来，我国大数据产业快速发展，但依然存在一些亟待解决的问题。例如：①数据不充分不均衡，大数据产业基础不牢。根据《2017 中国地方政府数据开放平台报告》，全国 19 个地方政府数据开放平台中有 1/4 的数据机器可读性较差，尤其在公共服务、教育、就业等领域数字基础设施建设不足，数字化程度亟待提升。②数据质量不高，影响数据应用效果。当前，由于缺乏统一的监管和规范，各行业的数据格式繁多，数据质量参差不齐，从而无法真正发挥大数据的价值。③信息孤岛情况严重，数据整合能力不足。当前国内经济社会大数据领域比较离散，政府部门之间、企业之间、政府和企业之间由于信息不对称、制度法律不具体、共享渠道缺乏等多重因素，导致大量数据存在“不愿开放、不敢开放、不能开放、不会开放”的问题，造就了一座座企业和政府管理部门的数据孤岛，难以有效、权威地整合经济社会数据资源，无法构建全景的大数据。④大数据平台建设监管不足，数据安全问题频发。由于缺乏统一的监管标准和引导，对于数据使用的权利和义务尚未明确，各类大数据平台的建设者和使用者鱼龙混杂，数据安全常常难以保障。在云安全联盟发布的 12 大安全威胁中，“数据泄露”高居榜首，国际某著名公司数据泄露门事件涉及 10 亿多用户账号被盗。⑤大数据市场竞争不规范，严重影响产业发展。大数据产业参与主体众多，在市场发展过程中过度竞争、无序竞争时有发生，尤其在以数据传输、存储为主的基础设施领域，造成劣币驱逐良币的恶劣影响。

3.4 物 联 网

进入数字经济时代，人类的生产和生活方式都在发生着颠覆性的变化，更方便快捷、更灵活智能的数字工具、数字技术与数字基础设施已经成为人类经济社会运行不可或缺的重要部分。而基础设施在数字经济时代的一个重要目标就是适应和满足万物互联的需要，即通过物联网把人与人、人与物、物与物所有的一切连接起来，引领我们走向更加美好的新时代。物联网的出现真正地把网络融入了社会生活的各个方面，改变了人们的生产生活状态。

3.4.1 物联网的定义

"物联网"顾名思义就是指物物相联的互联网。其英文名称是"Internet of things"，简称 IoT，直译为"事物的互联网"，汉语表达为"物联网"，实际上就是一个可实时共享物品信息的实物互联网①。这包括两层含义：一是物联网的核心和基础还是互联网，是互联网的延伸和扩展网络；二是把用户端延伸和扩展到了任何物品与物品间的联结，进行信息交换和通信，即物物相联与物物相息。物联网由信息物品、智能应用、自主网络三个维度构成一个系统。信息物品就是所谓的物，可感知其自身信息的存在，或者说是能够被标识的信息物智能应用，表示其有自处理能力和智能控制功能自主网络，表示其具有自优化、自愈合、自配置、自保护能力。

物联网的体系模型分三个层次：感知层、网络层和应用层。感知层负责识别物体、采集信息和信息传输，是物联网的底层，解决的是数据获取与连接问题；网络层是通信网络与互联网的有机融合，是信息传输、处理、聚合、分类、转发等功能的实现；应用层是物联网和用户（包括人、组织和其他系统）的接口，是物联网技术的最终目标，通过与各个行业的结合实现物联网的智能化服务。

物联网把整个世界集成网络，把人与物联结在一张互联网上，就形成了物联网。处理器、互联网和软件技术的发展，尤其是人工智能的出现，把所有的人、物与事联结了起来，从而形成了万物互联的状态。物联网平台通过传感器与软件技术将人力、设备、自然资源、生产线、物流网络、消费习惯、回收流以及经济社会生活各个方面各个环节以数据形式联结起来，为各个节点或用户提供实时性

① 国际电信联盟（ITU）发布. ITU 互联网报告 2005：物联网.

的大数据同时，物联网也根据大数据所提供的数据和分析处理，提高网络运行效率，降低其成本，直到边际成本为零。

互联网创造了人与人沟通的新方式，打破了过去熟知的商业行为模式，改变了人们过去的生活习惯。随着科学技术的进步，互联网、大数据技术的发展，尤其是数字技术的广泛应用，不断更新和扩充着数据库库容，也迫切需要在人与人联结互通的基础上，实现人与物、物与物间的联结与沟通，提升数据容量和质量、数据准确性和传播速度，对外界的人、事、物及其变化进行实时反映和回应。当所有物都具备网络连接能力，并能实时形成信息与用户间的互联互通互动时，那万物互联的互联网世界就产生了，因此物联网是互联网的创新与延伸，其最终状态就是万物互联。但是，从本质上讲，物联网还是以人为主体的一种信息互动，是人与人之间、人与物之间的信息互动。

3.4.2 物联网的起源与发展

物联网最初的概念是由美国提出来的，指的是把所有的物品通过物联网域名相连接，进行信息交换和通信，以实现智能化识别、定位和跟踪等的一种网络概念，它是基于互联网之上对互联网的延伸与应用拓展，是通过“无线数据传输终端”使不可交流的物体与物体之间进行交流而实现信息化、远程管理控制和智能化的网络。“物联网”概念的正式提出是在 1999 年，由美国麻省理工学院自动识别中心主任凯文·艾什顿（Kevin Ashton）率先提出该概念，因此他也被誉为“物联网之父”。在此之前，卡内基梅隆大学程序设计师在 1980 年设计了可通过网络查看自动售货机当前剩余的饮料种类与数量的系统。比尔·盖茨于 1996 年在《未来之路》一书中提出了物联网的类似概念。随着网络技术的发展和进步，物联网越来越受到社会各界的关注。2005 年，国际电信联盟（International Telecommunication Union，ITU）在突尼斯信息社会世界峰会（World Summit on the Information Society，WSIS）上发布了《ITU 互联网报告 2005 物联网》，强调物联网包括两项内容所有物品的联网和应用。2008 年，IBM 提出“智慧地球”构想，要把新一代信息技术、互联网技术应用到各行各业和社会生活的方方面面，实现物联化、互联化、智能化。

我国早在 1999 年就启动了传感网研究，是世界传感网领域标准制定的主导国之一，形成了物联网标准初步框架体系，并已成功应用于交通、金融、物流、电力、工业控制、医疗卫生、环境保护、公共安全等相关领域，形成了“农业物联网”“车联网”两个延伸网。国内对物联网的发展也给予了高度的重视。2009 年 8 月，时任总理的温家宝提出“感知中国”的概念，把我国物联网领域的研究和应用开发推向了高潮。率先建立“感知中国”研究中心的城市是无锡，中国科学院、相关运营商以及多所大学相继在无锡建立了物联网研究机构，目前已形成巨大的发展优势：一是应用领域加速拓展，试点示范成效显著；二是物联网产业链和生态体系逐渐形成；三是产业集群优势不断凸显；四是技术支撑不断强化，建成了一批物联网领域的重点实验室。

3.4.3 物联网相关技术

物联网依赖于无线宽带网络技术、无线射频识别技术、微型传感器技术等把全世界的人与人、人与物、物与物都连接起来，从而实现沟通与交流。

1）**无线宽带网络技术**

与传统人际互联应用需要高带宽、长连续的互联网相比，实现物物互联的无线宽带网络技术主要需要覆盖范围广、传输距离长、不受终端设备位置限制、传输速度快、可为万物互联提供高速稳定而又低成本的互联手段。

2）**无线射频识别技术**

可通过无线电信号识别特定目标并读写相关数据进而达到控制、检测和跟踪物体的目的。其特点为：存储容量大、读取距离远、使用寿命长、防水防磁耐高温、数据可加密等。

3）**微型传感器技术**

物联网发展的基础是处于信息感知和处理末梢的传感器网，目前传感器已经遍布在我们生活的各个角落，高铁上的烟雾报警器、监控煤矿安全生产的粉尘和瓦斯传感器、探测火灾的温度传感器、监控桥梁强度的震动传感器等不胜枚举。随着物联网应用的日益普遍，处于各种传感器设备的“端”侧要保证可近距离、多维度、多参数地采集不同环境和事件的巨大、多元、复杂信息。

无线宽带网络与传感器技术的结合就出现了自组织无线传输传感器网络，在整个网络中，数据的传输与互联网传递方式下当某些网络节点出了故障，数据就会寻找其他合适的路径传输，在无线传输传感器网络中，当一些传感器失效的时候，数据可以通过其他传感器传递出来。无线视频识别技术和传感器的结合就是一个个智能终端，每个智能终端会标记出物体的身份、状态与特征，再借助无线宽带网络技术，用户虽身在千里之外，也如身临其境般可轻松掌控全局。

3.4.4 典型物联网应用

1）物联网与云计算

随着基于互联网的信息传送与数字技术服务网络的新兴业务和应用范围越来越广，融合大量传感器网络多元信息采集功能的物联网，由于其广泛的信息获取、高效的数据传输、有效的数据与信息运用等功能，大多应用于长距离、低密度、低速率、低功耗、多终端的通信应用场景，其对于数字基础设施中互联网、大数据等均提出特殊的要求，也必将对互联网、大数据产生重要影响；同时，由于物联网应用场景大多较为分散，未来也将出现更加复杂化与多样化的智能终端设备，这又必将对云计算的计算能力产生重大影响。可见，物联网的发展对云计算有着重大影响，而云计算能力的极大提高，又可支持与满足更先进、更复杂物联网应用场景下企业计算机、智能终端设备等硬软件的有效运行、数据采集与分析等功能需求，可见，物联网与云计算也是相互依存、相互促进的关系。

2）万物互联在智能制造中的应用

智能制造是将包括云计算、大数据、物联网、5G 等新一代信息技术、人工智能与先进制造技术深度融合，促进制造业从机械化、电气化、自动化向数字化、互联化及智能化转变。这里的互联化就是指通过万物互联，在生产者—机器、机器—机器、消费者—生产者间构建连接，推动制造企业实现转型升级。

万物互联可以降低劳动强度。万物互联不仅可以将工人从重复、繁重的体力劳动中解放出来，还可以替代脑力劳动，以数字化的形式实现人类知识的传承和推广。

万物互联可以降低成本。万物互联通过数据分析，不仅能够精准预测销售趋势，科学指导产品设计和排产，还可以快速构建产品原型、动态分配资源，大幅缩短产品上市时间并降低研发成本。万物互联通过对生产设备的智能化分析和健康监控，不仅能优化工艺参数，节能减排，提高产品优良率还能及时预警故障，降低设备耗损。

万物互联还可以优化供应链。万物互联能够实现制造企业与上游供应商、下游服务商等商业生态圈企业数据的合理连接，通过对这些数据的科学性、智能化分析，使整个商业生态圈能够及时应对市场变化，实现供应链的最优化。

3）万物互联在智慧农业中的应用

智慧农业作为农业发展的高级阶段，是集互联网、移动互联网、云计算和物联网技术为一体，运用传感设备和软件通过移动平台或者电脑平台对农业生产进行控制，实现对农业生产环境的智能感知、智能预警、智能决策、智能分析、专家在线指导，为农业生产提供精准化种植、可视化管理、智能化决策。相较于传统农业信息化，应用万物互联的智慧农业具备以下优势：

一是实现智能监测监控。智慧农业中的传感设备可全天候全方位自动采集数据，包括空气及土壤的温湿度、风向风速、光照度、二氧化碳浓度等数据，利用平台的行业智能模型，对数据进行分析处理，并结合规则引擎对终端控制设备进行自动控制。

二是提供个性化农技指导。智慧农业能够基于标准农业智库，整合海量数据，利用智能分析与定向推送技术，为目标客户提供个性化信息定制服务，使农民及时得到农技指导与政策指引。

三是实现专家远程支持。农业工作者可以随时随地地通过手机、平板电脑或个人电脑，把各种农业上的问题反馈到平台上，农业专家可及时地做出解答。智慧农业让普通农业工作者和农业专家零距离交流，使得各种农业作业中的疑难问题得到快速解决。

四是实现标准化农业生产管理。智慧农业为从事规模化生产的农业企业提供标准化生产管理工具，实现工作任务的自动创建、分配、跟踪与管理，实现了农业生产高度规模化、集约化，提高了农产品产量和质量。通过农业精细化管理，有效节水、节肥和节药，使整体资源消耗显著降低。

五是实现农产品安全溯源。智慧农业能够实现对农产品生长过程的全程监控，切实让消费者了解农产品的整个生产过程，也为农牧部门提供了有效的农产品质量安全监督管理手段。

4）万物互联在智能交通系统中的应用

智能交通系统，又称智能运输系统，是将先进的信息技术、数据通信传输技术、电子传感技术、控制技术及计算机技术等有效地集成运用于整个地面交通管理系统而建立的一种在大范围内、全方位发挥作用的，实时、准确、高效的综合交通运输管理系统，主要包括车辆控制系统、交通监控系统、车辆管理系统、旅行信息系统等。智能交通系统具有两大特点：一是着眼于交通信息的广泛应用与服务；二是着眼于提高既有交通设施的运行效率。与一般技术系统相比，智能交通系统建设过程中的整体性要求更加严格，这种整体性主要表现在以下三个方面：

一是跨行业协调性。智能交通系统建设涉及众多行业领域，是社会广泛参与的复杂巨型系统工程，需要强化行业间的协调与配合。

二是技术融合性。智能交通系统融合了交通工程、信息工程、控制工程、通信技术、计算机技术等众多科学领域的成果，需要众多领域的技术融合支撑，需要众多的科技人员共同协作。

三是多主体参与性。智能交通系统需要政府、企业、科研单位及高等院校共同参与，只有这些主体合理分工、优化组合，才能实现智能交通系统效应的最大化。

5）万物互联在智能家居中的应用

智能家居（smart home）又称智能住宅，是利用综合布线技术、网络通信技术、智能家居系统设计方案、安全防范技术、自动控制技术、音视频技术将家中的各种设备（如音视频设备、照明系统、窗帘控制、空调控制、安防系统、数字影院系统、网络家电等）连接到一起，提供家电控制、照明控制、窗帘控制、电话远程控制、室内外遥控、防盗报警、环境监测、暖通控制、红外转发以及可编程定时控制等多种功能和手段。

与普通家居相比，一方面，智能家居让用户以更方便的手段来管理家庭设备，比如，通过触摸屏、手持遥控器、电话、互联网来控制家用设备，更可以执行情景操作，使多个设备形成联动；另一方面，智能家居内的各种设备相互间可以进行通信，不需要用户指挥也能根据不同的状态互动运行，从而给用户带来最大程度的方便、高效、安全与舒适的体验。

6）万物互联在智慧医疗中的应用

智慧医疗利用先进的物联网、人工智能技术，升级医疗设备、打造医疗健康档案区域信息平台、优化医疗机构运营模式和改进医患沟通方式，能够显著提升传统医疗体系的运营效率。与传统的医疗服务模式相比，智慧医疗具备以下优势：

一是利用多种传感器设备和适合家庭使用的医疗仪器，自动或自助采集人体生命各类体征数据，在减轻医务人员负担的同时，能够获取更丰富的数据。

二是采集的数据通过无线网络自动传输至医院数据中心，医务人员利用数据提供远程医疗服务，能够提高服务效率，缓解排队问题，并减少交通成本。

三是数据集中存放管理，可以实现数据的广泛共享和深度利用，有助于诊断疑难杂症，能够以较低的成本为亚健康人群、老年人和慢性病患者提供长期、快速、稳定的健康监控和诊疗服务，降低发病风险，间接减少对稀缺医疗资源如床位和血浆的需求。此外，在面临重大公共卫生事件时，智慧医疗设施的部署使用，能有效提升突发性、流行性疾病的防治效果。以抗击新冠疫情为例，智慧医疗线上诊断系统能够同时对接病房和医护中心，医疗专家不必进入隔离区即可为患者诊治，避免了病毒对医护人员的感染。

阅读材料

加快建设数字经济产业园区

近年来，全国各地因地制宜加快建设数字经济产业园，推动数字经济重点产业集聚，初步取得发展成效。

数字经济产业园政策体系加快构建。部委层面，工信部出台《国家新型工业化产业示范基地管理办法》，确定10批国家新型工业化产业示范基地，其中包括电子信息类53家、软件和信息服务类118家、大数据类12家、数据中心类11家、工业互联网类8家。地方层面，山东、四川、浙江、福建、新疆等省区市先后出台专项政策支持数字经济产业园高质量发展。如山东省制定省级数字经济产业园试点建设行动方策、管理办法和建设指标体系。

以园区认定为抓手推动高标准建设。据公开信息整理，山东、福建、新疆、陕西、四川5个省份依据各自出台的认定标准累计认定174家省级数字经济产业园，江苏南京、江苏苏州、浙江温州、陕西汉中、陕西宝鸡、山东滨州6个城市累计认定71家市级数字经济产业园，嘉兴市桐乡市、深圳市龙华区、泉州市丰泽区组织认定区县级数字经济园区与楼宇。

各地数字经济产业园数量增长迅速。总量方面，据不完全统计，截至2022年3月底，我国以“数字经济”命名的产业园累计超过200家，基本遍布全国31个省区市。增速方面，近98%的数字经济产业园建立于2018年及之后，2018～2021年分别设立9家、24家、63家、79家。区域分布方面，东部、中部、西部、东北地区数字经济产业园数量占比分别为41%、28%、25%、6%。

数字产业发展的意义在于整合资源优势，创造新型产业链和生态系统，提升产业的附加值，推动数字经济的发展。立足微观视角，数字产业发展将助力传统企业蝶变，再造企业质量效率新优势。传统企业迫切需要新的增长机会与发展模式；快速迭代及进阶的数字科技为传统企业转型升级带来新希望；传统产业成为数字科技应用创新的重要场景。立足中观视角，数字产业发展将促进产业提质增效，重塑产业分工协作新格局。提升产品生产制造过程的自动化和智能化水平；降低产品研发和制造成本，实现精准化营销、个性化服务；重塑产业流程和决策机制。立足宏观视角，数字产业发展将孕育新业态新模式，加速新旧动能转换新引擎。数字科技广泛应用和消费需求变革催生出共享经济、平台经济等新业态新模式；促进形成新一代信息技术、高端装备、机器人等新兴产业，加速数字产业化形成。

资料来源：中国数字经济发展报告（2022 年）[R]. 中国信息通信研究院，2022.

本章小结

数字产业化和产业数字化作为数字经济的主要内容，是发挥数字技术作用，引领产业转型升级的关键。数字产业的形成经历了信息经济、数字经济的演进历程，其内涵伴随着信息通信技术的创新发展逐渐丰富，具有高技术密集型与高渗透性的数字产业逐渐成为支撑国民经济发展的主导产业。

伴随着大数据、云计算、人工智能和物联网等泛互联网技术的不断升级和应用，人类社会进入了信息化、智能化时代，传统信息化时代没有释放出来的信息和数据价值在数字经济时代得到释放，并转化成为巨大的生产力，成为社会经济发展的新动能。与此同时，随着发展阶段的转变，传统产业面临新的挑战与机遇。传统产业需以数据为关键要素，以价值释放为核心，利用大数据、云计算、人工智能、物联网等数字技术对业务进行升级，优化产业供给侧和需求侧运营流程，打通不同层级与行业间的数据壁垒，改变原有生产方式、组织结构、管理模式等，从而实现产业降本增效。

复习思考题

1. 简述数字产业的发展历程。
2. 数字产业的主要特征是什么？
3. 简述云计算产业现状、特征与挑战。
4. 试分析全球大数据产业发展现状、前景以及对我国的启示。
5. 请列举几个万物互联的应用案例。

参考文献

[1] 蔡凤翔，李群，李英浩．物联网技术发展现状浅析 [J]. 信息系统工程，2021（1）：25－26.

[2] 李静，等．数字经济理论 [M]. 合肥：合肥工业大学出版社，2020.

[3] 里夫金·J. 零边际成本社会：一个物联网、合作共赢的新经济时代 [M]. 北京：中信出版社，2017.

[4] 马化腾，孟昭莉，闫德利，等．数字经济：中国创新增长新动能 [M]. 北京：中信出版社，2017.

[5] 戚聿东，肖旭．数字经济概论 [M]. 北京：中国人民大学出版

社，2022.

［6］任保平，师博，钞小静，等．数字经济学导论［M］．北京：科学出版社，2022.

［7］宋爽．数字经济概论［M］．天津：天津大学出版社，2021.

［8］腾讯研究院，工业和信息化部电子科学技术情报研究所．中国数字经济发展白皮书（2017 年）［R/OL］［2018－05－25］．https：//cloud. tencent. com/developer/article/1135613.

［9］王慧宇，张立震．基于物联技术的教室管理系统设计与构建［J］．物联网技术，2015，5（6）：93－95，99.

［10］王俊豪，周晟佳．中国数字产业发展的现状、特征及其溢出效应［J］．数量经济技术经济研究，2021，38（3）：103－119.

［11］易高峰．数字经济与创新管理实务［M］．北京：中国经济出版社，2018.

［12］余侃．云计算时代的数据中心建设与发展［J］．信息通信，2011（6）：100－102.

［13］赵立斌，张莉莉．数字经济概论［M］．北京：科学出版社，2020.

［14］中国信息化百人会课题组．数字经济：迈向从量变到质变的新阶段［M］．北京：电子工业出版社，2018.

第4章　产业数字化

【学习目标】

学完本章，你应该做到：

1. 理解产业数字化的内涵及特征
2. 了解数字农业的内涵、特点及数字技术的应用
3. 了解智能制造的定义和主要环节
4. 了解服务业数字化的定义、特征和具体应用

【知识框架】

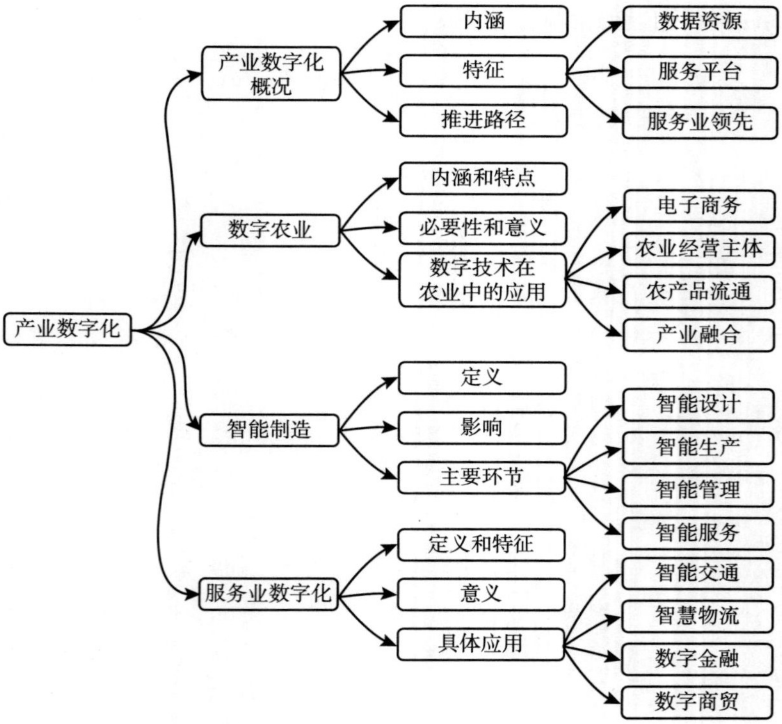

图4－1　本章知识框架

【引例】

西门子数字化转型

西门子作为工业4.0联盟组织的重要成员，在数字化工厂建设方面经验颇深。目前在国内，除成都数字化工厂外，南京数字化工厂也已进入最后的建设阶段，投产后，产能将增长两倍多，人员效率至少提升20%，单位面积产出增加40%，产品上市时间缩短近20%，同时柔性制造能力大大增强。SNC工厂如何通过数字化建设实现这样的制造能力升级？

原本，在SNC工厂内有6条电路板表面贴装（SMT）生产线，贴片机本身的自动化程度已经很高，但是，由于SMT生产线是由不同的设备组合而成的，激光刻字、丝印、焊接检测、贴片、回流焊、自动光学检测，不同工序所需的时间并不一致，设备生产厂家不同，往往导致一条生产线上不同设备的利用率并不相同。比如瓶颈工位设备利用率已经达到70%，但仍有设备的利用率只达到40%，那么整条生产线的利用率也会相应降低，需要进行设备或工位的重新配比。

以往解决这一问题，工厂会请工程师人工计算设备的节拍，再通过演算进行配比。但现在，设备本身的操作实时数据通过Valor（MES）制造执行系统汇集在一起，然后根据精益生产的原则和公式，通过仿真程序模拟不同的参数配置进行工艺仿真计算，并通过系统对多条线设备的自动综合排产计划，就可以将生产线调整到最佳状态。

SNC工厂以数字化手段指导生产决策，有效实现生产现场的降本增效，节约生产线投入。同时，数字化工具深入各部门，由一线业务人员进行数据分析，辅助业务决策。利用数据分析暴露出来的问题，通过不断更新换代的技术，比如工业5G、物联网、区块链、人工智能、增强现实等，在持续改进的基础上提供了各种技术创新和技术革命的可能。应用数字化的自动排产系统，SNC可以敏捷响应生产的相关元素，如原材料供应情况、设备产能、员工数量等，自动而灵活地进行生产排期。在工厂投产前，SNC的工程师已经利用数字化双胞胎的方法，在数字化平台上搭建出了新工厂的业务架构，完成了虚拟生产和调试，预先发现问题并加以解决。这一机制也将在工厂投产后为安全生产提供保障。

产业数字化是传统产业应用信息技术实现数字化、智能化的升级，为传统产业带来产出增加和效率提升的过程，释放数字化应用对经济发展的放大、叠加、倍增作用。随着数字技术不断渗透到各行各业，拉动作用愈发凸显，产业数字化已经成为数字经济发展的强大引擎。

产业数字化包括农业数字化、工业数字化、服务业数字化及政府数字化等，涉及工业互联网、智能制造、车联网等融合型新模式、新业态，是数字技术与实体经济的融合。本章首先描述产业数字化的内涵及特征，其次按照三大产业的划分，重点阐述农业、制造业和服务业的数字化转型，政府数字化将在后续章节中有所涉及。

4.1 产业数字化内涵及特征

4.1.1 产业数字化的定义和内涵

2020 年 6 月，国家信息中心信息化和产业发展部与京东数字科技研究院共同发布《中国产业数字化报告 2020》（以下简称《报告》）。《报告》首次专业阐释"产业数字化"，指出产业数字化是在新一代数字科技支撑和引领下，以数据为关键要素，以价值释放为核心，以数据赋能为主线，对产业链上下游的全要素进行数字化升级、转型和再造的过程，这也是当前对产业数字化最为权威的定义。简单来说，产业数字化是传统的交通、物流、文娱各种产业借助信息化和数字化技术实现产业升级的过程。产业数字化涵盖数字农业、智能制造、智能交通、智慧物流、数字金融、数字商贸、数字社会、数字政府等数字化应用场景。推动传统产业的数字化转型，可以提高企业的生产效率，扩大产品的客户群体范围，同时，企业能有效利用现代数字技术精确度量、分析和优化生产运营各环节，降低生产经营成本，提高经营效率，提高产品和服务的质量，创造新的产品和服务。

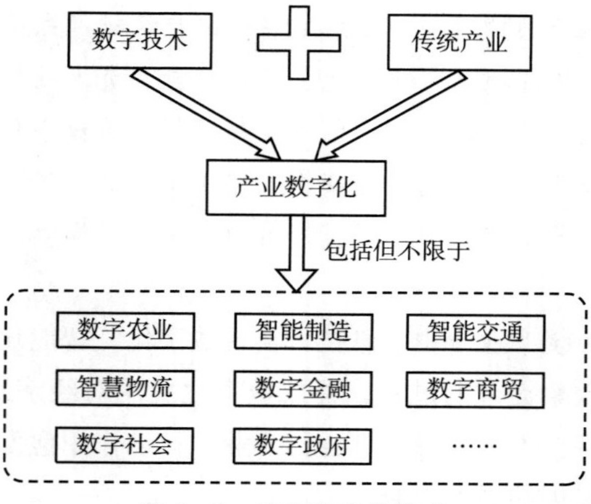

图 4－2　产业数字化构成

对产业数字化内涵的理解需要兼顾社会与市场两个维度，以更加全面的视角理解其本质。从社会维度看，产业数字化利用数字技术与传统产业的深度渗透和广泛应用，是建立在生产工具与生产要素变革基础上的一种社会行为；从市场维度看，产业数字化是以信息网络为市场配置纽带、以服务平台为产业生态载体的资源优化过程，为传统产业创造价值增值空间，创造出新产业、新业态和新模式，推动传统产业的数字化升级。

4.1.2 产业数字化的特征

1）以数据资源为关键生产要素

在产业化进程中，数据要素与技术要素、资本要素、劳动力要素等具有较强的协同性和依赖性，它立足于自有的产业基础与优势，为各传统产业的发展注入新动力。数据要素涉及数据生产、采集、存储、加工、分析、服务等多个环节，形成数据体系可持续催生个性化定制、智能化生产、网络化协同、服务型制造等新模式、新业态，是驱动数字经济发展的“助燃剂”，推动人类社会迈向一个网络化连接、数据化描绘、融合化发展的数字经济新时代。

2）以服务平台为产业生态载体

数字服务平台是以实现产品及服务交易为目的，利用互联网、物联网、大数据等信息技术构建的一体化、网络化、智能化平台，具有生态化、高效化、灵活化特征，是带动服务业数字化升级的核心动力。数字服务平台能提升各行业数字化水平，企业乃至整个产业都将朝着更快速、更高效、更经济的形态发展，例如供应链协同平台，可以帮助企业通过联合采购降低采购成本，从而创造明显的、即时的价值；数字服务平台，能够开展在线教育、线上问诊、远程办公、生鲜电商等，提高民众生活服务质量。

3）服务业成为产业数字化发展的领头羊

与制造业和农业相比，第三产业（零售、物流、金融等生活性服务部门）具有轻资产特性，又得益于蓬勃的消费市场，居民医疗、健康、文教、娱乐等消费服务需求持续增加。从生活服务业内部各行业来看，数字化水平差异比较大。根据《2022 年中国生活服务业数字化发展报告》，2021 年中国酒店业的数字化率达到 44.3%，餐饮业数字化率大概是 21.4%，家政业数字化率是 4.1%，养老服务业的数字化率为 1.3%。服务业数字化转型遥遥领先，电子商务拉动内需强劲有力，生活消费领域“一站式”服务趋势明显，交通、物流、金融、商贸等行业的数字化发展势头强劲。

4.1.3 产业数字化的推进路径

1）进行信息化数字建设

加强新基建为产业发展提供强大的基础设施支撑。新基建不是政府包揽，应鼓励平台企业参与，促进新基建与终端需求更好衔接。鼓励电商平台龙头企业通过 PPP（政府和社会资本合作）合作模式，参与数字基础设施建设，促进新基建与终端需求的有效对接；组织制造业企业与网络运营商对接合作，加快改造企业内网，推动企业外网建设，建成覆盖重点产业集群聚集区域的“双千兆”高速网络；优化数据中心布局，推动智能计算、边缘计算等新型算力供给，支持企业建设标识解析二级节点及数字运营中心；完善工业信息安全风险评估、信息通报、应急处置等制度，保障数据安全和运行安全；完善工业信息安全态势感知网络，建设省级工业互联网安全信息共享与应急服务协同保障平台，培育工业信息安全防护星级企业。

2）加强全产业链视角的顶层设计

推进全产业链数字化转型，构建智能化生产、网络化营销、数据化管理和在线服务数字化应用体系。积极推进农业大数据中心建设，整合相关数据，打破地区、行业和部门限制，消除“数字鸿沟”。例如，在农业领域可以建设的系统有农事生产系统、电商系统、进销存管理系统、财务分析系统、人力资源系统等；可以做的数据分析有产量预估、农事作业分析、销售价格预测；针对特色农产品，利用大数据实现“以产定销”到“以销定产”的转变。建立数据规范和标准，推动企业从物料采购、物流、加工、零售、配送到服务等业务流程全链条数字化，打通上下游企业数据通道，形成服务业数字化产业链生态。发挥政府、第三方机构、产业联盟、协会、龙头企业等的作用，组织开展行业相关标准制定，制定行业数字化转型的路线图。

3）软件和智能硬件设备开发

分行业梳理智能硬件和装备供给短板，支持企业研发智能制造设备，支持企业集成应用数字化技术对主要生产线进行智能化改造，提升核心装备和关键工序的数字化水平。支持综合型、特色型和专业型工业互联网平台建设，推动平台汇聚工业大数据、工业 APP 和数字化转型解决方案等赋能资源；推动“5G + 工业互联网”场景应用，打造多场景融合、多系统集成、多设备协同的应用项目；强化工业大数据产品及服务供给，打造工业大数据应用示范项目；提高企业工业互联网平台普及率，打造重点工业互联网平台、工业大数据典型应用场景，开发工业大数据产品。

4）扩大数字技术在产业中的应用范围

加快数字技术向农业农村渗透融合，加速对传统农业各领域各环节的全方位、全角度、全链条的数字化改造，提高全要素生产率，释放数字技术对农村经济社会发展的放大、叠加、倍增作用，为农村经济社会高质量发展增添新动能。搭建农业品牌电商平台，提升农业品牌的信息化水平与线上营销服务能力；对接和利用已有知名电商平台，开展网络直播带货，为品牌农产品打开“新销路”，从而构建新的产销模式；加快数字技术在生活性服务业的融合应用，为生活服务业数字化创造更多应用场景和公共服务；充分发挥数字技术价值、服务平台数据等优势，大力发展互联网医疗、线上办公、数字化治理等基于线上服务的新业态，构建“互联网 +”消费生态体系。

4.2 数字农业

农业数字化有巨大的发展空间，第 50 次《中国互联网络发展状况统计报告》显示，截至 2022 年 6 月，中国网民规模达 10.51 亿人，其中农村网民规模还不足 3 亿人，农村地区互联网普及率也低于平均水平。农业数字经济与制造业、服务业以及电力、金融、水利、气象等行业和领域相比，还有巨大发展潜力。

4.2.1 数字农业的内涵及特点

数字农业，指在地学空间和信息技术支撑下的集约化和信息化的农业技术。笼统来讲，农业科研和生产领域的实践，都可以称之为数字农业。本书对数字农业的定义为：数字农业是将信息作为农业生产要素，用现代信息技术对农业对象、环境和全过程进行可视化表达、数字化设计、信息化管理的现代农业。其中，可涉及的信息技术包括遥感技术、地理信息和定位技术、计算机技术、通信和网络技术、自动化技术和人工智能等。数字农业将这些信息技术与地理学、农学、生态学、植物生理学、土壤学等基础学科有机地结合起来，应用到农业各个环节中，对改造传统农业、转变农业生产方式具有重要意义。农业数字化具备以下三个特点：

第一，以物联网系统为载体。数字农业是建立在现代信息技术、网络技术等基础之上的现代化农业生产、经营、管理、服务，其基本特征之一即是以物联网系统为载体。物联网在农情监测、溯源、物流等方面发挥巨大的作用，通过"互联网+"可以实现农业产业产量、质量及劳动效率的提高，如无人机在农业作业中的应用，区块链在农业管理中的应用等。

第二，以农业数字资源为基本要素。在整个农业生产过程中，主要包括环境要素、生物要素、技术要素及社会经济要素等。数字农业可以通过无人机、定位系统、云计算技术及传感器等高科技技术实现农业要素的收集，还可将其转化为农业模型，形成二进制数字便于计算机对其进行处理。在数字农业模式中可以利用数字技术模拟农作物从播种到收获的全过程，并根据此过程精确计算出种子、农药、化肥等资源的投入产出比，实现效益最大化。

第三，以信息化为发展方向。信息化可以为农业研究者、生产者、经营者和管理者提供资料查询、技术咨询、辅助决策和自动调控等多项服务。农业的信息化体现在生产管理、经营管理、科学技术、市场流通、农业资源环境、农民生活消费等各个方面。

4.2.2 农业数字化的必要性和意义

中国是农业大国，农业是关乎国计民生的基础性产业，加快推进农业数字化转型是新时代农业高质量发展的重要引擎，是农业大国迈向农业强国的必经之路。

1）*农业数字化转型是农业现代化的必然选择*

第一，农业数字化转型是农业绿色可持续发展的必然要求，利用传感实时在线数据和历史记录数据构建动植物生长模型，实行精准化种养，可最大限度挖掘动植物生长潜力，减少投入，降低成本，实现农业生产优质、高产、高效。

第二，农业数字化转型是保障农产品质量安全的必然要求，利用区块链、大数据、云平台等提供精准生产、加工、流通各环节的数据信息，可实现从生产到消费全过程的有效监管和可追溯，保障农产品质量安全。

第三，农业数字化转型是促进农产品产销精准对接的必然要求，推动农产品生产流通各环节的数字化，可提高产需双方信息获取效率和处理效率，减少信息不透明、不对称等影响，降低交易过程中的不确定性，实现更为精准的产需对接。

第四，农业数字化转型是解决“谁来种地、怎么种地”的必然选择，利用大数据、人工智能，将经验、知识和技术数据化，可实现智能化、产业化、高效化生产，降低农业从业门槛，有效解决劳动力缺乏、行业风险高、生产效益低等问题。

2）农业数字化的重要意义

第一，保障农产品质量安全。把传统农业的数字化改造作为农业数字经济发展的主阵地，打造数字农产品，提高农业附加值。对施肥、植物保护、播种等环节进行精准操作，可以最大限度减少投入，保障农产品质量安全。

第二，提高农业生产效率。从生产端，数字技术帮助实现大规模智能化、机械化的生产，实现规模效应，显著降低生产成本，提高生产效率，解放人力劳动。在产业链中间环节，农业能够借助数字技术实现高效的供需匹配，实现中间产品的高效流通，并结合市场需求情况，拉长农业产业链，增加农产品附加值，拓展利润空间。在销售阶段，结合数字技术打通线上线下渠道，实现全场景的低成本农产品销售，增大农产品市场空间。

第三，推动农业绿色可持续发展。物联网、大数据、区块链等新一代信息技术和新型育种、栽培技术的研发应用，促使农业生产由依靠增加肥、药、水、劳动力等实现增产增收向减少肥、药、水、劳动力等实现增产增收转变。利用智能化专家系统，准确地进行灌溉、施肥、喷洒农药，最大限度地优化农业投入。

第四，降低农业风险。通过及时对农作物进行管理，对作物苗情、病虫害等发生的趋势进行分析、模拟，为资源有效利用提供必要的空间信息，保障产量和质量，降低生产过程中的不确定性。农业数字化转型促进农产品产销精准对接，推动农产品生产流通各环节的数字化，提高产需双方信息获取效率和处理效率，降低交易过程中的不确定性。利用大数据、人工智能，将经验、知识和技术数据化，实现智能化、产业化、高效化生产，能有效解决劳动力缺乏、行业风险高、生产效益低等问题。

4.2.3 数字技术在农业中的应用

1）数字技术应用于农村电子商务建设

信息化网络背景下，农村互联网基础设施建设助推了农村电子商务的快速发展。农村电子商务发展之前，由于农产品运输成本昂贵，销售渠道有限，储存条件苛刻，产品损耗较大等原因，农村的农产品只能低价销售给收购方。电子商务发展实现了将农村粮食、蔬菜、水果等农产品及农副产品利用网络平台销售出去，提高了农民的经济效益，同时也实现了家电、服装等商品销往农村地区的双向互动，拓宽了农村的市场，改善了农民的生活质量，实现资源合理、有效利用。

2）数字技术助力新型农业经营主体发展

培育发展新型农业经营主体和服务主体，不断增强其发展实力、经营活力和带动能力，是关系我国农业农村现代化的重大战略。在信息技术的支持下，新农人等新型经营主体迅速发展壮大①。在农业经营主体发展过程中，信息化平台是经营与管理信息的主要载体，也是农业经营主体经营决策中的重要工具。通信技术、微电子技术、计算机技术、遥感技术等技术发展可以提升农业经营主体的信息化程度，从信息需求类型来看，多数新型农业经营主体在生产经营过程中获取过生产经营、农技推广（新品种、新技术、新装备）、疫病疫情、市场供求、品牌建设、金融供给等方面的信息。

3）数字技术应用于农产品流通体系

农产品流通环节多、供应链条长，在流通过程中有极高的损耗和加价。利用信息技术可以建设和完善农产品现代流通体系，有助于实现产销精准对接。数字化能实现供需精准匹配，通过统计用户需求进行采购和生产，可以实现对供货和上游生产损耗的优化，提高流通效率，减少农产品在流通和销售过程中的损耗。未来农产品市场体系的发展，将借助数字化形成资本、数据、技术和人力资源的高效聚集。整个农产品市场体系发展的基础设施会进一步网络化、立体化，形成新的通道，形成高效率流通的枢纽，农产品市场体系可以借此提升效率和发展水平。

4）数字技术推动农村产业融合

数字技术通过信息技术嵌入农业生产、流通、服务、管理等环节，形成农业电商、农业信息服务、乡村旅游等新产业、新业态，从而促进农村一二三产业融合。具体而言，数字技术与农业生产部门融合，利用农业物联网技术实现生产环境智能监管、水肥一体化管理、农产品质量溯源系统建设等，提高农业生产的智能化水平，提高生产效率，保障食品安全。数字技术与农业生产资料和农产品销

① 新农人主要指利用互联网从事农业生产、农产品加工和流通以及提供宣传、推广、指导、咨询等农业社会化服务的人或群体。

售融合，提出第三方网络销售平台模式、第三方信息服务平台模式、农资企业自营模式。数字技术与农业服务业融合，提出共享经济、专业化服务、平台化服务、产业融合服务、服务主体升级等典型服务模式。

4.3 智能制造

智能制造是实现制造业数字化转型的主攻方向。智能制造是一系列新型技术与应用的有机结合，能够帮助制造业从机械化、电气自动化向数字化、网络化及智能化方向转变，创造自感知、自决策、自执行的新型生产方式，其核心是数字化、网络化和智能化。

4.3.1 智能制造的定义

2012 年，美国出台了“先进制造业国家战略计划”，提出建设“智能”制造技术平台以加快智能制造的技术创新，大力推动以“工业互联网”和“新一代机器人”为特征的智能制造战略布局。2013 年，德国正式实施以智能制造为主题的“工业 4.0”战略，巩固其制造业领先地位。此后，日本提出通过加快发展协同式机器人，无人化工厂提升制造业的国际竞争力。英国的“工业 2050 战略”提出科技改变生产，信息通信技术、新材料等科技将在未来与产品和生产网络融合，极大改变产品的设计、制造、提供甚至使用方式。在实践中，各国各机构对智能制造都有不同的定义（如表 4－1 所示）。

表 4－1　智能制造定义对比

来源	定义	侧重点
德国工业 4.0	通过广泛应用互联网技术，实时感知，监控生产过程中产生的海量数据，实现生产系统的智能分析和决策，生产过程变得更加自动化、网络化、智能化，使智能生产、网络协同制造、大规模个性化制造成为生产新业态	侧重信息物理融合系统的应用以及生产新业态
美国《智能制造系统现行标准体系》	有以下核心特征：互操作性和增强生产力的全面数字化制造企业；通过设备互联和分布式智能来实现实时控制和小批量柔性生产；快速响应市场变化和供应链失调的协同供应链管理；集成和优化的决策支持用来提升能源和资源使用效率；通过产品全生命周期的高级传感器和数据分析技术来达到高速的创新循环	侧重柔性生产、协同供应链，能源和资源利用等智能制造目标

续表

来源	定义	侧重点
美国智能制造领导力联盟（SMLC）	集成了网络产生的数据和信息，包括了制造型和供应链型企业所涉及的实时分析，推理，设计，规划和管理等各方面，即制造智能，可通过广泛地、全面地、有目的地使用基于传感器产生的数据进行分析，建模，仿真和集成，为企业提供实时的决策支持	侧重数据与信息的获取、建模、应用、分析等
中国《国家智能制造标准体系建设指南（2015 年版）》	基于物联网、大数据、云计算等新一代信息技术，贯穿于设计、生产、管理、服务等制造活动的各个环节，具有信息深度自感知、智慧优化自决策、精准控制自执行等功能的先进制造过程、系统与模式的总称	涵盖新技术、制造全过程、智能特征等各方面
中国《国家智能制造标准体系建设指南（2021 版）》	基于先进制造技术与新一代信息技术深度融合，贯穿于设计、生产、管理、服务等产品全生命周期，具有自感知、自决策、自执行、自适应、自学习等特征，旨在提高制造业质量、效率效益和柔性的先进生产方式	体现自适应、自学习的特点

资料来源：《智能制造能力成熟度模型白皮书》。

综上，智能制造包括两个关键要素，即“智能”和“制造”。“智能”指的是信息技术和自动化机器的结合，“制造”是将制造资源转变为成品或半成品的过程，包括产品的市场分析、设计开发、工艺规划、加工制造以及控制管理等。本书将智能制造定义为：融合信息通信、自动化技术与制造技术，并提高制造业生产效率的一种先进制造模式。

4.3.2 制造业数字化转型的影响

制造业数字化转型既是抓住新一轮科技革命和产业变革浪潮的要求，也是深化供给侧结构性改革、夯实国民经济发展基础的需要。通过打通生产、流通、分配、消费等社会生产各环节的堵点，连通产业链价值链的断点，能有效促进国内大循环的畅通。具体而言，制造业数字化转型在以下三方面产生影响：

第一，提高供给质量，实现降本增效。工资水平的上涨是当前制造业成本优势减弱的主要原因，但是，如果劳动生产率显著提高，就能够抵消工资上涨的影响，使制造业的综合生产成本优势得以保持。虽然数字化、智能化的制造设备和系统的一次性投入成本较高，但能够实现连续工作，并应用到企业订单、供应链、生产、销售、服务的每一个环节，提高劳动生产率，从而抑制单位劳动成本的上涨。

第二，影响就业市场。智能制造会替代和淘汰一批就业岗位，可能包括重复性脑力劳动岗位（如日常办公管理和财务管理等），脑力劳动强度大、人工承担起来效率低的岗位（如图像监控的扫描和识别等），超出劳动者感官和反应极限、难以保障质量的岗位（如精密仪器的检验检测等），但也会同时创造大量新岗位。总体上，随着人工智能应用领域不断增多，企业需要增大对智能制造和智能服务人员的雇佣人数。

第三，推动产业升级。制造业需向更高技术水平、更高附加价值、更加绿色低碳的方向持续升级，数字技术与产业的深度融合是制造业升级的重要推动力。首先，随着仿真软件、数字孪生、人工智能、3D 打印等技术应用于产品研发，在数字化虚拟环境中对产品进行原型设计、使用仿真、性能测试、优化改进，能够加速产品开发速度、缩短开发周期、降低研发成本；其次，智能机器和智能制造系统更加精准和稳定，能有效提高产品质量的稳定性与可靠性，并通过分析生产线各个环节、各个设备运行中生成的海量数据，优化生产线的工艺参数，提高良品率，减少损耗；最后，基于对生产过程、供应链和产品运行、用户使用过程中的海量数据进行分析，智能化生产系统能够自动提供定制化增值服务，在满足用户多元化服务需求的同时，推动制造业由生产型制造向服务型制造转型。

4.3.3 智能制造的主要环节

智能制造包括智能设计、智能生产、智能管理和智能服务等主要环节。

1）**智能设计**

智能设计是智能制造的前端环节，指应用计算机信息技术、人工智能、数字化技术嵌入设计环节，实现设计的模块化、数字化，形成网络协同设计模式，应用于产品设计、装备功能设计、结构设计、技术设计等，通过制造机理分析、工艺过程建模和虚拟制造验证，实现工艺设计数字化和工艺技术创新，提高工艺开发效率，保障工艺可行性。

2）**智能生产**

智能生产是智能制造的核心环节，具体而言，将智能装备、工业机器人等硬智能技术与信息化系统、柔性制造系统、云制造、物联网等软智能技术应用到制造生产过程中，通过资源动态调配、工艺过程精确控制、智能加工和装配、人机协同作业和精益生产管理，实现智能化生产作业和精细化生产管控，提高生产效率，降低成本。

3）智能管理

智能管理包括产品研发和设计管理，生产要素的供应链管理，车间、工厂和生产线管理，产品存货管理，销售与服务管理，物流系统管理，财务和成本管理，人力资源和企业组织管理，产品性能、耗损、升级等信息知识管理，售后管理，回收利用管理。例如，可以通过智能在线检测、质量数据统计分析和全流程质量追溯，实现精细化质量管控，降低不合格品率，持续提升产品质量。通过自动巡检、维修管理、在线运行监测、故障预测和运行优化，实现精细化设备管理和预测性维护，提升设备运行效率、可靠性和精度保持性。

4）智能服务

智能服务是指智能制造提供的生产性服务和非生产性服务。生产性服务是对产品设计和生产过程中的智能设备的安装、控制、运行、维修、回收等提供全生命周期管理服务；非生产性服务主要指智能制造的技术服务、智能数据的信息服务、智能管理咨询服务、物流服务、个性化定制服务、网络精准营销、在线支持等服务。

4.4 服务业数字化

4.4.1 服务业数字化的定义及特征

服务业数字化是以信息通信技术（ICT）行业为基础，通过移动通信、互联网、大数据、云计算等新兴技术的应用，提高服务业数字技术应用水平，创新服务模式，提升服务业生产效率并放大服务业对其他产业的辐射作用。

服务业数字化具有下述特征：

第一，数据成为核心生产要素。数据带动服务业边际效率改善和全要素生产率提升。大数据有助于精确服务行业市场定位，服务业企业可以从大数据中了解服务行业市场构成、细分市场特征、消费者需求和竞争者状况等众多因素，例如商家信息、行业资讯、产品使用体验、商品浏览记录、商品成交记录、产品价格动态等。同时，大数据中也蕴含丰富的消费者信息，如消费者购买产品的花费、选择的产品渠道、偏好产品的类型、产品使用周期、购买产品的目的、消费者家庭背景、工作和生活环境、个人消费观和价值观等。在科学系统的信息数据收集、管理、分析的基础上，企业可提出更好的解决问题的方案和建议，保证企业品牌市场定位个性化，提高企业品牌市场定位的行业接受度。

第二，服务业数字化转型与第一、第二产业发展相融合。产品的制造环节向后延伸可发展到信息服务、智慧城市、电子商务等现代服务业。从市场拓展到产品推广、售后服务等环节，现代服务企业依托数据驱动、网络运作等优势与第一、第二产业融合，打通和缩短从研发设计到生产，再到应用的整个产业链条的通道，在全产业价值链中生产出高于传统垂直分工体系中本土附加值率的最终产品，实现由低附加值单纯代工向深加工、研发设计和自主品牌等高附加值转变。

第三，进一步扩大传统服务业边界。在数字经济不发达的年代，传统服务业一般只能面对面为消费者提供服务，受众面狭窄，难以发挥服务业的规模经济，也难以实现资源在更大范围内的优化配置。数字经济则从技术上改变了这一局面，比如，借助于新一代信息通信技术，全国甚至全球某一专业或某一环节的优秀教育资源、医疗资源可以为全国各地甚至全世界的消费者提供教育和医疗服务；人们通过数字技术、虚拟现实技术等可以身临其境地参观和体验千里之外的博物馆和景区；远程咨询、远程文旅消费跨越了时空限制，可以触达更多的消费者，从而发挥规模经济，创造更多的社会福利；通过贸易的数字化改造，消费者可以在移动终端随时随地选购世界范围内的商品，供需双方借助线上展播、洽谈、交易、评价、支付等方式促进产品的跨区域流动，在更大范围内产生市场竞争效应，推动有形消费品领域更加有效的社会分工和最优的资源配置。

4.4.2 服务业数字化的意义

推动服务业数字化转型，不仅对提振消费有重要意义，而且还将为服务业的转型升级和高质量发展注入新动力。具体体现在以下四个方面：

第一，服务业数字化是经济内循环的重要推动力。数字化引导下的生活服务业正在成为“三新”经济（以新产业、新业态、新商业模式为核心内容的经济活动的集合）极具拓展潜力的领域。中国经济要进入“以国内大循环为主体、国内国际双循环相互促进的新发展格局”，内需是关键，生活服务业是内需增长的重要引擎。在消费侧，生活服务电商通过延伸生活服务消费场景，改善消费体验，为服务消费提质扩容创造了有利条件；在供给侧，生活服务电商以数字化为主要路径提高了生活服务业生产效率，增加了有效供给，帮助行业提质增效，并通过向行业多个领域、多类主体渗透，在技术迭代的支撑下催生生活服务新模式新业态，创造显著的社会经济效益。在治理过程中，生活服务电商发挥数据、技术、规模等方面优势，积极参与行业治理，通过推动行业标准化、信用体系建设，提升行业数字化治理水平，推动行业规范健康发展。

第二，数字技术极大提高了服务业劳动生产率，拓展生产可能性边界。生活服务业数字化带来的服务业革命性变化，可以有效拓展生产可能性边界，突破产业结构服务化带来的结构性减速，为经济发展拓展新空间。生产性服务业会以更低的成本代替企业完成一些研发设计、工业设计的工作，在要素获取、经营生产、产品销售等关键环节帮助企业提高生产经营效率。

第三，服务业数字化有助于实现规模经济。服务业数字化拓展了网络用户数量，消费者面临的市场不受时间和空间的限制，从而形成更为巨大的消费市场，使服务集聚的海量数据呈几何级增长。集聚的数据资源越多，外部效应就越大。这种外部效应会吸引更多用户参与，网络平台的规模效应特别明显，边际成本基本为零。巨量消费者就能支持一个大平台的存在，若干巨型平台就能达到规模效应和竞争效应，使服务迅速迭代，提高消费者福利。

第四，数字化可以提高现代服务业的运营效率。数字技术可以低成本地将零散资源和片段时间与需求匹配，精准为消费者推送感兴趣的商品和信息。通过大数据精准匹配个性化需求，可大幅提升资源配置效率。服务业数字化转型也能加快产品和服务创新的速度，促进消费者不断尝试新产品、新服务，加速消费升级迭代，持续释放需求动力。

4.4.3 服务业数字化的具体应用

国家统计局发布的《数字经济及其核心产业统计分类（2021）》显示，产业数字化部分涵盖智慧农业、智能制造、智能交通、智慧物流、数字金融、数字商贸、数字社会、数字政府等数字化应用场景，其中体现服务业数字化的具体应用包括智能交通、智慧物流、数字金融和数字商贸四类。

1）智能交通

智能交通系统是在较完善的道路设施基础上，将先进的电子技术、信息技术、传感器技术和系统工程技术集成运用于地面交通管理所建立的一种实时、准确、高效、大范围、全方位发挥作用的交通运输管理系统。它的突出特点是以信息的收集、处理、发布、交换、分析、利用为主线，为交通参与者提供多样性的服务。智能交通系统具有以下两个特点：一是着眼于交通信息的广泛应用与服务，二是着眼于提高既有交通设施的运行效率。

2）智慧物流

智慧物流是指通过智能软硬件、物联网、大数据等智慧化技术手段，实现物流各环节精细化、动态化、可视化管理，提高物流系统智能化分析决策和自动化操作执行能力，提升物流运作效率的现代化物流模式。相对于传统物流系统，智慧物流具备系统感知、全面分析和自我调节功能，在资源整合、利用等方面得到了极大提升。无论是运输、仓储还是包装、配送，所有物流环节都实现了智能化。物流主体可以随时掌握物流运行状态和市场需求，从而加强对在途商品的管理，提高物流配送的效率与质量。生产商、供应商以及消费者，都可以从智慧物流中获取全方位信息服务。

智慧物流有如下基本功能：

一是自我感知功能。由于物流作业的全流程包括员工、设备、车辆等全部归入智能化管理，智慧物流能够获取运输、仓储、包装、装卸搬运、流通加工、配送、信息服务等各个环节的大量信息，并备份在案从而达到实时采集的理想目标。

二是分析规整功能。继感知之后把采集的信息通过网络传输到数据中心，用于数据归档。分析规整指的是智慧物流可以自动对收集的数据归纳整理，进一步提炼信息，对缺失的信息也可以自动规整补位，实现数据的关联性、开放性及动态性。并通过对数据和流程的标准化，推进跨网络的系统整合。

三是自动优化功能。这是智慧物流的竞争核心，通过对已有信息的进一步提炼，最终可以得到一个趋近于最优的策略，该策略是对各方信息综合权衡的结果，可以为物流企业制定决策提供极高的参考价值。

四是自动修正功能。自动修正功能体现了智慧物流的柔性化特点和动态化特点，智慧物流对变化适应性极高，可以根据实时动态监测结果提供进一步的优化策略，通过对方案设计的不断修正，自动得到最新的方案制定结果。

五是实时反馈功能。反馈贯穿于智慧物流系统的每一个环节，为物流相关作业者了解物流运行情况，及时解决系统问题提供强大的保障。例如包装信息不匹配、货物分拣错误、设备故障、货物配送信息等，实时反馈端将分别向商家与顾客传输不同的信息，以满足各方需求。

3）数字金融

数字金融是指通过互联网及信息技术手段与传统金融服务业态相结合的新一代金融服务。数字金融包括所有金融的产品、服务、技术和基础设施，使个人和公司能够在线支付、储蓄和获得信贷，而不需要访问银行分支机构，直接与金融服务提供商打交道。

数字金融包括三个维度：一是数字金融的提供者，包括传统金融机构、提供金融服务的科技公司；二是相关的数字技术，主要包括大数据、云计算、物联网、区块链、人工智能等；三是数字金融业务，主要包括数字融资、数字投资、数字货币、数字支付、数字保险以及数字金融咨询等。

数字金融具有三个特征：一是数字金融具有普惠性，数字金融摆脱了对金融实体网点的依赖，数字技术让金融服务触达乡村偏远地区，降低公众获得金融服务的门槛，金融服务机构与弱势群体间的信息传达更加畅通，促使金融服务普适度更高。二是数字金融具备降成本特征，数字金融凭借数字化技术降低了传统金融机构在线下铺设经营网点的固定投入和人力投入。同时，数字金融利用大数据分析，减少金融服务供求两端的搜寻和匹配时间，降低金融机构拓展新客户的成本，针对客户需求，提供更优质的金融产品与模式，各主体能以更丰富的渠道与方式开展活动。三是数字金融具备提效率特征。数字金融具有技术溢出效应，能够提升企业创新活动与风险管控，从而实现增效。数字金融还能发挥资源效能，缓解各领域错配问题，使要素配置更有效。

4）数字商贸

数字商贸依托互联网为基础，以数字交换技术为手段，为供求双方提供交易互动的电子信息通道，实现以数字化信息为贸易主体的商业模式，其实质是利用互联网、物联网、无线通信等通信技术和数据分析手段将商业的流程、渠道、营销、运营等数字化、互联网化、智能化。数字商贸不仅包括基于信息通信技术开展的线上宣传、交易、结算等促成的实物商品贸易，还包括通过信息通信网络（语音和数据网络等）传输的数字服务贸易，如数据、数字产品、数字化服务等贸易。商贸数字化发展通常以促进网上零售额和跨境电商交易额作为主要目标。

阅读材料 1

农业领域的六大数字化转型趋势

1. 农田中的物联网和传感器

物联网正在以绝好的方式颠覆农业产业。思科公司发布的报告显示，仅物联网就能为农业创造14.4万亿美元的价值。物联网可利用设备和材料上的传感器简化农业资源的收集、检查和分配过程。将传感器在农田中进行战略部署，再加上图像识别技术的帮助，可以让农民在世界任何地方看到他们的作物。这些传感器实时地向农民发送最新信息，他们可以根据作物当时的生长情况做出相应的改变。

2. 设备中的物联网和传感器

传感器也可以被安装在农业设备上，以追踪机器的健康状况。有些传感器可以用来弥补GPS系统的不足，以应对不平坦的地形；有些传感器则用于绘制产量图和收获文档；而在农业设备需要维修时，其他传感器可进行监督。

3. 无人机和作物监测

无人机可被广泛用于农作物监测，作为对抗干旱和其他有害环境因素的手段。能够产生三维图像的无人机可以通过分析和规划种子种植模式来预测土壤质量。无人机也被用来为作物喷洒农药，同时避免渗透到地下水中，与其他类型的机器相比，无人机可以将喷洒速度提高5倍。

4. 农业和机器人

农业领域中的机器人技术也能够帮助提高生产率，并帮助提高产量和效率。比如喷洒和除草机器人，可以减少90%的农药使用，机器人具备的激光和摄像头技术，可以帮助识别和清除杂草，还有植物移植机器人，大大提高传统农业方法的效率，机器人还可以完成水果采摘等精细劳作。

5. RFID传感器和追踪

收获庄稼后，RFID传感器可以被用来追踪食品从田地进入市场再到终端用户厨房的过程。终端用户或消费者能够追踪他们从市场中购买的食物的详细生产路线。这种技术可以增加制造商的可信赖度，迫使它们总是提供新鲜产品。一旦爆发疫情，可以很容易追溯产出和加工农产品的农场或工厂。

6. 机器学习和分析

机器学习可以为未来农业创造熟练而有效的预测，例如预测那些性状和基因最适合的作物，为世界各地的农民提供最适合当地地理位置和气候条件的种子。机器学习算法可以显示哪些产品被购买的最多，哪些产品在市场上被淘汰。

资料来源：网易科技，https：//www.163.com/tech/article/DI5C7PKT00097U7R.html.

阅读材料2

海尔：颠覆传统模式，走在世界前列

近年来，海尔顺应全球新工业革命以及互联网时代的发展潮流，在中国制造2025战略指引下，逐步探索出一条以互联工厂为核心的智能制造发展路线。

颠覆传统业务模式

海尔互联工厂的探索实践将业务模式由大规模制造颠覆为大规模定制，打造U+智慧生活平台，对外企业从生产产品硬件到提供智慧解决方案转型；对内整合用户碎片化需求，通过互联工厂实现个性化定制。如海尔的一款天铂空调，就是通过用户众创的方式产生的。传统的空调都是方形的，天铂空调是圆形的，结构像鸟巢一样。用户在网上提出创意，希望空调能达到这样一个效果，最后吸引了 1 700 多个用户参与投票，并形成了天铂空调方案；通过虚拟设计系统、制造系统等能够支持用户创意方案快速变成产品模型，并测试到最后生产出来。

平台能力是业务模式达成的保障，海尔的制造转型最终是建立起一个互联工厂生态系统，构建七大全流程平台，全流程打通，支撑用户全流程参与下的最佳体验；围绕 U + 智慧生活这个核心，从产品的创意开始，一直到用户的使用。

颠覆传统的管理体系

海尔互联工厂整个供应链，包括生产、制造、物流、采购等各环节都已转型，由传统串联的科层组织变成了共同面向用户的一个个小微企业。这样整个企业组织转型成一个平台型的企业。

流程方面从串联到并联。原来信息通过串联的组织一步步传递，周期长，现在实时用户的信息可以同步传递到各个步骤，大家事先参与交互，实现各方利益的最大化。

机制方面也进行了颠覆，从企业付薪到用户付薪，以用户为中心，各方风险共担，超利共享，共同创造用户需求。只有创造出用户价值才能分享，否则就要退出，或者优化。

建立智能制造技术体系

海尔互联工厂的企业价值创新，即建立持续引领的智能制造技术体系。这一体系分为四个层次：

一是模块化。例如，一台冰箱原来有 300 多个零部件，如今在统一的模块化平台上整合为 23 个模块，通过通用化和标准化、个性化模块的整合创新，满足用户个性化需求。

二是自动化。海尔布局的互联工厂，并非简单的机器换人，而是与用户互联的智能自动化，由用户个性化订单来自动驱动自动化、柔性化生产。

三是数字化。通过以 IMES 为核心的五大系统集成，实现人人互联、人机互联、机物互联、机机互联。最终让整个工厂变成一个类似人大脑一样智能的系统，自动跟人交互、满足用户需求，自动响应用户个性化订单。

四是智能化。智能化主要体现在两方面：一方面是智能产品，产品越来越智能化，从现在简单的功能性产品变成了智能产品，冰箱、空调可以自动感知需求，空调可以自动感知温度，可以感知用户的使用习惯，可以自控制、自学习、自优化，可以和企业进行互动，同时可以实现用户最佳体验。另一方面，整个工厂越来越智能，通过信息互联、数据积累及大数据分析可实现针对不同的订单类型和数量，其生产方式可以自动优化调整。

资料来源：数字化企业网，https：//imchina. e - works. net. cn/articles/industry/2017/2017615932. html.

阅读材料3

工业数字化赋能产业新发展

工业数字化赋能产业新发展

走进南昌海立的智能化车间，生产线上鲜见工人的身影，取而代之的是一辆辆AGV小车载着零部件，在仓库和生产线间来回穿梭；一架架机械臂有条不紊地进行着装配作业，厂房内的中央MES电子显示屏实时更新着产品数据。

作为全球最大的空调压缩机智能工厂之一，海立每年能制造超过1 900万台高效节能环保压缩机，南昌海立智能工厂采用了世界一流水平的自动化设备和工业机器人与现代化物流系统，全程信息化，并通过产品实时数据的录入利用、云端共享，实现整个工厂的数字化和网络化。

农业数字化赋能乡村振兴

中稻栽插时节，在鄱阳湖畔南昌县蒋巷镇的大田农社，无人农机在田间来回作业。无人驾驶旋耕机加装了自动驾驶操作系统，只要农机手设置好点位，机器便可以沿着这个指定的路线进行作业。据了解，这个智慧农场将1.5万多亩农田进行编号，建设了30多个农情监测站。土地里的探测器会将监测到的土地的深度、湿度等数据，传回农场的智慧平台终端，农场技术人员就可以通过这些数据来判断选择农机插秧还是无人机播种。同时，还能收集土壤的pH、光照等情况，为田块量身定制不同的培养种植方案。粮食耕作的效率大大提高，现在一亩地的种植效率比以前高30%，直接带动了粮食亩产增长15%。

进贤县的农发智慧农业产业园，利用物联网技术，采用小气候智能化自动控制系统，水、肥、光照、温度都进行一体化高效综合管控，智慧农业园单平方番茄产量达到75公斤，是传统日光温室的5倍。安义县的泰晟农业数字果园运用农业物联网的数字化技术和绿色防控、生态栽培的技术，整合果园资源，实现果树生长与果园环境的全过程自动监测和全要素数据收集，果园虫害预警的自动化、可视化、智能化，空气、温湿度等信息一目了然，果农还可根据情况提前做好病虫害防治和水肥控制。

服务业数字化转型赋能智慧城市发展

南昌二十八中高新校区的智慧作业AI学习室，学生们正有序进行作业的扫描上传。一分钟后，全班学生的错题、知识掌握等情况，便以知识图谱、扇形图的形式传递到老师的电脑里。“智慧作业”打破了以往的“题海战术”，不仅减少了学生的负担，也为教师减负。利用“智慧作业”几分钟就生成了学习报告和针对性练习，省去了学生大量练习的重复性，老师也可以利用班级报告做好教学分析，实现教育教学过程的优化、协调，达到提高学校教学质量的目的。

数字化技术的应用，给公共服务带来极大便利。走进我省首家推行“5G＋智慧政务”的实体大厅——南昌高新区政务服务中心，你会发现这里没有以往服务中心的喧闹。运用5G通信技术，叫号信息直接通过微信公众号推送至办事群众的手机及大厅显示屏上，整个大厅十分安静；大厅还专门开设了24小时自助服务专区，集成不同业务部门的自助终端，提供自助填单、打印复印、车驾管体检、自助领取营业执照等服务，最大限度地方便群众和各类市场主体8小时以外办事。

资料来源：万玲．南昌全力推动产业数字化转型［N］．南昌日报，2022－06－18（002）.

本章小结

产业数字化是在新一代数字科技支撑和引领下，以数据为关键要素，以价值释放为核心，以数据赋能为主线，对产业链上下游的全要素进行数字化升级、转型和再造的过程。产业数字化的过程就是利用现代信息技术对传统产业进行全方位、全角度、全链条的改造，对于促进经济发展、吸纳就业、消费迭代、提升国际竞争力都具有重要意义。本章共包括四节，首先从总体阐述了产业数字化概况，具体包括产业数字化的内涵、特征和推进路径等；其次分别按照三大产业阐述了农业、制造业和服务业数字化的内涵、必要性及应用。数字农业是将信息作为农业生产要素，用现代信息技术对农业对象、环境和全过程进行可视化表达、数字化设计、信息化管理的现代农业。推动农业数字化转型是新时代农业高质量发展的重要引擎，是农业大国迈向农业强国的必经之路。智能制造是融合信息通信、自动化技术与制造技术，并提高制造业生产效率的一种先进制造模式。服务业数字化转型以数据为核心生产要素，与第一、第二产业发展相融合，进一步扩大传统服务业边界，涵盖智能交通、智慧物流、数字金融和数字商贸等。

产业数字化是一个长期过程，中国有全球最大规模人口、最大规模制造业、最有活力企业以及不断更新的数字技术，未来将有很大发展空间。

复习思考题

1. 论述产业数字化的内涵。
2. 简述实现数字化转型的主要路径。
3. 谈谈产业数字化转型的必要性。
4. 简述数字农业的内涵是什么。
5. 简述智能制造的内涵是什么。
6. 数字服务业包括的领域有哪些？

参考文献

[1] 阿里研究院. 中国新农人研究报告（2014）[R]. 杭州：阿里研究院，2015.

[2] 安筱鹏. 数字化转型的关键词 [J]. 信息化建设，2019（6）：50-53.

[3] 陈锡文. 实施乡村振兴战略，推进农业农村现代化 [J]. 中国农业大学学报（社会科学版），2018（1）：5-12.

[4] 国家信息中心信息化和产业发展部，京东数字科技研究院. 中国产业数字化报告2020 [R]. 2020.

[5] 郝祥如. 数字金融发展对居民消费的影响研究 [D]. 山东大学，2021.

[6] 李晓华. 以数字化推动制造业重构竞争优势 [J]. 智慧中国，2022（5）：17-19.

[7] 李永奎. 麦肯锡：BIM·数字化·物联网引领建筑业 [J]. 建筑设计管理，2017，34（4）：36-37.

[8] 刘际童. 服务业数字化对制造业转型升级的影响研究 [D]. 山东财经大学，2021.

[9] 汪旭晖，赵博，王新. 数字农业模式创新研究：基于网易味央猪的案例 [J]. 农业经济问题，2020（8）：115-130.

[10] 王媛媛. 智能制造发展的国际比较与中国抉择 [D]. 福建师范大学. 2019.

[11] 吴立冰. 智慧物流背景下物流企业核心竞争力评价及提升策略研究 [D]. 华北水利水电大学，2022.

[12] 余娟. 我国智慧物流发展趋势、存在问题和对策研究 [J]. 价格月刊，2019（2）：65-69.

[13] 赵西三. 数字经济驱动中国制造转型升级研究 [J]. 中州学刊，2017（12）：36-41.

第5章　数字社会

【学习目标】

学完本章，你应该做到：

1. 理解社会数字化转型的内涵
2. 了解政府主导下公共服务数字化的现状
3. 了解城市和农村地区数字化转型的路径
4. 了解数字社会未来发展趋势

【知识框架】

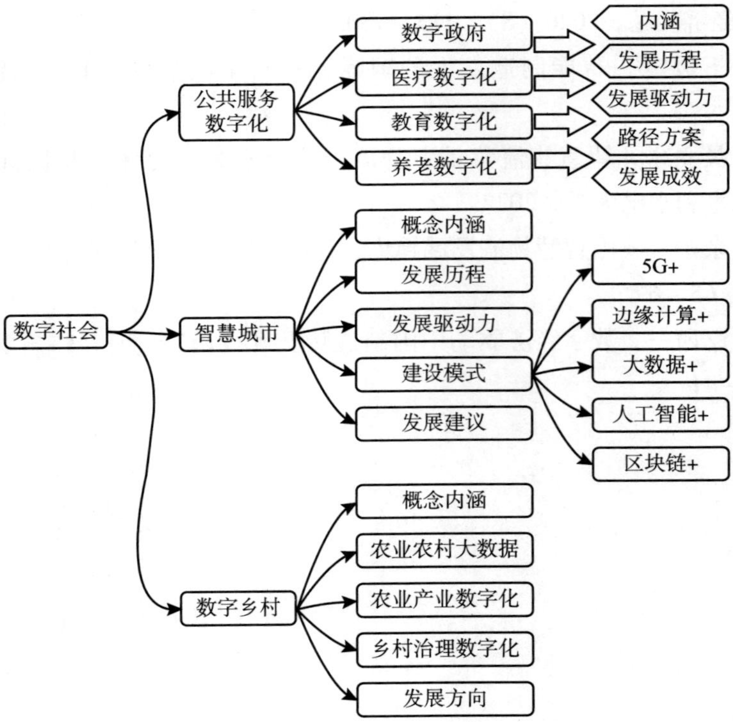

图5－1　本章知识框架

【引例】

社会数字化转型中的智慧城市建设

在我国城市地区，数字技术的发展和应用正逐步影响城市社会发展的各方各面，智慧城市建设对城市社区的居民生活产生了巨大影响。

杭州堪称全球移动支付普及程度最高的城市。各类无人零售店、无人超市、无人餐厅、无现金看病、银联闪付过闸等新业态、新生活、新消费无处不在，超过95%的超市、便利店能使用支付宝付款，超过98%的出租车支持移动支付，一部手机就可以解决所有日常生活的相关需求。同时，杭州在“移动智慧城市”建设方面也已经走在世界前列。杭州各大路口安装有上万个交通摄像头，实时记录着路况信息，一旦出现事故，城市大脑中枢便能找出最优的疏导路线，同时为救援车辆一路打开绿灯，在与交通数据相连的128个信号灯路口，试点区域通行时间减少15.3%，为抢救生命赢得时间。

随着第四次工业革命走向纵深，大数据、人工智能、区块链等新一代信息技术得到蓬勃发展和深度应用，人类社会发展全面进入数字时代。本章将首先从公共服务数字化着手，介绍政府部门在社会管理、服务中数字化转型的现状和实现路径；在此基础上，进一步从城市和农村两个角度切入，分别就智慧城市、数字乡村的建设现状、面临挑战、未来趋势进行详细讲解。通过本章的学习，大家能够更深刻地认识到社会数字化转型的内涵，并对公共服务数字化、智慧城市建设和数字乡村建设有更深入的了解。

5.1　公共服务数字化

2022年1月，国务院发布《“十四五”数字经济发展规划》，提出要持续提升公共服务数字化水平，促进公共服务更加普惠均等。和传统的公共服务模式相比，数字经济时代的公共服务更突出数字化、智能化和融合化。

而持续提升公共服务数字化水平，应协同推进四大服务领域。在政务服务领域，持续提高“互联网+政务服务”效能；在社会服务领域，加快提高社会服务数字化普惠水平；在数字城乡领域，统筹推动新型智慧城市和数字乡村建设；在数字生活领域，创新打造智慧共享的新型数字生活。

5.1.1 数字政府

数字政府作为现有信息化条件下架构形成的一种新型政府运行模式，顺应了我国体制性改革的要求，推动政府部门横纵贯通，能够在跨部门、跨层级、跨系统、跨地域条件下实现业务高效协同、数据资源流转通畅、决策支撑科学智慧、社会治理精准有效、公共服务便捷高效、安全保障可管可控的目标。数字政府建设的推进，将极大改变现有治理结构，加速政府治理体系和治理能力现代化的进程，重新塑造政府治理的诸多方式和治理主体。

现代数字政府是在“网络强国”战略与“数字中国”的背景下，以安全为基石、以数据要素为驱动、以“智能+”为突破口，推进多元社会力量共同参与、社会治理体系扁平化的新型治理体系。在数字时代，数字化政府处于核心地位，对培育数字经济、构建数字社会、助推数字生态都至关重要。

1）数字政府的内涵及发展历程

数字政府是指政府机构以新一代信息技术为支撑，通过大数据分析重塑政务信息化架构、业务架构和组织架构，在数字化、网络化的环境下行使经济调节、市场监管、社会治理、公共服务、环境保护等领域职能的国家行政管理形式。

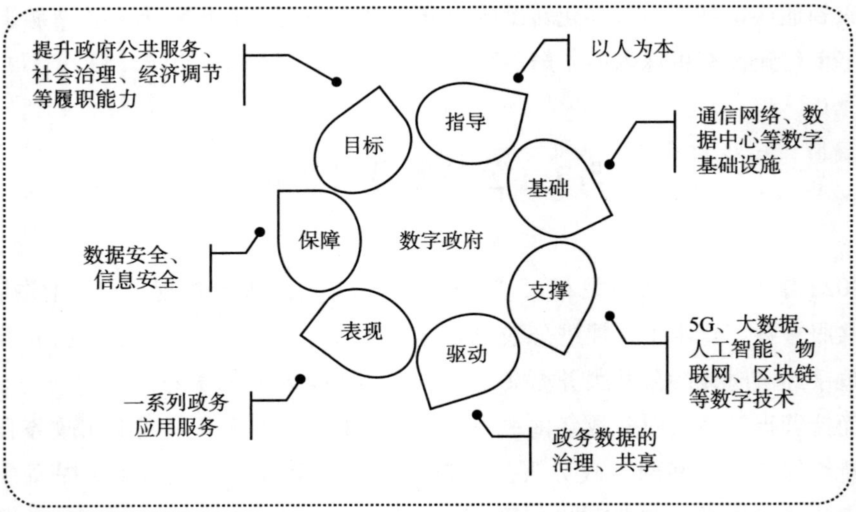

图 5－2 数字政府的内涵

资料来源：根据赛迪咨询《2020 年中国数字政府建设白皮书》绘制所得。

政府在数字化转型过程中，从战略层面驱动各个职能部门进行组织调整，在经历业务流程优化再造后，通过信息技术开展内外部协同服务，充分利用政务资源数字化成果，实现政府业务流程的数字化转变，从而带来政府职能转型升级和服务方式跨越式变革。

我国数字政府起步于20世纪90年代，从以内部办公、事务管理为主体的办公自动化时代，到以“一站”“两网”“四库”“十二金”为主体建设的电子政务时代，再到以互联网+政务、“放管服”、政务资源融合为主体的数字政府时代。

办公自动化阶段开始于20世纪90年代末，这个阶段的主要特点是以网络为基础、以工作流为中心，提供了文档管理、电子邮件、目录服务、群组协同等基础支持，实现了公文流转、流程审批、会议管理、制度管理等众多实用的功能，提高了政府运营效率。

电子政务阶段主要是2000～2012年，党政机关办公自动化、部门信息化以及网络互联互通都标志着政务信息化工作的深入推进，这一阶段主要特征是以流程范式为驱动，将政府管理事务实现了业务线上管理，政府以分立式结构实现政府服务的单点连接。

从2012年开始，我国进入数字政府快速发展时期，政务信息共享和业务协同得到大力推进，各级政府不断推进智慧城市建设，提升区域信息化建设水平。

2）数字政府发展面临的压力

在“两个一百年”奋斗目标交汇之际，以数字化转型提升党的执政能力既是执政党的使命诉求，也是应对国际竞争格局的要求。21世纪以来，为应对多元复杂社会治理命题，以现代数字化转型提升治理能力现代化是时代发展的刚需。但我国数字政府由于受到认知水平、数字素养等方面的限制，数字政府建设仍面临一些压力，主要表现在安全未可控、数据不可共享、服务不可达、生态单一等方面。

第一，在数字底座安全方面，国内技术仍面临“卡脖子”问题，存在后门不可知、漏洞不可防、供应链紧张等现象；在个人隐私的保护和利用方面，数据安全和隐私安全难以得到有效保障，隐私保护和个体信息利用的平衡需要加以把控。

第二，在数据方面，各部门分工导致了部门间数据“亲疏”关系以及信息化程度的差异，政府内部共享程度弱，尚未形成标准的数据权责规范体系，数据对公众的开放度较低，数据市场交易体制缺失，沉睡数据难以支撑现有业务开展。

第三，在服务方面，政府的公共服务能力尚难以满足公众的需求，现代数字政府建设还需要深化供给侧改革，为公众和企业提供便捷、精准服务。

第四，在生态方面，从政府角度，传统业务体系为政府自建自管模式，存在“建成即落后”的现象，政府内部存在技术、人才瓶颈，难以完成政府后期迭代建设；BOT、BT 等建设模式，难以实现价值链的增值和迭代，未能形成持久的利益闭环。

在以上各方面的压力下，数字政府要切实把握党的执政能力、治理能力现代化和网信战略这三个驱动力，推动数字政府快速发展。

3）数字政府建设方案

数字政府的建设与发展是一个迭代升级的过程，基于现代数字政府的内涵和特征，数字政府的建设思路可以从“安全固基、数字智理、众建共享”三个方面入手。

第一，安全固基。信息安全是现代数字政府的根基。现代数字政府要基于自主安全的芯片、操作系统，与可信计算、主动安全防御能力全方位深度融合，由“外挂安全”转为“内生安全”，由“单点防御”转为体系化“协同防御”，由“被动防御”转为“主动免疫”，为现代数字政府提供体系化安全保障。

第二，数字智理。供需两侧数据的智能化对接是数字治理关注的重点。为提升社会资源的有效调配和价值利用，首先，运用数字与智能技术优化治理体系，实现治理结构扁平互动；其次，提供治理风险时空预判和过程靶向精准，实现数据采集和算力提升、政府资源精准投放；最后，通过业务模型自动识别业务问题和判断分析，结合行业特点，为业务有效输出治理决策结果。

第三，众建共享。按照“建管运分离”的总体原则，政府部门监管，吸纳国有资本、社会资本等多方主体参与建设，形成优势互补，分工明确的权益共同体。具体而言，成立基于持续经营理念的实体公司，以数据运营商的角度探索系统建设与数据交易的商业模式，通过数据的市场化运作，让数据动起来、用起来，实现数据价值增益，内驱持续优化数字政府建设成果，保障参与各方共享经济价值和社会价值。

4）数字政府建设水平评价

围绕数字政府发展水平进行测度，构建了多种类型的评价指标体系，主要可从组织机构、制度体系、治理能力和治理效果四个维度构建数字政府发展指数，在此基础上设置二三级指标，形成数字政府指标体系。

一是组织机构维度。侧重评估数字政府发展的参与主体，是数字政府发展的组织保障，党政机构和社会组织共同构成数字治理的组织基础。

二是制度体系维度。侧重评估数字政府发展的相关政策措施，设置数字政府和数字生态两类指标。

三是治理能力维度。侧重分析政府利用数字化平台提供公共服务、开展政民互动的能力，借助各类数字政府应用载体，衡量数字政府发展各类功能载体的健全性、便利性、互动性、安全性等。

四是治理效果维度。侧重分析数字政府发展与人民满意度、获得感之间的关系，以各类数字政府功能载体的覆盖度、渗透度、回应度和满意度作为衡量治理效果指标。

5）数字政府未来发展方向

当前，互联网、大数据和人工智能等技术正在深刻地改变着政府治理体系、能力、结构与价值，同时也与政府治理深度融合，构成了未来我国数字政府建设的行动框架。

第一，数字政府治理体系现代化。未来我国数字政府治理体系在制度、组织和个体层面更加现代化和智能化。

一是探索具有包容性的制度设计，扩大数字政府建设的参与主体和受益群体，尤其要有便于残障人士使用数字系统的制度性安排。

二是要构建全国统一的信息资源共享体系，实现跨领域数据协同与服务，利用大数据平台，加快保障数据安全的风险防范体系建设。

三是建立多方参与的治理体系，积极构建政企协同、社会组织和公民共同参与的综合网络体系，推进政府同社会、企业和公民等主体积累的数据进行平台对接。

四是要加快数字理念、数字技术、政务流程和组织机制深度融合的治理体系构建。

五是聚焦数字公民及其素质培育，不断探索行政人员在技术平台、数据信息等要素中的行为方式等。

第二，数字政府治理能力现代化。随着新兴信息技术的深入发展及应用，“人—物”智联结构、政务云模式成为可能，且呈现出治理能力现代化的特征。

一是职能履职能力现代化。数字政府将在实施“放管服”改革、组织再造与政务监管等方面驱动政府职能转型，推动政府履职能力方式现代化。

二是资源汲取能力现代化。依靠大数据来汲取社会、市场和个体等资源，数据治理能力将得到进一步提升。

三是信息更新能力现代化。数据赋能加速信息更新的频率、内容、方式和效果，公众获取最新、最全政务信息的途径更加便捷。

四是政府决策能力现代化。运用互联网、大数据与人工智能技术促使政府公共事务评价、风险预警或区域性发展等决策更具科学性和精准性。

五是公共服务能力现代化。数字赋能可实现屏幕端政府“点对点”的服务更加精准，同时，公民接受公共服务的渠道更加便利化，内容更加多元化。

第三，数字政府内涵与价值不断升级。数字政府着力实现“让百姓少跑腿，数据多跑路”的治理愿景。网络群众路线的开展使得数字政府的内涵与价值也在不断升级，人民群众通过网络在线方式参与政府决策的意愿日趋强烈，人民群众的主体地位在网络协商民主中得以表达。此外，数字政府作为实现国家治理体系与治理能力现代化的重要战略支撑，将更加注重技术、人与社会之间的融合互动，促进数字政府建设向善发展，从而创造出更好的公共价值。

第四，技术、业务与数据加速融合。未来数字政府建设的关键环节是实现技术、业务与数据要素的深度融合。“十四五”时期，我国数字政府建设将全面开通“跨省通办”“全网通办”等政务服务模式，充分释放人工智能、大数据等技术能量，加速教育、医疗、文化、科技、住房、户籍以及交通等业务数据交互融合，促进保障和改善民生。技术、业务与数据之间互联互通，形成部门改革和服务创新的合力，加速实现跨部门、跨系统和跨行业间的数据共享，创造更具包容性和开放性的扁平管理模式。

同时，未来智能化应用必然将在政府决策、监管、服务等方面多点开花，而以 ChatGPT 为代表的新一代人工智能技术，必然也必须在数字政府建设中发挥积极作用。在数字政府建设中，AIGC 的实现技术或者说智能数字人可以至少扮演两种角色：一是面向政府外部提供政务或服务的“数字客服”，其目标是完善政府对外的交互过程；二是面向政府内部提供决策管理支持的“数字运营官”，其目标是实现政府运行过程的优化。

第五，数字政府安全体系有序建立。首先，全面构建数字政府数据安全法治框架体系。在既有的《网络安全法》基础上适时出台《数据安全法》，为我国数字政府建设中的数据安全提供法治保障和制度效能。地方政府尝试出台与数字政府建设相匹配的数据安全法规条例或准则，并适时探索事前、事中和事后的数据安全评估以及监管机制，加大对隐私数据和敏感数据的管控力度。其次，建立数据安全预警机制。在跨部门、跨系统数据共享过程中建立数据使用权限、预判、监管、响应和处置机制。同时，数字公民和数字素养对公民使用政务数据信息提出更高要求，需多层次、多领域树立数据安全的理念。最后，大幅提升数据资源安全的保护能力。加强数字政府关键信息基础设施安全保护，强化国家关键数据资源保护能力，增强数据溯源能力。完善数据产权保护制度，加大对技术专利、数字版权、数字内容产品及个人隐私的保护力度。

5.1.2 医疗数字化

伴随云计算、大数据、人工智能、5G、生物科技、基因检测等新技术不断发展成熟，基于新技术的智能化现代健康产业将得到蓬勃发展。

1）医疗数字化内涵及特征

医疗数字化指的是利用信息技术将整个医疗过程数字化、信息化，广义上包含医院诊疗流程的信息化，也涵盖区域医疗协同、公共卫生防疫、医卫监管、医保管理的信息化，涉及电子设备、计算机软件、移动互联网等技术的综合应用。数字医疗不仅是一种技术应用，也是一种革命性的医疗方式。

医疗数字化主要体现在医疗设备的数字化、医疗运行的数字化、医院管理的信息化、医疗服务的便利化四个方面。

一是医疗设备的数字化。数字化医疗中数据采集、处理、存储与传输等过程均以计算机技术为基础，医疗设备在计算机软件下工作，逐渐取代常规设备成为临床设备的主流。

二是医疗运行的数字化。通过支持影像及文档资料的传输，实现院内设备资源的共享，缩短病人挂号、交费、取药、看病的时间以及电子开单、电子处方，减少错误发生概率；同时可实现院内院外资源共享，支持远程教学及电视会议、远程会诊及手术、网上查询及挂号预约。

三是医院管理的信息化。管理者可通过信息系统随时了解医院的运营情况及各部门的工作情况，业务流程可实现自动化，使医院始终处于更佳运行状态，并且可随时为病人提供各种所需信息。

四是医疗服务的便利化。病患可通过数字化平台在家中预约挂号、查询检查结果，向医生传送诊断信息，以便及时准确作出诊治；同时可更灵活、成本更低地提供私人医疗保健服务以及咨询，个性化程度更高。

2）医疗数字化发展历程

纵观近30年国际经验，医疗体系的数字化建设分为以下三个阶段：

第一阶段，重点着眼于基础性的医疗公共服务体系的信息互联和医疗机构之间的信息化。从具体主导机构来看，主要有两种类型：美国的医疗体系数字化建设主要采用政府与跨国公司合作形式，构建包括电子健康档案在内的多种医疗应用系统之间互通协作和业务模型。其他发达国家则采用政府主导模式。英国、美国、加拿大、澳大利亚等一些国家先后投入巨资开展了国家和地方级的以电子健康档案和电子病历数据共享为核心的区域性医疗信息化建设，用于保证公民的医疗质量，提升整体医疗服务质量、提高医疗服务可及性、降低医疗费用、减少医疗风险。

第二阶段，着眼于医疗系统内部效率的提升，逐步进入智慧医疗的发展阶段。这个阶段发达国家的模式趋同，其最主要的特点是随着数字化技术的推进，传统的医疗模式发生了转变。最典型的是美国，跨国公司成为推动数字化医疗建设的主力，从相对简单的公共服务医疗信息的互联互通，到数据集成、利用医疗数据优化改进医疗流程管理，进而实现医疗过程的全链条优化。

第三阶段，是在全球新冠肺炎疫情之后，数字化正推动医疗体系与公共管理深度融合，公共医疗体系从流程优化进入体系提升和变革的新阶段，医疗的理念发生转变。公共医疗体系的变革理念，体现了公共医疗服务体系的预警、治疗和药物研发的有机结合，产学研用结合空前紧密。生物工程、信息技术与医疗体系三位一体形成体系创新的新机制。在新的理念推动下，医疗体系结构、范围与内容都发生相应变革。

3）医疗数字化未来发展方向

智慧医疗将以建设智慧的医疗健康服务云生态为愿景目标，通过统一的医疗健康云服务平台，融合汇聚医疗健康各方资源，为居民及患者提供全生命周期的、线上线下融合的、优质高效的医疗健康服务。

第一，依托于智能化的技术，围绕着居民和患者，以及医护人员、运营管理人员的全生命周期管理，提供全方位的医疗健康服务和生产力提升服务。居民和患者是体系中的关键用户，通过提供线上线下一体的、一站式服务体系，持续提升患者服务和居民健康管理的满意度。医生、护士等其他医疗健康管理机构的从业人员，既是服务的提供者，又是体系的参与者。新兴技术的应用，将能有效协助从业人员持续提升自身服务能力。

第二，以居民健康医疗大数据为核心，围绕着居民健康管理，构建数智化驱动的医疗健康服务体系。利用物联网、工业互联网、大数据平台、数据银行等技术平台，推动数据的采集、数据集成和交换共享，实现数据的互通互联。将大数据与机器学习、深度学习等技术以及循证医学、影像组学等学科相结合，围绕居民、医生、医疗机构、药企以及保险机构等全方位的医疗健康服务场景，提供基于数据的智能化应用和服务。

5.1.3 教育数字化

2022 年初，国务院《“十四五”数字经济发展规划》明确提出了深入推进智慧教育的要求。《教育部2022年工作要点》也提出，实施教育数字化战略行动，积极发展“互联网+教育”，加快推进教育数字化转型和智能升级。

1）教育数字化内涵及发展历程

教育数字化转型是指利用现代信息技术支持教育在育人方式、办学模式、管理体制、保障机制等方面创新，推动教育流程再造、结构重组和文化重构，改变教育发展动力结构，促进教育研究和实践范式变革，最终实现人的全面、自由、个性化发展。

新时代背景下，教育数字化转型更加强调以人为本，围绕“立德树人”构建数字化、科学化、终身化教育体系；更加注重应用为王，构建教育新生态，服务差异化教学、个性化学习和精细化管理；更加凸显技术赋能，促进新兴技术与教育深度融合，助力实现“人人皆学、处处能学、时时可学”的学习型社会。

教育数字化经历了以下几个重要阶段：

第一阶段，教育行业触网阶段。在20世纪90年代，教育信息化的提出使得教育行业开始触网，其主要表现为利用录音、录像带、幻灯片等新型教学方式来呈现教育内容。

第二阶段，移动教育阶段。随着移动互联网时代的到来，移动创新教育厂商层出不穷。教育内容和方式快速移动化，录播课和直播课程快速上线。

第三阶段，高度智能化教育阶段。随着教育数字化进程发展，未来教育会走向高度智能化，实现近现实感的教育交互体验，自主规划的深度学习。AI+教育结合初见成效，已经应用到智慧课堂、辅助课程设计、学习进度与成效分析等领域。

2）教育数字化的发展路径

首先，明确数字化教育目标。教育企业或机构要定位自身所在的细分领域，对领域发展、技术发展、消费趋势等多方面进行宏观分析，明晰最优数字化目标。在战略层面上，教育企业和机构数字化转型愿景通常是构建教育数字化服务生态，提升运营效率以及驱动收入增长。

其次，建立教育数字化推进方式。变革应该是从内部到外部的变革方式，从观念到能力都需要数字化革新。主要分为以下几个层面：提升对数字化转型的认同感，并建立起数字化思维方式；开放合作，实现产品设计的快速迭代；积极投资与应用数字技术等。

最后，复盘教育数字化转型结果。检验数字化转型进程和结果，数字化转型最终要落到可持续的数字化商业模式上，可以整合生态系统内的数字化资源，为客户提供差异化的价值服务。

通过一段时期教育数字化的探索，在教育触网方式上，用户互联网接入设备方式丰富多样。伴随用户触网程度的不断加深，越来越多的消费延伸到移动端，电脑以及平板电脑呈现下跌，手机和电视触网保持上涨。同时，互联网教育各类场景化应用日趋完善，教育资源渠道得到拓展。

未来，教育界需要在准确、深入理解智能时代大趋势的基础上，结合智慧教育转型与变革的基础环境、智能形态、教育模式、教育生态、育人目标五大维度，确保无缝流转的数据、教育公共服务新模式、专业性的教育服务能够作为智慧教育变革与转型的关键得到充分保障。

5.1.4 养老数字化

我国老年人口数量庞大，养老需求大，传统家庭养老服务模式难以满足多层次、多样化的养老需求，社会养老保障体系还需继续完善，因此，发展数字化养老是我国在数字化时代下积极应对养老困境的必然趋势。

1）数字化养老的内涵及意义

数字化养老是利用现代科学信息技术和智能化手段，整合多种养老服务资源，将线上和线下服务结合起来满足老年人多层次养老需求的一种新型养老模式。

数字化养老的重要意义在于：

一是数字化养老将带来全新商业模式，并继续产生重量级别的新消费形态，创造新的经济增长点。

二是数字化养老有利于打破城乡二元结构，充分利用大数据、互联网以及物联网等技术，结合老年人的实际情况和服务需求为其提供健康、精神慰藉等养老服务，能够协调城乡发展之间的不平衡，兼顾公平和效率。

三是数字化养老有利于扩大内需。在加速数字化养老消费升级的过程中重心逐渐向农村下沉，更加迎合不同层次居民的养老消费需求，从而释放更多的消费潜力，在扩大内需方面贡献力量。

四是数字化养老利于促进公共老龄化基础设施和数字化服务的建设。数字化养老以数字化技术为基础，依托社区养老服务机构和养老服务产品，比传统家庭养老更加便捷，降低了远距离运输、交易的成本，弥补了传统养老服务业不能及时、快速为跨区域跨国家提供服务的缺点，实现远程交互。

五是数字化养老有利于我国加速形成养老服务产业链，促进产业结构的升级。数字化养老作为养老服务业中的重要组成部分，以数字化信息为重要媒介，让数字化配置资源得到不断的扩展，体现了数字化资源成为社会资源分配的重要方式，为其他养老服务业提供了发展经验，加快形成养老服务产业链。

2）数字化养老的发展路径

一是提高技术水平，充分整合资源发展数字化养老。针对我国数字化养老模式的不成熟，在资金、技术、专业人才等方面的缺失，供求矛盾突出的现状，必须要充分整合多种资源发展数字化养老服务。在发展数字化养老服务中，要充分发挥市场在资源配置中的决定性作用，才能利于各方资源的有效整合和优化配置。

二是完善相关法律法规，明确各主体之间的责任与界限。我国需要完善数字化养老的相关法律法规，出台数字化养老相关产业的政策性文件，加强对数字化信息的保护；制定社会资本和企业参与数字化养老的市场准入标准，加强对数字化养老各个环节的监管；明确各个参与主体之间的责任和界限，防止混乱，以此保障老年人的合法养老权益。

三是参与主体之间加强沟通与联动。数字化养老服务对数据信息灵敏性、及时性、互通性的要求远高于传统养老服务业，这也是数字化养老的优势和特色所在。在数字化养老服务中，各参与主体要加强沟通和联动，可通过签订协议，彼此间履行沟通信息、及时反馈信息的义务，以期优化数字化养老的服务质量，提升老年人数字化养老的幸福感。

四是培育养老消费市场，共享数字红利。因地制宜地结合老年人的实际消费情况和需求，制定科学适宜的营销策略，通过广告宣传和电视营销等手段在一定程度上改变老年人传统的养老观念，引导老年人更新观念，接受新型的养老模式。

5.2 智慧城市

智慧城市是推动城市治理体系和治理能力现代化建设的重要抓手。自2016年国家提出建设新型智慧城市以来，智慧城市的建设越来越注重顶层设计和统筹规划，通过打破壁垒，实现不同部门、不同行业、不同平台企业的数据互联互通和业务协同，使智慧城市运行得更加高效。

5.2.1 智慧城市内涵及发展历程

我国智慧城市的概念最初由住建部提出，指的是运用物联网、云计算、大数据、空间地理信息集成等新一代信息技术，促进城市规划、建设、管理和服务智慧化的新理念和新模式。从 2008 年开始，我国智慧城市的发展探索经历了智慧城市概念导入期、试点探索期、统筹推进期三个阶段。

1）概念导入期

自 2008 年 IBM 提出“智慧地球”的概念以来，智慧城市的概念逐步成型。依托光纤宽带、无线互联网、地理信息系统（GIS）和全球定位系统（GPS）等技术手段，政府开始主导在其管理的各个垂直行业进行数字化和网络化改造，但各个系统建设孤立，发展不均衡，整体看来属于无序规划和分散建设的阶段。

2）试点探索期

2012 年，中华人民共和国住房和城乡建设部办公厅发布《关于开展国家智慧城市试点工作的通知》，牵头在全国范围内开始智慧城市试点建设。2013 年至 2015 年期间，全国共有 290 个城市入选智慧城市试点名单，智慧城市建设在全国铺开。但由于城市之间的建设和发展差异，各个城市在智慧城市建设中的侧重点也不尽相同，缺乏在更高层面上的统筹。

3）统筹推进期

2016 年 4 月，习近平总书记在网络安全和信息化工作座谈会上，提出要分级分类推进新型智慧城市建设，打通信息壁垒，构建全国信息资源共享体系，以便于使用信息化手段感知社会态势、畅通沟通渠道、辅助科学决策。

传统智慧城市的建设主要是采用市面上的新技术，去解决各个行业在管理上遇到的问题，存在技术至上和“头痛医头、脚痛医脚”的问题，缺乏统筹规划，“数据烟囱”和“数据孤岛”现象依然较为普遍。

新型智慧城市则是通过城市大脑的驱动，本着“以人为本、统筹集约、注重成效”的原则，重点聚焦公共服务与社会治理两大主要方面，通过顶层规划和数据更深层次的融合汇聚，结合物联网、云计算、边缘计算、大数据、人工智能、区块链、数字孪生等新一代信息技术，统筹解决人与设备、人与人、人与社会之间的和谐，实现城市的可持续发展。

5.2.2　智慧城市发展的驱动力

改革开放后，我国经济的快速发展使城镇化速度快速提升，伴随城市化的快速发展，城市管理面临诸多问题，这为智慧城市的建设提供了前提。通过政府的顶层设计和政策推动，智慧城市在我国广泛部署，成为推动我国城市可持续发展的重要支撑。

1）*技术驱动，引领行业新需求落地*

随着各级智慧城市的建设，智慧应用逐渐趋于多元化，而更加细致的服务需求和不断演变的科技创新能力，倒逼智慧城市产业供给能力持续分化，服务链条不断延伸，从而更加贴近细分领域和微场景需求，引领行业新需求落地。

2）*为民服务，加快政务数字化转型*

“互联网＋政务服务”成为深化“放管服”改革的重要抓手，市场规模进一步扩大。近年来，全国各地推行“最多跑一次”“只进一扇门”“一网通办”等政务服务改革创新，进而实现组织创新的倒逼机制，推动“放管服”改革向纵深推进，通过一站式政务服务平台，实现“数据多走路，群众少跑腿”。

3）*基层治理，推动发展成果全民共享*

随着社会治理重心的下沉，越来越多的工作转移到了基层一线。新型智慧城市建设的推进，改变了城市治理的技术环境及条件，通过在区县、镇街、乡村等基层推进治理现代化和智慧化，切实提升一线工作人员的效率、提升人民群众的获得感、幸福感和安全感，推动智慧城市发展延伸至社会治理“最后一公里”，推动城市发展成果全民共享，成为政府治理的重点方向之一。

4）*以人为本，共筑城市安全发展道路*

近年来，各城市聚焦城市安全和民生领域，平安城市、天网工程、智慧交通、智慧医疗、智慧警务、智慧社区、智慧校园等工程建设已初见成效，其最终目标是要最大限度地为老百姓的医、食、住、行、游、教等方面提供更为便捷的服务和更安心的保障。

5）*数字孪生，打造智慧城市通用底座*

实时映射的城市信息模型是呈现城市运行状态、推演未来趋势的信息载体，也是数字孪生城市建设的核心特征。目前部分发达地区率先提出数字孪生城市建设，如：建设数字城市与现实城市同步规划的雄安新区。随着孪生城市建设的逐步完善，可提供城市全景视角和全量数据分析，深度透视城市体征，洞察城市运行规律，重塑城市治理模式。

6）双碳引领，推进智慧城市绿色可持续发展

在“双碳”目标和“数字中国”愿景的驱动下，绿色化、数字化、智能化的协同成为“十四五”阶段的重要发展方向。在城市 IT 基础设施领域，云计算、边缘计算等技术迅速发展，使计算存储设施得到了集中统筹和高效利用，降低了各个系统重复建设和使用能耗；在城市市政设施方面，智慧灯杆等基础设施的广泛应用，为精准控制城市照明和更高效地利用城市市政资源提供了抓手；在城市绿色应用方面，各城市也围绕碳排放的主要场景，如交通运输、绿色出行、建筑能耗管理、环境管理、园区智慧运营等领域进行深入挖掘。

5.2.3 智慧城市发展路径

智慧城市建设在创新协同、为民服务、数据共享、产业赋能、安全保障、绿色低碳等方面都出现了新的发展导向。

1）“新 IT 技术 + 全程服务”是智慧城市的新抓手

智慧城市在依靠新一代信息技术的基础上，以增加配套的全程服务来帮助技术落地，促进城市发展。

一方面，智慧城市中的新技术、新应用、新场景需要配合服务才能发挥最大效力。智慧城市已经从强调技术转向强调数据，从服务的角度去看待智慧城市，让服务贯穿于全部场景，真正服务城市的管理者和生活在城市中的每一个人。

另一方面，“技术 + 服务”能够实现智慧城市的全流程响应，实现规划、技术架构搭建、设备运营、维护、信息处理、反馈等一系列活动的统一，打破数据孤岛，推进政府高效管理、产业快速发展、民生普遍受惠。

2）“数字空间 + 现实空间”是智慧城市的新落脚点

新技术的应用拓展了城市建设与管理的范围，进入智慧城市建设新时期，不仅需要谋划现实空间的管理，也需要对新产生的数字空间进行管理，共同推进城市发展。

数字空间是现实空间的拓展，数字空间通过对物理世界的人、物、事件等所有要素数字化，在网络空间再造一个与之对应的“虚拟世界”，形成物理维度上的实体世界和信息维度上的数字世界同生共存、虚实交融的格局。

3）“普惠民生＋生态和谐”是智慧城市的新目标

智慧城市整体上需要达到城市发展与人民生活水平提高相协调的目标，居民即用户，城市即平台，实现城市经济转型发展、生态环境保护和居民的智能服务相统一，使得人与自然更加协调发展。

一方面，智慧城市不再单纯是技术与信息基础设施的堆砌，针对城市居民的“微基建”“微服务”也在不断推进，“惠民”作为智慧城市的建设初衷与目的将展现得更为全面深入。

另一方面，全流程、全链条地将平衡生态环境保护与城市发展理念贯彻到智慧城市的建设中，也正在实践中凝聚成为共识。

4）“低碳环保＋绿色发展”是智慧城市的新焦点

城市化进程为城市带来了人口、资源、产业的高度集聚，同时也导致了资源能源消耗与碳排放的高度集中。为应对气候变化、保护生态环境、增强可持续发展能力，低碳节能与绿色发展成为智慧城市的新焦点。

一方面，借助能源—传输网—负荷—储能—工业控制“源网荷储控”绿色能源架构，可对能源供给与传统耗能基础设施进行绿色升级，支撑智慧城市管理、运行过程的低碳转型。

另一方面，通过在园区、交通等生产生活场景中积极推广应用光伏、氢能、风电等清洁能源，以“车联网”等新技术优化城市运营效率，将碳排放加入监控指标，也可推动城市能源结构升级和资源优化利用。

5）数据是智慧城市建设的核心资源

智慧城市的不断发展，“数据孤岛”成为智慧城市建设所需解决的核心问题。新时期智慧城市的建设要遵循共建共享理念，从技术标准和体制机制等方面实现数据互通。在技术标准上，建立统一的智慧城市数据标准，实现数据的顺畅流通。在体制机制上，建设全国范围内的数据统一平台，打破全国各级各部门信息壁垒，推动数据共享开放、融合应用、流通交易。

5.2.4 智慧城市建设模式

1）5G+智慧城市：助力万物互联

5G 技术的超大移动带宽能力，使得高清、超高清视频的无线传输成为可能。对于智慧城市中 AR、VR、超高清视频等新型移动业务，5G 技术使智慧城市的视频应用朝着移动化、便携化的高清时代转变。5G 技术的高可靠、低时延特点，可以实现智慧城市中的无人机、机器人图像实时回传和远程操控，通过回传的视频和图像，人工智能算法可以快速实现实时决策，并快速反向控制传感器和机动装置。

5G 技术的海量物联通信能力，为海量的智能硬件、传感器提供了窄带物联数据通道。基于 5G 网络，通过物联网技术实现智慧城市中传感器、控制器等物联设备的连接，形成人、物、环境的协同控制与管理，提升了智慧城市的互联能力，增强了智慧城市的管理水平。

2）边缘计算+智慧城市：助力全面感知

边缘计算以其就近处理的特点，可以让数据处理更靠近源，而不是外部数据中心或者云，可以实时或更快地进行数据处理和分析。同时，对使用企业来说，可以大大降低经费预算，提升应用程序效率，减少数据管理设备投资。在智慧城市场景下，边缘计算主要具有以下优势：

一是海量数据处理能力强。在智慧城市运行中，无时无刻不在产生着大量的数据，而这些数据如果全部交由云中心来处理，将会造成巨大的网络负载，资源浪费严重。如果这些数据能够就近进行处理，在数据源所在的局域网内进行处理，那么网络负载就会大幅度降低，数据的处理能力也会有进一步的提升。

二是低延迟。在智慧城市应用中，有很多服务是要求具有实时特性的，这就要求响应速度不断提升。比如在医疗和公共安全方面，通过边缘计算，将减少数据在网络中传输的时间，简化网络结构，对于数据的分析、诊断和决策都可以交由边缘节点来进行处理，从而提高用户体验满意度。

三是位置感知。对基于位置的一些应用来说，边缘计算的性能要优于云计算。比如导航，终端设备可以根据自己的实时位置把相关位置信息和数据交给边缘节点来进行处理，边缘节点基于现有的数据进行判断和决策。整个过程中的网络开销都是最小的，用户请求可以极快地得到响应。

四是数据安全隐私性。传统的云计算模式需要将数据上传至云计算中心，传输链路长，经过的设备节点多，用户隐私数据泄露风险较高。而在边缘计算中，对数据和用户的身份认证协议安全性高，同时结合边缘计算中分布式、移动性等特点，加强了统一认证、跨域认证和切换认证等技术方式，可以保障用户数据的安全性，提升数据和隐私安全。

3）大数据+智慧城市：助力数据共享

智慧城市作为一个产生各类有价值数据的巨型应用系统，需要按照目标要求进行收集、整理、加工和分析数据，从庞杂的各类数据中提炼有效信息。比如，在社区大数据应用中，通过智慧社区的舆情与百姓意见的数据分析，可以知道目前政府管理的薄弱环节，使政府管理有的放矢，降低影响社会的不稳定性因素。

以数据为基础，通过智慧城市大数据库，能够建立一个政府、社会、小区居民畅通的沟通渠道。从居民消费数据出发，科学分析，能够发现社区居民潜在的生活需求和消费习惯，使服务商在运营时能够精准定位，未雨绸缪，在恰当的时间为社区居民提供恰当的服务，提高服务质量。

4）人工智能+智慧城市：助力智能升级

人工智能按照发展程度，分为弱人工智能、强人工智能、超级人工智能三个层次。目前弱人工智能较为成熟，主要代表性技术是基于监督学习的深度学习技术。在弱人工智能时代，算法、算力、数据是人工智能发展的三大要素。

第一，算法的发展，实现了从传统模式识别到深度学习的深化。深度学习技术可以使用深度卷积神经网络，一方面提升了场景适应性和识别准确度，动态人脸识别、车辆识别、物体识别等算法在智慧城市中得到了广泛应用；另一方面，随着在线学习、小样本学习、无监督学习、迁移学习、强化学习等算法的逐步成熟，可极大降低对训练数据量和标注的要求，使得场景迁移成为可能。

第二，算力的发展，诞生了专门应用于机器视觉的“AI芯片”。AI芯片通过专用硬件加速，支撑深度学习神经网络万亿级计算单元的视觉计算处理，可以轻松完成如目标检测、目标分类等任务。智慧城市应用中，AI芯片的诞生使得智能算法可以内嵌到智能硬件中，从而快速实现边缘计算，赋能智慧城市终端的智能处理能力。

第三，数据的发展，带来了数据从单维到多维的提升。数据不仅呈现指数级的增长，同时数据的类型也呈现了多维的特点。在智慧城市应用中，视频图像大数据和多维感知数据的融合，可以全息刻画观察对象，基于历史数据分析行为规律、预判预测下一步的行为，做好重点目标的预警。通过大数据技术，可以实现智慧城市中人、车、物、环境的多目标关联分析。

5）区块链+智慧城市：助力协同治理

区块链以其分布式、公开透明、安全等特性，使得人们可以在互联网上方便快捷、低成本地进行价值交换，是构建价值互联网的基石。区块链技术的引进，将为智慧城市的发展带来巨大的改变，也为数据的安全共享提供了保障。比如：区块链让公民的身份证号不再是单一的一串数字，而是拥有众多的标签、证照、授权的集合体。

5.2.5 促进智慧城市发展的建议

1）强化顶层设计

现阶段，由于缺乏成熟的模式样本，部分智慧城市发展规划方案的整体思路较为混乱，缺乏发展重心与清晰方向。针对这一问题，必须强化智慧城市顶层设计，建立上下联动的高效组织体系，明确领导组织机构，形成纵横协作模式。坚持以“互联网+”思维为主导，依托新一代信息化技术与政府政务应用为支撑，构建具有统一性和综合性的网络服务平台，有效串联市民一卡通系统、智慧交通系统、智慧政务系统以及智慧医疗系统等政府服务项目。

2）加大基础设施建设力度

随着科技水平的不断提高，新型城市基础设施的使用功能愈发完善，并具备较高的智能化与自动化水平。在这一时代背景下，为切实满足智慧城市发展需求，应完善城市基础建设，并加大现代信息技术及科技元素的融入，配置新型基础设施取代原有设施，确保所建设智慧城市具有全域、全量、全时的综合感知能力。

3）构建立体化产业生态圈

在智慧城市未来发展阶段，应致力于构建立体化产业生态圈，将技术服务商、金融服务商、产业联盟以及研究机构等均作为智慧城市参与方，实施多方协作构建模式，如建设开放式物联网平台、政企合作平台、医疗合作平台等立体化产业生态圈，将智慧城市应用场景延伸至城市管理、公共服务、人居环境、医疗教育等领域。

4）建立综合协调机制

为建立高效的综合协调机制，应明确各部门职责内容，统一部门间的战略定位以及决策目标，构建联动机制，协同开展智慧城市规划决策、监管与评估等工作，充分发挥政府监管职能。结合智慧城市发展现状，构建一体化大数据平台或政府政务综合平台，坚持统筹原则，强化平台协作能力，重点打造公共服务超级应用。

5.3 数字乡村

民族要复兴，乡村必振兴。党的十九大以来，党中央、国务院作出全面推进乡村振兴和数字中国的战略决策，而数字乡村建设作为数字技术应用和乡村建设发展的重要“结合点”，既是乡村振兴的战略方向，也是建设数字中国的重要内容，是对我国乡村振兴和数字中国两大时代战略的积极响应。

5.3.1 数字乡村的定义及内涵

数字乡村是伴随网络化、信息化和数字化在农业农村经济社会发展中的应用，以及农民现代信息技能的提高而内生的农业农村现代化发展和转型进程，既是乡村振兴的战略方向，也是建设数字中国的重要内容。

本质上，数字乡村是利用数字经济理念，依托信息通信基础设施和云计算、物联网、大数据等数字技术，驱动农业农村发展质量变革、效率变革、动力变革，打通“三农”领域的信息壁垒，以信息流带动生产流、商流、物流、资金流、人才流、技术流，重构乡村经济社会发展结构，激发乡村活力，从而推动乡村智能化、精准化、绿色化，促进农业全面升级、农村全面进步、农民全面发展。数字乡村既是一种发展模式，也是代表未来发展方向的先进乡村形态。

数字经济发展为“三农”发展起到了提质增效的作用，农业农村部调研数据显示，“2018 年农业数字经济占农业增加值比例仅为 7.3%，农产品网络零售额占农产品交易额只有 9.8%，农村互联网普及率也只是 38.4%”，据数据统计得出，农村数字经济发展的空间极大，但是，在发展中也存在很多的“短板”，例如信息化人才缺乏、信息技术应用不足等诸多问题亟待解决。

5.3.2 农业农村大数据

根据农业农村的产业链条划分，农业农村大数据包括种植、养殖、农业科技、装备机械、病虫害防治、生态保护、水利、农资、市场、食品安全等环节，其主要服务于宏观决策、农业管理、农业环境与资源管理、农业生产和农业市场分析。

大数据的发展能够有效助力农业农村快速发展，主要体现在以下几方面：

一是“大数据＋管理”。通过大数据应用将农业农村各环节和不同管理部门之间的数据合理存储在数据池中，进一步打通不同区域、不同部门、不同行业之间的数据通道，大大提高农业产业监测预警和宏观调控的准确率。

二是“大数据＋治理”。大数据应用极大助力社会治理工作。以精准扶贫为例，通过消费、医疗、财产等多个渠道可精准定位贫困户，也可预测出贫困户自身的脱贫意愿。

三是“大数据＋生产”。清晰掌握土壤、环境、水利、气象等多项数据，了解同类农产品种植、销售等情况，进而提高决策的准确性、时效性，提升农业生产效率和农业资源利用率。

四是“大数据＋销售”。在大数据下生产、采摘、存储、运输、销售无缝衔接，农产品质量全过程追溯，加上市场数据的掌握，可有效减少“多的多、少的少”“这里多、那里少”等农产品供需剧烈波动的问题。

五是“大数据＋消费”。信息误解和观念误导导致部分消费者盲目购买，比如赴日本购买中国贴标的马桶盖，而通过实现“大数据＋”可以有效降低信息不对称程度。

5.3.3 农业产业数字化和乡村数字经济新业态

1）农业产业数字化

在产业数字化方面，数字技术将渗透到农业生产经营管理服务各个环节，促进农业提质增效。

第一，在农业生产方面，进一步深化物联网、人工智能技术在农业生产领域的融合应用，实现种植业、畜牧业、渔业、种业数字化，以及农机装备、农垦数字化，建成一批智慧农田、智慧牧场、智慧渔场等新型农业生产载体，同时实现农产品加工领域的数字化和智能化，提升农业生产环节的效率。

第二，在农业经营方面，进一步发挥“互联网＋”优势，提升农村电商作为农产品出村进城和工业品下乡重要渠道的作用，消除农产品生产侧和消费侧的信息屏障，以消费促生产；借助直播带货等手段形成农产品营销新模式，促进农产品的标准化、品牌化和价值化。

第三，在农业管理方面，用数字化手段助力农产品全生命周期追溯和农业投入品追溯管理，实现农业绿色化转型。

第四，在农业服务方面，利用互联网、智能手机等技术手段，将政策、科技、市场等信息快速精准传达给农民群众。

2）乡村数字经济新业态

随着数字技术的加速创新与应用，我国数字经济迎来了前所未有的发展机遇。乡村数字经济与乡村传统产业的碰撞融合，使得新业态不断涌现，并成为推动乡村振兴，实现乡村传统产业升级的关键力量。我国乡村数字经济新业态取得快速发展的原因主要在于以下四方面：

一是国家政策驱动。从党的十九大报告作出实施乡村振兴战略的重大决策之后，中共中央、国务院陆续出台了一系列的重大政策措施。在国家政策层面，对构建符合我国国情的数字乡村战略进行了一系列的部署。中共中央、国务院明确指出要“发展农村数字经济”，农业农村部也明确提出要“加快数字农业农村建设”。2022 年 1 月，中央网信办等十部门颁布《数字乡村发展行动计划（2022 ~ 2025 年）》等，重点强调要发展乡村休闲旅游，农村电商等产业。这些政策既为数字乡村的建设和发展指明了方向和路径，又为加速推进乡村振兴提供发展保障，乡村数字经济的潜力将会得到快速释放。

二是数字经济发展驱动。我国在 2012 ~ 2021 年这十年中，数字经济持续高位增长，规模从 11 万亿元增长到 45. 5 万亿元，所占 GDP 比重从 21. 6% 增长到 39. 8%①。数字经济在国民经济中的地位更加稳固，支撑作用更加明显。根据中国信息通信研究院数据，2020 年中国数字经济对服务业、工业和农业的渗透率分别为 40. 7%、21. 0% 和 8. 9%。可见，数字经济对农业的渗透率还有很大的提升空间。乡村数字经济新业态中的乡村电商交易规模持续扩大。2021 年中国农产品网络零售额为 4 221 亿元，农村网络零售额为 20 500 亿元，连续六年呈现高速稳步增长态势。同时，文旅部监测数据显示，在新冠肺炎疫情严重冲击下，旅游者的需求发生了变化，乡村旅游快速升温，成为乡村发展的新风口。亟须加速其智能化发展升级获得新发展动能，促进数字技术与乡村旅游经济实体结合，加速数字经济对乡村旅游的渗透。

三是社会生活需求驱动。数字化的发展方式正在通过打破时空两维阻隔提供更具个性化的服务，更好地满足人民对美好生活的向往。深刻地影响着乡村的发展，尤其是在传统农业、特色农村经济和特色农产品等方面起到关键性作用，也催生着乡村产业布局的变革。2021 年中国成功克服疫情汛情等多重难关，GDP 增长率为 8. 1%，农村和城镇居民人均可支配收入增长率分别为 9. 7% 和 7. 1%，

---

① 十年间，规模从 11 万亿元增长到超 45 万亿元. 中国青年网，2022 - 10 - 02.

居民人均可支配收入实际增速同步并略快于 GDP 增长，尤其是农村居民的收入增速高于城镇居民①。内需有望进一步扩大，利好乡村数字经济发展。

四是科学技术创新驱动。目前，以人工智能、云计算、大数据、区块链和物联网为代表的现代信息技术突飞猛进，在乡村数字化建设上产生巨大的推动作用。互联网平台公司纷纷借助产业优势、科技优势，助力农村产业转型升级，创新助农模式。以拼多多为代表的农业电商平台，将产地和消费者直连，以直播模式带货，有效打通农产品上行通道。京东发挥其供应链的优势，为农村地区提供销售、物流等方面的服务，进一步完善农产品产销流通体系。数字技术的发展有利于提高乡村经济的效率与效益，解决乡村发展中的痛点问题，构建现代乡村新业态体系，加速推进农业农村现代化的进程。

5.3.4 乡村治理数字化

在乡村治理方面，通过数字技术有效融入乡村治理，能够提升治理效率，助力推进乡村治理能力和治理体系现代化。

第一，在乡村党建方面，运用互联网、大数据技术，推动农村党务、学习、活动、监督、工作、宣传的全面整合，实现村级党建工作的一体化、数字化、智能化，不断提升党建管理效率和科学化水平，着力实现智慧党建。

第二，在乡村政务方面，加快推动“互联网 + 政务”服务向农村基层延伸，实现涉农政务服务“网上办”“马上办”“一网通办”，打通乡村政务服务“最后一公里”。

第三，在村务管理方面，借助“互联网 + 村务”实现村务、财务网上公开，利用数字手段不断创新村民自治形式，使农民自治能力显著提高。

第四，在乡村综治方面，运用物联网、人工智能、大数据实现智慧综治，构建立体化基层综治联动体系，提升基层综治的“预测、预警、预防”能力，实现平安乡村，提升农民群众的安全感。

第五，在乡村应急方面，构建乡村智慧应急体系，实现灾情有效预警、预防、应急事件快速处理、应急资源高效调度，最大程度保障村民人身和财产安全。

5.3.5 数字乡村发展方向

一是加强规划布局，努力推进数字乡村新基建。数字乡村建设是实现数字化

① 国家统计局 2021 年国民经济数据。

中国建设的重中之重，恰逢乡村振兴重要机遇，新基建等信息基础设施将进一步向农村地区扩展延伸。同时也要避免乡村基础设施的重复建设，努力打造共建共享型乡村基础设施。

二是夯实发展基础，持续提升乡村网络设施水平。在满足乡村基本互联网覆盖的情况下，推进以5G网络为代表的下一代互联网基础设施的发展。加强基础设施共建共享，打造集约高效、绿色智能、安全适用的数字乡村基础设施。

三是释放数字红利，培育壮大农业农村发展新动能。将数字技术应用于农业生产经营管理的各个环节之中，实现农业数字化、智能化，进一步提高农业生产效率和农民生活品质。

四是创新治理模式，推进数字乡村治理新格局。坚持把城市和乡村作为统一整体统筹谋划，以智慧城市建设拉动数字乡村同步发展，促进城乡在规划布局、产业发展、要素配置、公共服务等各方面全面发展，强化制度保障，形成城乡互补、工农互促、共同繁荣、全面融合的新型城乡关系。

五是推动融合发展，统筹发展数字乡村与智慧城市。以新型智慧城市建设拉动数字乡村协同发展，实现城乡在规划布局、要素配置、产业发展、公共服务等方面一体化发展。

六是大力发展农业农村信息化产业，提升数字乡村发展新动能。大力扶持乡村信息化龙头企业，强化企业信息化、数字化、网络化经营能力，为数字农业发展提供有力产业支撑。针对数字农业、数字乡村相关企业产品出台相关补贴政策，建立数字农业、数字乡村专项基金，培育和壮大我国农业农村信息化产业。

阅读材料1

2017年，广东省政府发布《广东省“数字政府”改革与建设规划》，启动“数字政府”改革。运用整体政府理论，结合系统、全面的思想，促进各级政府部门政务的功能整合、技术整合、业务整合和数据整合，让纵向与横向、政府与市场、业务与技术这三对重要关系得到很好的协调。

具体而言，广东省在各级建立负责“数字政府”改革和建设的部门，将业务部门的部分信息化职能分离出来，该由市场承担的交给市场，由政府承担的交给“数字政府”主管部门，实现了“数字政府”改革建设管理的高度整合。在技术运营方面，促进一体化，不仅可以确保政府的主导地位，而且可以提高技术运营的专业性和连续性；在管理方面，政府职能由行政部门归还高层管理人员；在建设方面，将社会的优势资源聚集在一起，以市场为导向运作，有效解决了人才不足、建设机制相对僵化、系统建设落后等问题。从实践的角度来看，企业作为“数字政府”运营中心，在快速响应灵活的市场主体机制方面发挥了自己的优势。实践证明，“粤省事”“粤商通”等品牌在极短的时间内完成部署，都离不开运营中心对政府需求全力以赴的响应。

资料来源：广东省数字政府改革建设“十四五”规划.

阅读材料 2

面向患者全就医流程的在线智慧医疗服务

卫宁健康践行“4+1”发展战略，“云医”通过纳里健康平台布局单体医院、医联体、医院联盟、医共体，以及身边医生平台布局基层卫生服务领域，构建以患者为中心的诊前、诊中、诊后全流程的闭环管理，同时促进医疗机构的协作。“云险”则以医疗支付为主线，构建统一支付平台以及保险理赔体系为核心，解决医疗场景中遇到的自费、商保、医保支付问题，为客户打造统一多渠道的支付服务和商保快速理赔服务等。“云药”致力于打造一个融“商业保险定点医疗机构+商业保险药品直供中心+健康福利/保险权益”的专业服务网络，构建面向保险公司、医疗机构、零售药房、制药企业及患者的全新一体化服务生态。通过“云康”业务，以实现线上线下一体化的“居民保健+慢病管理+就医导医+体检服务”为目标，布局“互联网+体检”业务。

资料来源：中国电子信息行业联合会. 关于 2022 年第一批数字化转型百项优秀案例推广的公告.

阅读材料 3

清华大学：数据分析平台

清华大学数据分析平台通过大数据的综合应用，基于“学生”“教师”“办学条件”三块业务，对各项教育和管理工作进行分析和判断，并应用到实际工作中。

通过全方位、快速、生动的展示学生的总和特征，涵盖生源信息、成绩分析、选课情况、日常行为特征等，同时挖掘出影响学业成绩的各项因素，用于教学管理决策参考。通过对教学数据、教学效果、考勤记录、个人数据、管理数据进行综合分析，建立科学的、真实客观的教师绩效评价体系，改变传统人为评价的主观性，让大数据选出真正优秀的教师。通过对宿舍分配、教室使用、网络消耗、食堂消费、图书馆利用等办学条件进行综合分析，建立各资源利用率指数，实现数据可视化，引导管理工作的精细化和管理的扁平化。

资料来源：2020 年教育行业在线数字化转型白皮书.

本章小结

在新一轮科技革命推动下，人类正在加速迈向数字社会。“十四五”规划和2035年远景目标纲要对加快数字社会建设作出部署安排，提出“加快数字社会建设步伐”“适应数字技术全面融入社会交往和日常生活新趋势，促进公共服务和社会运行方式创新，构筑全民畅享的数字生活”，描绘了未来我国数字社会建设的图景。在这一背景下，加快数字社会建设步伐具有十分重大的意义。

政府作为社会治理的重要主体，在数字化的背景下，政府机构正以新一代信息技术为支撑，通过大数据分析重塑政务信息化架构、业务架构和组织架构，在数字化、网络化的环境下行使经济调节、市场监管、社会治理、公共服务、环境保护等领域职能。在政府机构实现数字化转型的同时，其提供的各项公共服务，包括医疗、教育、养老等均正处于数字化转型的关键阶段，这也标志着我国社会治理正向着治理体系现代化、治理能力现代化、数字政府内涵与价值不断升级、技术、业务与数据加速融合、数字政府安全体系有序建立的方向发展。

从城乡分别看来，数字社会的发展形成了智慧城市和数字乡村两大重点领域。智慧城市的概念最初由住建部提出，指的是运用物联网、云计算、大数据、空间地理信息集成等新一代信息技术，促进城市规划、建设、管理和服务智慧化的新理念和新模式。在经历了三个阶段的发展后，智慧城市正向着5G+智慧城市、边缘计算+智慧城市、大数据+智慧城市、人工智能+智慧城市、区块链+智慧城市的方向迈进。

数字乡村是伴随网络化、信息化和数字化在农业农村经济社会发展中的应用，以及农民现代信息技能的提高而内生的农业农村现代化发展和转型进程。这既是乡村振兴的战略方向，也是建设数字中国的重要内容。伴随着数字化乡村基础设施的建设和农业农村大数据的建构成型，数字乡村在农业产业数字化、乡村治理数字化等领域取得了诸多成效。

通过本章节内容的学习，同学们应当认识到，数字社会建设是推动现代化发展的必然要求，是贯彻新发展理念的应有之义，是创造美好生活的重要手段。随着我国社会主要矛盾发生转化，居民消费结构从生存型向发展型、享受型转变，人民群众对美好生活的向往越来越强烈，盼望就业更加灵活充分、住房更加宽敞舒适、环境更加生态宜居、服务更加方便贴心、教育更加公平优质、文体活动更加丰富多彩、就医看病更加便捷有质量、养老服务更加可及有保障、社会更加和谐有序。数字社会建设为实现人民群众美好生活需要提供了技术支撑，也正成为创造美好生活的重要手段。

复习思考题

1. 论述公共服务数字化转型主要包括哪几个方面？各自的驱动因素是什么？
2. 浅析社会数字化转型面临的障碍有哪些？
3. 智慧城市建设包括几大重点方面？
4. 智慧城市发展的驱动力包括哪些？
5. 数字乡村的内涵是什么？
6. 数字乡村建设包括哪几方面主要内容？
7. 大数据的发展如何能够有效助力农业农村发展？

参 考 文 献

［1］许恒，张一林，曹雨佳．数字经济、技术溢出与动态竞合政策［J］．管理世界，2020，36（11）：63－84.

［2］戴长征，鲍静．数字政府治理——基于社会形态演变进程的考察［J］．中国行政管理，2017（9）：21－27.

［3］米加宁，章昌平，李大宇，徐磊．“数字空间”政府及其研究纲领——第四次工业革命引致的政府形态变革［J］．公共管理学报，2020，17（1）：1－17＋168.

［4］黄璜．数字政府：政策、特征与概念［J］．治理研究，2020，36（3）：6－15，2.

［5］周瑜，刘春成．雄安新区建设数字孪生城市的逻辑与创新［J］．城市发展研究，2018，25（10）：60－67.

［6］黄璜．中国“数字政府”的政策演变——兼论“数字政府”与“电子政务”的关系［J］．行政论坛，2020，27（3）：47－55.

［7］夏显力，陈哲，张慧利，赵敏娟．农业高质量发展：数字赋能与实现路径［J］．中国农村经济，2019（12）：2－15.

［8］沈费伟，袁欢．大数据时代的数字乡村治理：实践逻辑与优化策略［J］．农业经济问题，2020（10）：80－88.

［9］曾亿武，宋逸香，林夏珍，傅昌銮．中国数字乡村建设若干问题刍议［J］．中国农村经济，2021（4）：21－35.

［10］殷浩栋，霍鹏，汪三贵．农业农村数字化转型：现实表征、影响机理与推进策略［J］．改革，2020（12）：48－56.

第6章 数据要素

【学习目标】

学完本章，你应该做到：

1. 掌握数据演化为生产要素的理论依据
2. 了解数据成为生产要素的价值化过程和价值形态
3. 了解数据资产的内涵与特征、数据资产化的条件与步骤
4. 了解数据要素市场化配置的必要性、面临的难题和实现路径

【知识框架】

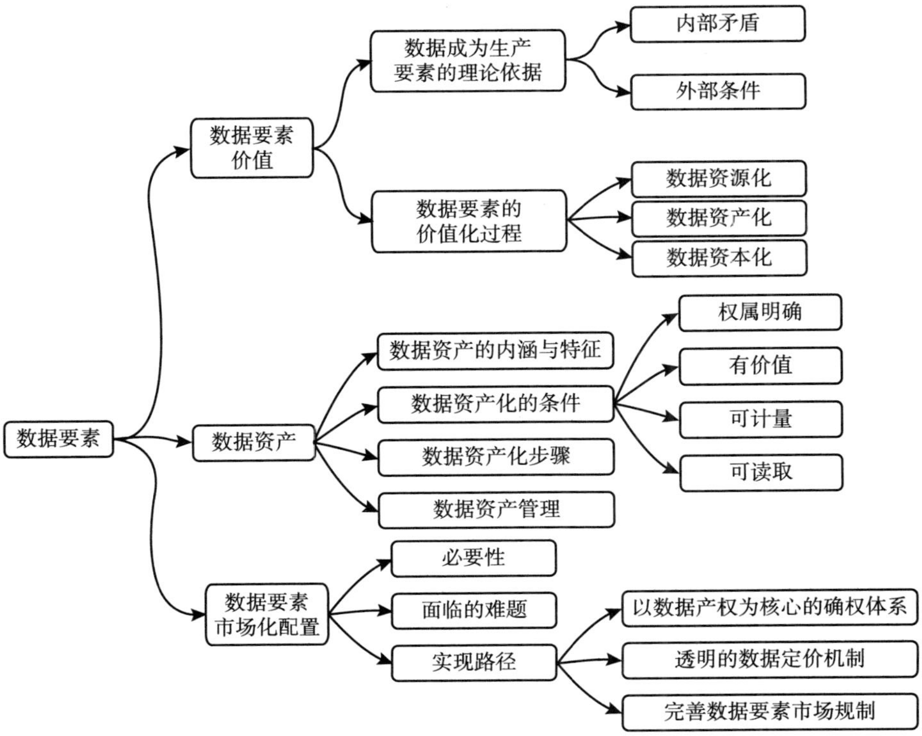

图6-1 本章知识框架

【引例】

数据“加盟”城市治理　四川德阳走出数据要素市场化新路

自2021年开始，德阳就围绕数据要素展开积极探索，基于数据元件形成企业全景征信产品，为银行风控部门提供企业图谱、区域信用报告、贷后预警等相关信息，让银行快速了解企业真实运营情况，加速金融放贷，为中小企业纾困，助力营商环境持续优化。

2021年5月28日，德阳与中国电子签约合作实施数据治理工程，充分发挥各自在政策、产业、技术、资本、人才等方面的优势，围绕数据治理开展科学研究，同时在数据治理模型理念、关键技术、制度体系、数据要素化等方面深入探索，共同打造“全国城市数据治理工程”首批试点城市，推动数字经济创新发展。

需求对接首先需要“摸底”，这样才能精准施策，达到最优效果。为了全面了解德阳数据要素市场化配置改革需求，中国电子联合8家生态企业，先后开展三轮摸底调研，函调57家单位，走访14个委办局、25家企事业单位、3个园区、1个产业协会进行深度调研。明确了数据元件开发需求，形成考察调研报告，总共梳理应用场景50个，完成60个元件需求设计。结合德阳的城市特色和发展需求，一大批方案、制度密集出台。在2021年的“中国数字经济城市峰会”上，德阳市提出通过“数据元件”带动数据要素市场化的创新方针，荣获“十大‘数字政府’样板工程”。

“走通有德阳特色、有可复制性的产业逻辑，加快推进德阳特色的场景域设计，找准突破口加快探索出可复制推广的数据元件商业模式，这样能形成强大的产业引力。”中国电子党组成员、副总经理陆志鹏表示。

资料来源：中国经济网.

6.1　数据要素价值

生产要素是指进行社会生产经营活动时所需要的各种社会资源，是维系国民经济运行及市场主体生产经营所必须具备的基本因素。对于生产要素的理解与认识是把握经济发展规律的重要切入点。随着人类文明的进步，生产要素的范围不断拓展。

威廉·配第认为“土地为财富之母，而劳动则为财富之父和能动的要素”，土地和劳动是农业文明的主要生产要素；进入工业文明后，萨伊提出“生产三要素论”，将生产要素概括为劳动、资本和土地，工资、利息和地租分别是三者的价值形式；马歇尔将资本进一步分为知识和组织，并且认为可以将组织分离出来，列为一个独立的生产要素。党的十九届四中全会提出，“健全劳动、资本、土地、知识、技术、管理、数据等生产要素由市场评价贡献、按贡献决定报酬的机制”，首次在国家层面将数据纳入生产要素范围。

6.1.1 数据成为生产要素的理论依据

数据是以数字表示、可以进行运算的结构化数据以及图像、符号、图片、视频等非结构化数据。数据不能直接参与生产活动，要经过采集、整合、处理等步骤才能成为数据要素。国家信息通信研究院给出了权威的数据要素的定义：数据要素是指参与生产经营活动，以电子方式记录并为使用者和所有者带来收益的数据资源。要将数据列入生产要素，首先必须打通理论逻辑。既要把握数据成为生产要素的内因和外因，也要认识数据主要的经济特征，从而为数据成为生产要素提供科学的理论依据。

第一，数据演化为关键生产要素的依据需要从内部矛盾和外部条件两方面进行综合分析。一方面，数据演化为关键生产要素符合马克思对生产力内涵的阐述，是有限生产力与人类日益增长的需求之间的内部矛盾导致的必然结果。马克思将生产要素抽象化为劳动过程的简单三要素，而后又进一步具象化为生产力要素，使生产要素理论科学化，成为寻找社会产出或财富增长动力源泉的理论。生产力包括两个重要的层面，一是创造财富的能力，二是在人类需求倒逼下的关键生产要素的动态演变。在“农业经济—工业经济—数字经济”的发展过程中，除劳动力以外的关键生产要素大体经历“土地—资本—企业家才能—数据”的演化，呈现出竞争性逐渐降低、通用性不断增强的趋势。

在农业经济时代，土地在生产过程中具备极强的竞争性，在土地供给有限和人地关系趋于紧张的背景下，土地的边际产出及其对生产力的贡献受到自然资源禀赋的约束。在工业经济时代，如厂房设备、生产性机器等能够有效扩大再生产的资本生产要素应运而生，部分打破了自然资源约束、增强了资本与劳动力的结合水平。进入后工业化阶段，厂商需要不断提高劳动力、资本、土地等生产要素的配置效率，以满足人类持续增长且日益多样化的需求，并以有限的要素投入形成更有竞争力的生产力，于是企业家才能成为关键生产要素。进入数字经济时代，消费者需求碎片化、个性化升级，供应链体系趋于数字化、智能化，企业家才能已经难以应对充满不确定性的外部环境和内部复杂的组织管理，须通过数据搜集、处理得到真实信息和新的知识，从而驱动企业精准决策来应对复杂经济系统的不确定性。

另一方面，数据演化为关键生产要素以数字技术进步作为外部条件，数据的生产要素属性建立在数字技术进步的客观事实上。在云计算、边缘分析等数字技术成熟运用之前，海量数据的存储、计算、分析需要投入大量人力物力，同时基于算法的限制，初始阶段数据转化为有效信息的能力有限，企业没有经济动机付出高昂的成本来使用数据创造微不足道的价值。因此，“数据 + 算力 + 算法 + 场景”是人工智能的基本要素，也是数据演化为生产要素的外部必要条件。从算力角度看，云计算等基础设施全面覆盖，使海量数据的存储、处理、应用成为可能。由摩尔定律可知，数字技术呈现指数型发展的同时成本将持续下降，生产部门更有动机通过数据挖掘优化资源配置。从算法角度看，算法的迭代更新不断提高从数据中提取有用信息的能力，信息的积累带来新知识的获取，进而提高人类决策的能力。生产部门只有基于算力、算法等数字技术普惠发展的客观条件，在实际的场景中进行输出，才具备经济动机利用数据创造价值。以数字技术为支撑的“新基建”的投入和使用，加快了数据产生的速度，扩大了数据产生的范围，催生了海量数据。因此，数字技术对数据成为生产要素具有重要的支撑作用。

第二，数据要素的经济特征符合其成为关键生产要素的条件。工业革命以来的历次技术革命显示，新的关键生产要素往往成本较低，并且能够大规模获取，进而推动经济社会组织模式的重构和技术—经济范式的转换。从这一角度来看，数据要素具有以下明显区别于传统生产要素的重要经济特征：

一是数据要素具有非竞争性和非排他性（或部分排他性）。类似于公共品，数据的可复制性以及数据的传播、使用不受时空限制的特性使得数据使用的边际成本几乎接近于零。额外增加数据的使用者并不会减少现有使用者的效用，同一组数据可以被多个经济主体使用，因而数据是非竞争性的。同时，数据生成过程中往往涉及多个主体，加之数据信息易于扩散的特点，数据要素通常是非排他的。不过，受益于加密技术的应用，部分用户也可能被排除在数据要素的使用范围之外，因而数据要素也可以是部分排他的。

二是数据要素具有规模经济特征。一方面，数据具有大规模可得性。根据国际数据公司 IDC 发布的《数据时代 2025》白皮书预测，全球每年产生的数据将从 2018 年的 33ZB 增长到 175ZB，相当于每天平均产生 491EB 的数据。另一方面，非竞争生产要素的生产和积累能够推动经济增长，也能够与劳动力结合产生规模报酬递增效应。由于数据要素是非竞争的，数据规模越大、种类越丰富、使用者越多，越能够推动生产效率的提升，推动总产出的增长幅度超过要素投入的增长幅度。不过，随着数据积累规模的增大，效率提升的速度也将不断下降，从长期看，数据要素的回报率可能呈递减趋势。

三是数据要素具有正外部性。数据要素具有典型的网络正外部性，数据要素流转速度越快，重复次数和使用主体越多，其创造的价值也就越大。数据的收集和使用能够进一步推动数据积累，形成正反馈效应和滚雪球式的自我强化。同时，数据要素的溢出效应明显，数据分析处理技术通常表现出“通用目的技术”特征，间接推动其他生产部门的效率提升。数据的积累可以带来强烈的正反馈作用，在正反馈的机制下，以数据挖掘和利用为价值创造方式的平台企业应运而生，成为数字经济最为关键的商业模式。这些平台企业通过数据的积累和挖掘向市场交付更具创新性的产品和服务，并由正反馈机制吸引更多消费者进行更多数据的积累。

6.1.2　数据要素的价值化过程

未经数字技术开发的数据只能是静态的数据资源，既不能充分释放数据的自然价值，也不能实现数据的社会价值。数据从低质量、碎片化的原始形式，到最终成为可流动的数据资本，需要经历复杂的价值化动态过程。数据要素的价值化是指以数据资源化为起点，经历数据资产化、数据资本化阶段，实现数据价值化的经济过程。根据中国信息通信研究院发布的《数据价值化与数据要素市场发展报告（2021年）》提出的数据价值化的“三化”框架，本书将数据要素的价值化过程分为三个阶段，即数据资源化、数据资产化、数据资本化。

1）*数据资源化*

数据资源具有潜在价值，是使用资源、释放数据价值的逻辑起点。数据资源是静态原始的数据，只有通过数据的采集、存储、处理、分析，才能形成动态可用的数据。数据资源化指把低质量、碎片化但体量巨大的原始数据，经历包括数据清理、语义分析融合、数据建模、知识提取再应用、数据分发等关键步骤，挖掘分类变成有序、有使用价值、部分标准化的数据资源。数据资源化过程是激发数据价值的基础。

根据数据主体的不同，可将数据资源分为个人数据、企业数据和社会数据。个人数据是指能够识别自然人身份的数据或由于自然人行为所产生的数据，是属于个人的数据，如个人的姓名、职业、学历、住址、电话、购物的交易记录、上网浏览的页面等数据；企业数据是企业在生产经营管理中产生或合法获取的各类数据，企业数据包括企业主体数据、经用户授权的企业数据；社会数据包含政府及公共机构在开展活动中依法收集的各类数据及衍生数据，如自然资源数据、经济社会数据。

数据资源的潜在价值主要体现在两方面：一是数据传送的技术手段对生产效率的提升；二是数据与劳动、资本等其他生产要素融合形成倍增效应，使数据参与价值创造。

2）数据资产化

数据资产是企业拥有或控制，能带来预期经济利益的数据资源。并非所有的数据资源都是数据资产，只有具有可控性、可量化、可变现的数据资源才能变成数据资产。数据资产化是指数据在具有了商品属性的基础上，可以通过流通交易给使用者或者其所有者，带来经济利益或者其他回报的过程。数据资产化是实现数据价值的核心步骤，其实质是形成数据交易、流通价值的过程。产品是企业资产的一部分，随着数字经济的发展，价值创造和价值实现的界限逐渐模糊，企业的价值创造不仅仅局限于产品的制造环节，而是向产品的研发、营销、营运等环节延伸。企业利用消费者数据，持续优化和升级产品研发、制造、营销、营运环节，实现精准研发、精准制造、精准营销和精准营运，为企业产品生产全过程赋能，从而实现数据价值创造。

3）数据资本化

数据资本化则是在数据资产交易、流通的基础上，进一步利用其资产化过程中展现出来的金融属性，实现拓展数据价值的途径。数据资产向数据资本转变的关键是，在市场上用于交换的数据商品的交换价值是否被充分挖掘和无限放大，形成对数据劳动者劳动成果的无限次重复使用，并生成价值增值的数据资本。这类似于马克思提出的商品到货币的“惊险一跃”，即从数据价值实现向价值增值的跨越。数据资本化就是数据商品在市场上流通和交换实现价值，并在多场景中应用，实现价值增值的过程。

数据资本化主要包括两种方式，数据信贷融资与数据证券化。数据信贷融资是用数据资产作为信用担保获得融通资金的一种方式，如数据质押融资。数据证券化是以数据资产未来所产生的现金流为偿付支持，通过结构化设计进行信用增级，发行可出售流通的权利凭证，获得融资的过程。数据证券化方式较为多样，包括首次公开募股（IPO）、重组并购、数据资产证券化（D－ABS）、数据资产支持票据（D－ABN）等。数据资本化是拓展数据价值的途径，其本质是实现数据要素的社会化配置。

6.2　数据资产

6.2.1　数据资产的内涵与特征

资产是由会计主体（政府、企业、非营利机构等）过去的经济业务或事项形成的，由会计主体控制的，预期能够带来经济利益或产生服务潜力的经济资源。按照这一定义，数据资源具备资产的基本条件，具有资产属性。首先，数据具有多种利益。会计主体能够利用数据达成主体目标，特别是能够给企业带来经济利益。其次，数据可以被控制。虽然目前有关数据资源权利组成（如获取权、所有权、使用权、出让权等）及其归属的相关法律不完善，但主体依然能够通过使用、出让等方式控制数据。再次，数据是由过去的交易或事项形成的。最后，数据成本或价值能够可靠计量。由此可见，虽然不是全部数据，至少有部分数据资源具有资产属性，因此界定数据资产（data asset）是非常有必要的。

从数据特性出发，数据资产可界定为：拥有数据权属（所有权、勘探权、使用权）、有价值、可计量、可读取的网络空间的数据集。这里强调网络空间的数据，没有包括传统图书馆、档案馆、资料室等储存的纸质形式数据。原因是后者已经纳入传统的资产管理范围，不存在权利归属、计量等方面问题。目前所强调的数据，特别是大数据往往是以电子形式存储于网络空间。它们的权利归属和计量与纸质形式存储的数据有本质上的差异。同时，并非所有存储在网络空间的数据集都是数据资产。那些无法确认权属、无法可靠计量、难以读取的数据集都不属于数据资产范围。

按照现有资产分类，数据资产具有有形资产兼无形资产、流动资产兼长期资产等多种特征。数据资产有物理属性、存在属性和信息属性。数据资产的物理属性指数据在存储介质中以二进制形式存在，占据特定的物理空间，是有形的。现实中，数据或存储于U盘，或存储于电脑硬盘，通常所谓的云盘则是依赖于多个服务器组成的系统。数据资产的存在属性指数据可读取，人们可以感知数据的存在。同时只有可以读取的数据才能挖掘其潜在价值。数据资产的信息属性指数据提供了某些信息，信息利用后才表现出其价值，且信息的价值因人而异。物理属性和存在属性使其表现出有形资产的特征，其信息属性则表现出无形资产的特征。数据容易复制、传播使其表现出流动资产特征，而数据可以长期存在且反复使用使其表现出长期资产特征。

6.2.2 数据资产化的条件

数据积累到一定程度后成为数据资源，但数据资源不会自动成为数据资产，把数字资源转化为数据资产的过程称作数据资产化。数据资源具备一定的条件后，再经过一系列处理，才能够成为数据资产。根据数据资产概念，这些条件包括权属明确、有价值、可计量、可读取。

数据权属包括勘探权、所有权、使用权等，经济主体只有拥有了数据资源的权利，才能让数据资源成为其可以控制的资产。也只有明确数据权属才能保护相关主体的合法权益，实现数据权属的合法转移，使用数据所形成的收益分配才能成为现实。由于数据资源的特殊性，目前的知识产权法能够解决部分数据资源的产权归属，对绝大部分并不适用，所以需要完善现有法律体系。就政府部门收集的数据，如经济社会发展各项指标而言，数据所有权较为明确，通常归政府使用，个人或机构可以免费获得使用权。对诸如肖像数据、生物识别数据等个体数据权属则处于探索之中。2018 年 5 月，欧盟出台了《通用数据保护条例》（*General Data Protection Regulation*，*GDPR*）对个人数据权属进行了详细描述。其中包括主体的知情权、访问权、纠正权、限制处置权、被遗忘权、拒绝权等。诸多权利中被遗忘权受到普遍关注，这种权利指数据主体有权要求数据控制者永久删除有关数据主体的个人数据，有权被物联网遗忘，这为合法保护个人隐私提供了保障。

数据价值定性判断相对容易，做出定量评价则较为困难。尤其是数据是否有价值以及价值的大小与数据运营技术和场景有关。运用恰当的方法从数据中提取准确信息，能够帮助经济主体合理决策，获取利益，从而体现出数据的价值。但如果方法不恰当地提取了错误信息，造成经济主体决策错误，就难以体现数据价值。

数据计量主要指对数据数量的计量，但由于数据类型不同、格式不同，特别是对原有实物利用数字技术转化的数据，单纯按照数量计量存在局限。现实中一些数字产品，根据产品特点或习惯进行计量。如歌曲按照首，书籍根据册，影视作品按集/部等进行计量。

数据可读取指主体可利用工具从网络获取数据，并初步了解数据集的总体特征，对进一步的数据加工、挖掘的可行性做出基本判断。通常要在一定计算机软硬件环境下，通过调用特定的数据访问接口读取数据。对于一个信息完备的数据集而言，即有详尽的元数据模式、数据格式、物理结构、逻辑结构等，其数据可读性较强。

除了以上四项必要条件外，从数据资产管理出发，数据资产化还需要满足三项附加条件，即良好的数据质量、合理的货币计价、折旧和增值规则。

6.2.3　数据资产化步骤

数据资产化步骤主要包括数据资源确权、数据价值评估与质量管控、数据装盒入库、数据资产货币计价、数据资产折旧和增值管理。

第一，数据资源确权。借鉴知识产权的确权方法，由政府设立专门部门进行数据确权工作，企业或其他组织只有向该部门申请、登记、注册等，才能获得数据的相关权利，然后才能进入数据市场交易。全国首个地方性数据管理法规，即《广东省公共数据管理办法》于 2021 年 11 月 25 日起施行。按此法规，广东提出了以凭证来承载资产、声明权益、治理数据、保障合规的数据资产凭证解决方案，并率先就公共数据进行探索，具体业务由广东省政务服务数据管理局承担。数据资产凭证动态记载每一份数据资产的来龙去脉，就像是保存数据资产的“数字档案袋”，可以形成不可抵赖的证据，为数据资产市场化治理奠定基础。公共数据资产凭证为每个进入数字世界的主体赋能，通过凭证来证明主体的身份、声明主体的权益、记录主体的行为，使数据资产初步具备进入市场流通的条件，并受到主管部门以及相关制度体系的监管与保护。

第二，数据价值评估与质量管控。价值评估是对数据的价值进行评价，数据价值与数据质量有直接关系。一般而言，数据质量越高，价值越大。要保证数据价值需要根据数据本身特点，建立数据质量标准、数据质量知识库，并开展数据剖析、数据质量评估和监控等工作。中国信息通信研究院《数据资产管理实践白皮书 5.0》将数据价值评估的维度分为数据成本评估、数据价值评估两大类，其中成本评估包括采集成本、存储成本、计算成本、运维成本共四类，价值评估包括活性评估、质量评估、稀缺性评估、时效性评估以及经济性评估五类。同时，国外知名研究机构 Gartner 将数据的价值分为特性价值、市场价值、经济价值、业务价值、绩效价值、成本价值共六个维度。

第三，数据装盒入库。数据装盒入库指对经过价值评估的数据进行规范化处理后，按照特定规则灌装到数据盒中，建立数据资产管理目录，对其进行入库管理。数据盒是带有自主程序单元和内在计算能力的数据组织存储模型。数据装盒涉及数据源管理、数据盒构建与环境配置、数据灌装、展示交互等模块。具体步骤包括：（1）准备阶段。选定待装盒的数据，确定数据字段和数据记录，给出数据使用约束。（2）数据盒构建和环境配置。配置数据所需要的软硬件环境，将相关信息封装到盒中，生成数据盒，分配数据盒标识。（3）数据灌装。将原始数据实行必要的格式转化，根据设置的约束条件灌入数据，封装数据访问控制和数据防泄露机制。（4）数据盒交付。将封装好的数据盒交付给管理者或使用者，并展示数据读取方式，便于入库后的数据盒检索、获取、盘点、使用、处置等工作。

第四，数据资产货币计价。货币计价是为了满足数据资产的使用、出让等目的，对数据资产价值按照货币进行计价。这是数据价值评估的延续，但二者的评估对象和目的不同。价值评估的对象是数据资源，重点是评估数据是否有用、是否可用、是否够用、是否好用，与数据质量管控密切结合，目的是为数据装盒做好准备。而货币计价的对象是已经封装的数据盒，目的是为数据资产使用过程中的折旧计提以及对外出让提供基础。

第五，数据资产折旧和增值管理。折旧和增值指在数据资产使用中，根据客观条件的变化，对数据资产进行再次货币评估所造成的货币估值的变化。折旧是新的货币评估值低于原评估值，增值则是高于原评估值。与有形的固定资产不同，数据本身不存在磨损问题。但数据总是产生于特定时间和场景，它反映了当时的客观世界。随着时间推移，数据准确性下降，特别是用于证明经济主体状况的数据，只能反映数据发布时期状况，因此发布时间越长，经济主体状况变化越大，数据时效性必然越低。同时，数据资产管理必然付出成本，包括存储成本、目录维护成本、数据备份成本等。数据时效下降、管理成本都是数据资产折旧的表现。与此相反，随着时间推移数据完整性提升，数据挖掘新方法的出现给原数据带来新用途，存储技术的发展使存储成本下降，则是数据资产增值的重要表现。

6.2.4 数据资产管理的职能与主要步骤

1）数据资产管理的职能

数据资产管理（data asset management，DAM）是规划、控制和提供数据及信息资产的一组业务职能。中国通讯研究院2021年发布的研究报告《数据资产管理白皮书5.0》将其职能概括为10项，即数据模型管理、数据标准管理、数据质量管理、主数据管理、元数据管理、数据安全管理、数据开发管理、数据资产流通、数据价值评估和数据资产运营流通。

数据模型管理是指在信息系统设计时，参考逻辑模型，使用标准化用语、单词等数据要素设计数据模型，并在信息系统建设和运行维护过程中，严格按照数据模型管理制度，审核管理现存和新建的数据模型。

数据标准管理的目标是通过制定和发布由数据利益相关方确认的数据标准，结合制度约束、过程管控、技术工具等手段，推动数据的标准化，进一步提升数据质量。

数据质量管理是指运用相关技术、以提高和确保数据质量为目标的规划、实施与控制等一系列活动。衡量数据质量的指标体系包括完整性、规范性、一致性、准确性、唯一性、及时性等。

主数据（master data）是指用来描述企业核心业务实体的数据，是跨越各个业务部门和系统的、高价值的基础数据。主数据管理（master data management）是一系列规则、应用和技术，用以协调和管理与企业的核心业务实体相关的系统记录数据。

元数据管理（meta data management）是数据资产管理的重要基础，是为获得高质量的、整合的元数据而进行的规划、实施与控制行为。

数据安全管理是指在组织数据安全战略的指导下，为确保数据处于有效保护和合法利用的状态，多个部门协作实施的一系列活动集合。包括建立组织数据安全治理团队、制定数据安全相关制度规范、构建数据安全技术体系、建设数据安全人才梯队等。

数据开发管理是指通过建立开发管理规范与管理机制，面向数据、程序、任务等处理对象，对开发过程和质量进行监控与管控，使数据资产管理的开发逻辑清晰化、开发过程标准化，增强开发任务的复用性，提升开发的效率。

数据资产流通是指通过数据共享、数据开放或数据交易等流通模式，推动数据资产在组织内外部的价值实现。

数据价值评估是指通过构建价值评估体系，计量数据的经济效益、业务效益、投入成本等活动。数据价值评估是数据资产管理的关键环节，是数据资产化的价值基线。

数据资产运营是指通过对数据服务、数据流通情况进行持续跟踪和分析，以数据价值管理为参考，从数据使用者的视角出发，全面评价数据应用效果，建立科学的正向反馈和闭环管理机制，促进数据资产的迭代和完善，不断适应和满足数据资产的应用和创新需求。

2）数据资产管理的主要步骤

数据资产管理的主要步骤包括：第一，盘点数据资产，评估数据资产管理能力。利用技术工具从业务系统或大数据平台抽取数据、采集元数据、识别数据关系、可视化包含元数据和数据字典的数据模型，并从业务流程和数据应用的视角出发，完善包含业务属性和管理属性的数据资产信息，形成数据资产地图。此外，从制度、企业、活动、价值、技术等维度对企业的数据资产管理开展全面评估，将评估结果作为评估基线，有助于企业了解管理现状与问题，进一步指导数据战略规划的制定。

第二，制定并发布数据战略。根据数据资产管理现状评估结果与差距分析，召集数据资产管理相关利益者，明确数据战略规划及执行计划。同时，为适应业务的快速变化，采用相对敏捷的方式开展数据资产管理工作，定期调整数据战略短期规划与执行计划。

第三，建立企业责任体系，制定并发布数据资产管理制度规范。从数据战略规划出发，构建合理的、稳定的数据资产管理企业架构，以及具备一定灵活性的数据资产管理项目组，确定数据资产管理认责体系，并制定符合战略目标与当前实际情况的数据资产管理制度规范。

第四，制定企业级数据资产标准规范体系，建立各活动职能的实施细则与操作规范。结合数据资产管理相关管理办法，形成各活动职能的实施细则、操作规范，为数据资产管理的有效执行奠定良好基础。

第五，汇聚数据资源。根据数据规模、数据源复杂性、数据时效性等，评估平台预期成本，自建或采购大数据平台，为数据资产管理提供底层技术支持；设计数据采集和存储方案，根据第一步的数据资产标准规范体系，制定数据转换规则，确定数据集成任务调度策略，支持从业务系统或管理系统抽取数据至大数据平台，实现数据资源的汇聚；结合云原生、AI 等技术提升资源利用率，降低数据资产管理的资源投入和运维成本。

第六，构建统一的数据资产管理平台，使各活动职能相关工具保持联动，覆盖数据的采集、流转、加工、使用等环节；由数据资产管理团队开展数据资源化活动，对于每一项活动，在数据需求中明确和记录数据使用方的规范与期望，在数据设计中支持规则的落地与应用，在数据运维过程中根据数据生产方业务和数据的变化，响应数据使用方规则与期望的调整，并及时发现和整改问题数据。

第七，加强数据应用和服务的创新，围绕降低数据使用难度、扩大数据覆盖范围、增加数据供给能力等方面开展。通过数据可视化、搜索式分析、数据产品化、产品服务化等角度降低数据使用难度；通过自助式数据分析等手段，使更多一线业务人员直接参与数据分析过程；通过数据消费者、数据生产者之间灵活的角色转变，增加数据的供给能力。

第八，稽核检查。这是保障数据资产管理实施阶段涉及各管理职能有效落地的重要一环。这个阶段包括检查数据标准执行情况、稽核数据质量、监管数据生命周期等具体任务。努力实现数据标准执行情况检查、数据质量稽核、灵活配置数据存储测量的常态化。

第九，从业务侧出发，覆盖各业务条线和数据场景的数据资产规模、数据资产质量等，从内在价值、经济价值、成本价值、市场价值等方面构建数据资产价值评估体系。此外，建立数据资产数字化运营大屏，直观展示数据资产生态图谱，显性化数据资产应用效果。

6.3 数据要素市场化配置

6.3.1 数据要素市场化配置的必要性

数据要素市场化配置就是要充分发挥市场在资源配置中的决定性作用，推动同一利益主体内部以计划为主导的数据流通向不同利益主体间以市场为主导的配置方式转型，是数据要素配置效率趋向最优的重要实现形式。从经济发展、政府治理、民生保障三个层面出发，数据要素市场化配置的必要性可概括为以下三个方面：

第一，数据要素市场化是实现经济高质量发展的重要抓手。一方面，数据要素市场化能够促进数据要素与其他生产要素不断融合，形成新的要素组合和要素结构，释放数据红利。如数据收集、存储、处理、分析等一系列劳动与数据要素相结合形成知识，将知识应用于企业管理和决策，能够优化企业生产决策流程，提升组织学习能力，驱动企业管理方式创新。另一方面，数据要素市场化改变了经济活动中原有的要素投入结构和要素资源配置效率，重塑产业间各生产要素互动规则和方式，推动传统产业转型升级。以农业为例，数据要素赋能农业现代化表现为：在农业生产方面，通过智慧决策、智慧监管、智能管理实现农业生产的精准化、绿色化和规范化，进而推动农业生产方式的现代化；在农业产业结构方面，通过数据要素嵌入来创新农业经营结构及商业应用模式、升级农业内部结构、实现三产融合，进而促进农业产业结构转型升级。

第二，数据要素市场化是推动政府治理体系与治理能力现代化的核心动力。数据要素市场化有助于推动政府治理现代化，有利于加快政府管理和社会治理模式创新，推进政府简政放权改革，为实现政府决策科学化、社会治理精准化、基本公共服务供给高效化提供支持。通过整合与筛选数据资源，打破信息孤岛，搭建精准、及时、高效的数字化办公模式和市场服务流程，推动市场治理逐步实现现代化、高效化发展。

第三，数据要素市场化是满足人民美好生活需要的重要保障。以数据分析探索民生需求，有助于快速了解并掌握基本公共服务领域的民生短板和各不同地区民生保障的薄弱环节，精准识别人民对不同类型基本公共服务的不同需求，对非基本公共服务以及生活服务的多元化需求。整合与利用教育、文化、医疗卫生等多个公共服务领域的数据，深度开发有针对性的多种便民应用，可促进公共服务水平和质量的提升，促进基本公共服务供需精准对接，提高人民的生活品质。近年来发展起来的智慧教育平台，如“5G + 乡村教育”实验室、名校网络课堂等全方位系统性推动优质教育资源共享，有效缩小了区域、城乡、校际之间的教育质量差距。此外，通过对地理数据、农林业数据、水资源数据等进行环境分析，有助于因地制宜、分类施策，改善生态环境，有效预测自然灾害。

6.3.2 数据要素市场化配置面临的难题

目前，我国数据要素市场化配置在数据产权界定、数据交易定价、数据要素流通等方面仍面临很多难题。

1）数据要素的产权界定尚不清晰

数据产权的清晰界定是数据要素市场化配置实现的基础。数据所有权是数据产权束的核心，数据的归属如果无法界定清楚，就无法进一步明确数据使用权、收益权的主体和边界。然而，数据的非竞争性和低成本复制性特征使得大部分数据搜集者无法确认数据的真实源头，导致数据溯源和确权的执行成本较高。数据确权的焦点在于厘清企业与个人对于数据的权利义务关系。用户在互联网平台社交、购物产生了大量的数据，那么究竟应该把这些数据的产权划分给产生数据的用户还是数据收集的平台，学界还存在较大的分歧。有的观点倾向于把数据要素的产权划归原始数据信息的提供者，并加强对数据隐私的保护；有的观点倾向于把数据要素的产权划归数据要素生产者，从而最大限度地发挥数据要素的使用效率。但目前我国并没有任何法律对数据具体产权权能进行明确界定，也无法有效确认数据劳动者和投资者获得数据产权途径和方式的正当性。如，政府数据开放边界模糊，并未明确规定什么数据可以开放，也未具体列出不可开放的政府数据类型。

2）数据产权交易还面临诸多困境

健全数据交易机制是推进数据要素市场化配置的先决保障。数据交易可以充分发挥市场的资源配置作用、激活数据价值，是数据资源转换为数据要素的重要一环。然而，我国现阶段数据产权交易还面临以下困境：

一是由于缺乏数据确权的方案及可行技术手段，交易主体无法清晰界定。大数据交易产业发展至今，出现了数据需求方、数据供给方、数据中介等行业公认的数据主体，但尚未对数据服务方、数据经纪人、数据技术人等特定交易主体的权利范围和责任进行界定和规范，从而限制了数据交易的顺利开展。

二是数据交易过程中存在“数据安全”与“数据流通”的悖论。随着数据价值的愈加凸显，数据共享和开放范围不断扩大，数据安全风险与日俱增，数据泄露、数据贩卖等数据安全事件频发。囿于技术能力的客观局限性，交易所陷入“数据安全”和“数据流通”难以两全的困境。为保护数据安全，交易所只能交易数据分析结果而非原始数据本身，这极大限制了数据交易对象范围；为筛选客户以达到数据保护的目的，交易所设立了严格的会员准入制度，导致交易门槛较高、交易规模相对有限。这催生了场外数据交易以及游离于市场监管之外的黑市交易，尤其是涉及居民个人隐私的非法交易，引发了大数据杀熟、大数据电信诈骗等一系列危害国家和人民安全的重大社会问题。

三是数据交易市场尚未形成规范有序的数据定价规则，导致数据要素贡献难以评价和确定。（1）价格影响指标尚不统一，不同的交易所对同一数据产品的定价因价格影响指标的不同而不同，阻碍了统一市场的形成；（2）已有定价方法多以历史价格为参照，历史成交价指标虽具有重要的参考价值，但由于数字时代市场供需变化的快速性，叠加数据产品的复杂性和数据交易市场的不成熟性，科学的价格形成机制尚未形成；（3）当前我国尚未建立起全国统一、成熟的数据要素市场。在现实的数据市场环境中，信息不对称与不完全竞争市场普遍存在，导致市场难以对数据要素的实际贡献做出科学的评价，形成统一的数据定价规则和标准。

3）数据流通不畅，数据壁垒横现

数据壁垒根据层次可以分为三个方面：部门壁垒、行业壁垒以及区域壁垒。首先，就政府部门而言，我国许多政务数据并不对企业与个人开放，导致大数据的价值没有得到充分利用，“数据孤岛”现象由此产生。其次，就行业来看，数据作为一种特殊的资产，具有收集成本高和一定的排他性的特点，这就造成了大型的互联网企业为了保持自己的竞争优势，不愿实现数据的开放共享。例如，阿里系和腾讯系都各自建立了严格的行业壁垒，造成“数据垄断”的现象，不利于统一的数据要素市场的构建。最后，由于地方保护主义等因素的影响，导致不同区域间的交易规则、交易标准并不相同。北京、上海、贵州等地的数据要素交易市场有着不同的交易方式，导致一个企业的数据无法直接在不同的区域进行交易，还需要进行数据格式转换等步骤，这在无形中增加了企业的交易成本，阻碍了数据要素的跨区域流动。

6.3.3 数据要素市场化配置的实现路径

1）建立以数据产权为核心的数据确权体系

数据确权使得数据资产具备可控性，有利于加快数据要素的流通速度。通过确定数据产权，稳定数据持有者对未来数据使用权及收益权的预期，减少出现数字纠纷的风险，提高企业参与数据要素市场的积极性。数据确权是为了实现不同利益主体激励相容，即平衡数据价值链中各参与者的权益。数据确权需要解决的是附着于数据的权益归属而非单纯的所有权归属，核心是确定哪些利益应该受到保护。

第一，界定数据要素的产权可从数据要素的生产维度进行考察，涉及数据要素生产者（数据处理企业）和原始数据信息提供者两类主体。一方面，把数据要素的产权划归数据处理企业，可以有效激励数据处理企业利用新一代数字技术以低成本为各行业供应数据要素，从而高效率生产出可供各行业使用的数据要素，加快数字经济发展。另一方面，对提供原始数据信息的市场主体做出合理的利益补偿，并适当保护原始数据信息生成者的隐私，是数字经济健康发展的必要条件。

第二，可根据数据主体的不同，将数据产权赋予个人、企业和政府。数据所有权可分为政府数据权、企业数据权和个人数据权。由于个人数据有明显的敏感性和隐私性特征，为避免数据交易成本的增加，可将基础数据产权赋予个人。同时个人作为数据的主体也可将私有数据的部分权利让渡给企业或社会，当企业通过这些数据获得利益时，个人也应该部分享有数据收益权。企业对主体数据享有基础数据产权，对来源于用户的数据享有部分权利，即通过整理、储存、分析数据所挖掘数据的更多价值，以及脱敏脱密后对数据的进一步开发利用。政府和公共机构对数据享有公有产权，有责任向社会提供公共产品、创造公共价值，在不涉及个人隐私和国家安全的情况下，应向社会公开共享社会数据。

第三，利用区块链等相关技术，将各参与主体在数据采集、存储、交易等节点上的数据行为进行记录与追溯，确保各参与方的权利和责任。区块链的技术特征是通过分布在全球的各个节点，按照统一的共识机制存储数据，保证数据的安全可信，相较于熟人信任、第三方信任和制度信任节省了大量交易成本和监督成本。同时，区块链公开透明，无法篡改和取消链上记录，因此与数据流通场景具有天然的契合度。区块链的去中心化、非对称加密机制、智能合约、不可篡改等技术特征，为数据产权的确定、保护和流通提供了安全有效的操作手段。

2）探索建立透明的数据定价机制

不同于实物商品和金融产品，数据要素具有外部性、异质性、价值溢出、交易场景多元等特征，分析数据产品定价时需要充分考虑这些特征，进而对传统价格理论进行创新。具体而言，数据要素定价机制需要考虑三个因素：一是数据的价值具有高度情景相关性，定价必须基于场景，但传统的价格理论没有考虑场景因素，难以解释数据要素定价。二是数据要素市场存在单边市场交易双方博弈，也存在多边市场的“柠檬市场”，这会影响定价策略。三是数据要素交易既可以是数据使用权，也可以是数据所有权，需要针对不同的交易权利设计不同的交易合同。基于以上分析，可从以下几个方面探索建立透明的数据定价机制：

第一，完善数据要素定价的基础理论，探索构建不同交易场景多因素数据定价机制，鼓励企业之间交易数据，对于供需量大且次数频繁的交易，允许更大程度地依据市场供求平衡确定价格。

第二，探索建立从数据、算法定价到收益分配的涵盖数据交易全生命周期的价格体系，让每个参与方都能按贡献比例按劳分配得到相应收益。

第三，根据交易数据的特征建立完善的数据要素估值体系，当出现供求双方数据垄断时，以数据估值体系保障数据交易竞争的效率。

第四，创新数据要素价格市场化形成机制。首先，数据供给方可以通过二元定价的方式，将数据产品分割为体验型和完整型。需求方可以通过较低的价格购买体验型数据，通过阅读、检索、简单建模的方式掌握目标数据的部分信息。在此基础上，双方可以根据完整型的数据产品进一步磋商。其次，针对数据创造价值的不确定性，可以通过共享价格体系设计，采取事后收益共享的措施。总之，根据数据的独特特征，需要采取动态性、创新性的市场价格形成机制，提供客观的报酬分割标准。

3）完善数据要素市场规制，为加快构建全国统一的数据要素大市场提供制度保障

第一，加强数据要素市场监管机制。有序推进政府监管改革，加强事中、事后的监管，形成线上、线下相结合的监管体制，构建个人、企业、政府协调促进的新型市场监管体系。一方面，发挥好政府对数据要素市场的监管和激励作用。针对数据要素市场上出现的数据造假、隐私泄露等问题，行政部门要采取必要的

治理手段，严厉打击此类犯罪行为。对于大型互联网企业造成的数据资源垄断的现象，政府部门要依据反垄断法规制，解除抑制市场活力的不正当竞争行为，确保数据要素资源得到合理配置。另一方面，也要防止政府权力的滥用、误用，厘清政府对于数据要素市场的监管边界，减少由于不当干预带来的企业创新创业活力下降、行政性垄断等问题。

第二，规范各类数据进入市场的机制。为最大限度地激励各类数据要素进入市场，打破“数据孤岛”和“数据垄断”，应对各类数据要素进入市场进行规制。数据要素的异质性极强，从主体角度看，分为政府数据、企业数据、个人数据等，从行业范畴看，涉及医疗、交通、金融、教育、科技等领域，从开发应用的角度看，有原始数据、衍生数据、多方交互数据等。数据要素涉及的权利主体广泛，为促进各类数据要素有序进入市场，需要着力推动数据分类分级，根据不同数据的属性和开放特点，规范数据要素进入市场的机制。

第三，以制度创新为引领，完善法律规范，引导合法合规交易。加快修订完善以《反垄断法》《反不正当竞争法》《电子商务法》《消费者权益保护法》等为核心的市场竞争监管法律规则体系；重点推进《反垄断法》《数据安全法》等涉数据反垄断和监管治理法律法规完善工作，将数据、算法等相关的市场界定、垄断行为判定标准及监管举措纳入法律框架之下；在《数据安全法》《个人信息保护法》等相关法律法规的指引下，继续完善数据确权定价、安全保护等法律规范，建立全国统一的确权框架和风险防控体系，促进数据要素在不同主体间的有效流通。

阅读材料 1

广东公共数据资产凭证

2021 年 6 月，广东省签发了两个全国首张公共数据资产凭证。一是全国首张空白公共数据资产凭证，二是全国首张公共数据资产凭证。空白公共数据资产凭证既是可验证数字凭证的信任源点，又是数据资产全生命治理周期的“准生证”。这表明，公共数据资产凭证必须在取得数据主体的授权，且申领到由数据事权部门制发的空白公共数据资产凭证的基础上，由数据提供方制发；公共数据资产凭证发出时，必须同步完成监管部门存证。

2021 年 10 月，佛山市和禧金属制品有限公司的用电数据获颁全国首张公共数据资产凭证。凭借这张公共数据资产凭证，和禧金属制品有限公司在“粤商通”平台向银行申请“电费贷”获得 300 万元贷款。“粤商通”是广东省政务服务数据管理局建立的公共数据平台。企业可以将一定时期的用电数据作为申请

“电费贷”的条件，银行根据用电数据对申请信贷企业进行画像、信用额度审核、贷款利率核定以及贷后风控监管。这为缓解中小企业融资难提供了一条新路径。

资料来源：根据《广东试点公共数据资产凭证化改革》改编，原文载于《人民日报》2022年3月31日第11版。

阅读材料2

人民日报：警惕大数据“杀熟”

大数据“杀熟”，是指经营者运用大数据收集消费者的信息，分析其消费偏好、消费习惯、收入水平等信息，将同一商品或服务以不同的价格卖给不同的消费者从而获取更多利润的行为。“杀熟”的形式多样，主要有三种表现：一是根据用户使用的设备不同而差别定价，比如针对苹果用户与安卓用户制定的价格不同；二是根据用户消费时所处的场所不同而差别定价，比如对距离商场远的用户制定的价格更高；三是根据用户消费频率的不同而差别定价，一般来说，消费频率越高的用户对价格承受能力也越强。

目前，我国消费者权益保护法还未明确将大数据“杀熟”行为纳入规制范围。在大数据“杀熟”中，消费者难以知悉商品或服务的真实价格，看到的只能是经营者通过对其个人信息的分析后专门为其划定的、令其支付金额最多的价格，这严重侵犯了消费者的知情权。

资料来源：摘编自6月11日《人民法院报》，原题为《大数据“杀熟”的法律应对》。

本章小结

要将数据列入生产要素，首先必须打通理论逻辑。既要把握数据成为生产要素的内因和外因，也要认识数据主要的经济特征，包括其与传统生产要素之间的区别和联系，从而为数据成为生产要素提供科学的理论依据。

一方面，数据演化为关键生产要素符合马克思对生产力内涵的阐述，是有限生产力与人类日益增长的需求之间的内部矛盾导致的必然结果。另一方面，数据演化为关键生产要素以数字技术进步作为外部条件。

数据要素的经济特征符合其成为关键生产要素的条件。数据要素具有非竞争性和非排他性（或部分排他性）、规模经济特征和正外部性。

数据要素的价值化过程分为三个阶段，即数据资源化、数据资产化、数据资本化。

数据资产化的条件包括权属明确、有价值、可计量、可读取。

数据资产化步骤主要包括数据资源确权、价值评估与质量管控、数据装盒入库、货币计价、折旧和增值管理。

数据要素市场化是实现经济高质量发展的重要抓手、是推动政府治理体系与治理能力现代化的核心动力、是满足人民美好生活需要的重要保障。

数据要素市场化配置的实现路径包括建立以数据产权为核心的数据确权体系、探索建立透明的数据定价机制以及完善数据要素市场规制。

复习思考题

1. 数据演变为生产要素的理论依据是什么?
2. 数据要素具有哪些重要的经济特征?
3. 数据要素的价值化过程包括哪些阶段?
4. 数据资产的内涵和特征是什么?
5. 数据资产化的条件有哪些?
6. 数据资产化步骤包括哪些?
7. 数据要素市场化配置的必要性包括哪些方面?
8. 我国现阶段数据要素市场化配置面临哪些难题?
9. 数据要素市场化配置的实现路径包括哪些?

参考文献

[1] 蔡继明，刘媛，高宏，陈臣．数据要素参与价值创造的途径——基于广义价值论的一般均衡分析 [J]. 管理世界，2022 (7): 108-121.

[2] 龚强，班铭媛，刘冲．数据交易之悖论与突破：不完全契约视角 [J]. 经济研究，2022 (7): 172-188.

[3] 李海舰，赵丽．数据成为生产要素：特征、机制与价值形态演进 [J]. 上海经济研究，2021 (8): 48-59.

[4] 欧阳日辉，龚伟．基于价值和市场评价贡献的数据要素定价机制 [J]. 改革，2022 (3): 39-54.

[5] 戚聿东，刘欢欢．数字经济下数据的生产要素属性及其市场化配置机制研究 [J]. 经济纵横，2020 (11): 63-76.

[6] 戚聿东，肖旭．数字经济概论 [M]. 北京：中国人民大学出版社，2022.

[7] 宋冬林，孙尚斌，范欣．数据成为现代生产要素的政治经济学分析 [J]. 经济学家，2021 (7): 35-44.

［8］杨俊，李小明，黄守军．大数据、技术进步与经济增长——大数据作为生产要素的一个内生增长理论［J］．经济研究，2022（4）：103－119.

［9］俞林，赵俊红，霍伟东．推进数据要素市场化配置 促进经济高质量发展［J］．宏观经济管理，2021（10）：48－54.

［10］郑世林，王祥树．加快构建全国统一数据要素大市场［J］．产业经济评论，2022（5）：21－23.

［11］中国信息通讯研究院．数据价值化与数据要素市场发展报告（2021年）［R］. 2021.

［12］中国信息通讯研究院．数据资产管理实践白皮书［M］. 2021.

第7章　数字经济新业态

【学习目标】

学完本章，你应该做到：

1. 理解数字经济新业态的内涵
2. 了解三种数字经济新业态的特征
3. 了解数字经济新业态的意义与必要性
4. 了解数字经济新业态的发展趋势

【知识框架】

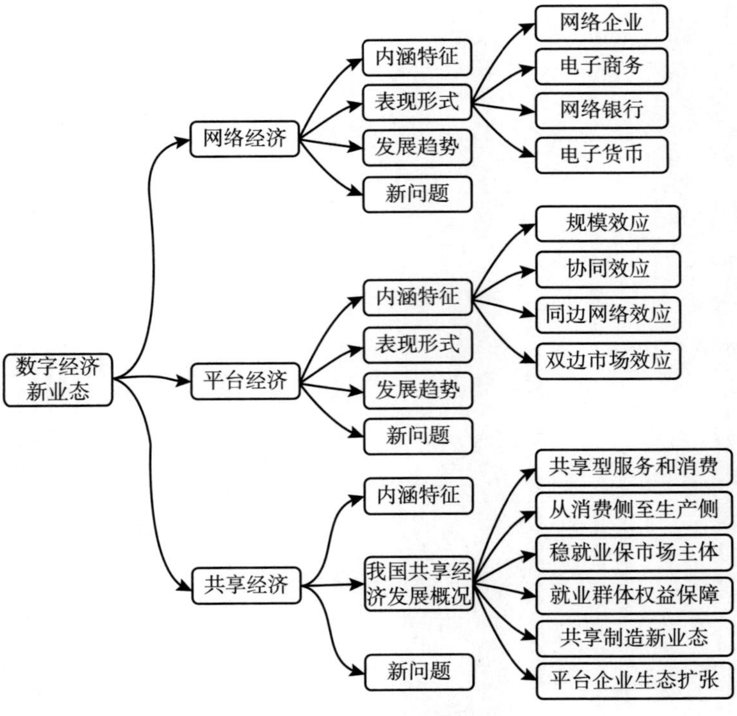

图7-1　本章知识框架

【引例】

数字经济新业态"风口"逆势而来

世界正进入数字经济快速发展的时期，5G、人工智能、智慧城市等新技术、新业态、新平台蓬勃兴起，深刻影响全球科技创新、产业结构调整、经济社会发展。随着数字经济发展，以平台经济为代表的新业态加速发展，与实体经济深度融合，催生了一批新的灵活就业形态，提供了包括快递、货运、网约车、外卖配送、网络直播、电子商务等数以万计种类丰富的就业岗位。

新冠肺炎疫情发生后，"云端"生活方式飘然而至。我国数字经济展现出强大活力和韧性，在助力疫情防控、保障人民生活、对冲行业压力、带动经济复苏、支持稳定就业等方面发挥了不可替代的作用。在线教育、远程医疗、线上办公等需求激增，数字经济逆势发展，迎来新的发展"风口"。2020 年 7 月，国家发展改革委等 13 个部门公布的《关于支持新业态新模式健康发展激活消费市场带动扩大就业的意见》提出支持 15 种新业态新模式发展，包括在线教育、互联网医疗、线上办公、数字化治理、产业平台化发展、传统企业数字化转型、"虚拟"产业园和产业集群、"无人经济"、培育新个体经济支持自主就业、发展微经济鼓励"副业创新"、探索多点执业、共享生活、共享生产、生产资料共享及数据要素流通等。

中国互联网协会估计，2019 年我国社交电商从业人员规模超过 4 800 万人，市场规模超过 2 万亿元。以快手为例，历经 11 年发展，快手从单纯的内容社区进化成为连接各行各业的数字经济平台。养殖户、种植户、房产销售、汽车销售、酒店餐饮、家居装修、就业培训，只要能够看得见的行业、看得见的经营者几乎都可以迁移到短视频平台上，开辟新经营场景。随着数字经济与传统业态的融合成为催生新职业的重要驱动力，平台就业在整个就业形态当中异军突起。平台中的房产主播、农技达人等一大批专业领域带头人，也成为新型就业的典范。据快手科技有限公司副总裁岳富涛介绍，"短视频或者直播平台作为一种底层生态，具有助力各行各业的能力和潜力。推动数字经济和实体经济进一步融合和长期发展，既可以提升商业效率，也可以提升社会价值"。此外，短视频、直播等新媒体平台也成为单位招聘、普通人求职的新途径。通过微信公众号、抖音、快手号发布招聘信息，人社干部化身"网络主播"进行"直播带岗"，解读就业帮扶政策……在政府部门的引导下，直播招聘开展如火如荼。"直播带岗"不仅为企业和求职者带来更多机会与便利、创新就业方式、拓宽就业渠道，还加速推动求职招聘行业的数字化发展。例如，快手携手退役军人事务部宣传中心举办春招行动"2022 军创英雄会"，通过"直播带岗"推荐优秀的军创企业，已成功举办浙江、河南、广东、安徽、海南、山东、广西等十场直播。

2022 年，中国人民大学劳动人事学院课题组发布的《短视频平台促进就业与创造社会价值研究报告》显示，过去 3 年，每年有超过 2 000 万人在快手获得收入，其中 60% 来自偏远地区。据中国信通院发布的《中国数字经济就业发展研究报告：新形态、新模式、新趋势（2021 年）》预计，到 2025 年，数字经济带动就业人数将达到 3.79 亿。实践证明，数字经济平台的快速发展，催生出大量灵活就业人员和多种新就业形态，为稳就业、保民生开拓出更大的发展空间。

数字技术突飞猛进的发展，使得人类社会逐渐从传统农业经济、工业经济过渡到数字经济，人类经济活动也从物理空间转移到虚拟网络。随着传统行业数字化进程的加快，经济活动又从线上向线下实体空间扩展，数字产业与传统产业的日渐融合，使得整个经济发展空间不断得以提升，技术革新不断改造或颠覆传统的商业模式，催生出新的商业模式。例如，以淘宝、京东为代表的平台商业模式，以美团、饿了么为代表的 O2O 模式，以滴滴为代表的共享经济模式。

7.1 网络经济

7.1.1 网络经济的内涵及特征

1）网络经济的内涵

网络经济是知识经济的核心，是在计算机网络技术基础上发展起来的，以多媒体信息为主要特征的一种新经济形态。狭义上，网络经济是指与互联网有关的经济活动和领域，基于数字化、信息与通信网络方面的技术基础设施，依赖数字化的网络技术来开发、生产和供给信息与服务，其主导产业包括网络信息技术产业和网络信息服务产业。广义上，网络经济是指由计算机技术、网络技术和通信技术的发展与融合所驱动，由网络化企业、电子商务、网络银行和电子货币的广泛出现为基础，以竞争策略、业务处理形式、组织结构乃至经济结构等方面的变化所响应而形成的网络化经济活动与领域。网络经济既不是单纯的信息经济，也不是单纯的服务经济，而是二者的有机结合；不仅是网络产业经济和网络技术在各个经济领域中的应用，还是一种全新的生产方式和经济运行方式，将对以工业经济为主的国民经济全局带来根本性的改变；不仅包括网络技术的产业化，也包括整个社会经济活动的网络化，是网络产业化和经济网络化的总和，是从经济角度对未来社会经济创新与发展状况的一种整体性描述。

以上两种含义代表了网络经济发展的两个阶段。狭义的网络经济表征的是目前以及今后几年内，以网络企业、电子商务、网络银行、电子货币等为主要表现形式的网络经济发展状况，显示了以计算机、因特网和通信技术的发展与融合而形成的新的产业革命的开端；广义的网络经济则表征了未来全球经济结构乃至社会结构在信息高速公路的基础上完成技术、制度与运行机制等方面整体性转型的状况，显示了一个可以与农业社会、工业社会相并列的信息社会。

2）网络经济的四大特征

网络经济独有的特征使其与传统经济的运行规律相比，具有较大差异。

第一，空间开放性。网络经济的生产要素和产品是无形的，网络经济创造了一个平行于现实世界的网络空间，生产要素和产品以二进制数字的形式存储于这个空间。在法律规范的范围内，这个空间对所有的生产者和消费者完全开放，位于不同地理位置的企业和个人可以通过开放的互联网平台生产数字信息产品，并向整个网络空间供应。该特性使经济活动突破了物理空间的限制，极大地便利了经济行为。特别是跨国计算机网络和信息高速公路的建立，使得各大公司和企业集团纷纷开展跨地区跨产业的多角化经营，拓展经营范围。

第二，报酬递增性。传统经济理论强调因土地、劳动、资本等生产要素存在边际收益递减而使经济具有边际报酬递减的规律。而以信息为生产要素的网络经济却恰恰相反，它突破了物理空间的限制，同时以可累积使用的信息为生产要素，表现出明显的边际报酬递增性，主要体现在：网络经济边际成本递减和累积增值，即接入网络中的节点越多，单位成本越低，同时存量收益增加。网络经济遵循的边际成本递减和边际效益递增法则，是网络经济低成本和高收益社会化的反映。

第三，产业渗透性。网络经济活动不能完全脱离物理空间，线上经济也不能完全替代线下经济，但实体产业借助互联网实现信息化生产能极大地提高生产效率和经济效益。经济全球化发展使得国家、产业以及企业的相互竞争对各实体产业提出了更高要求，网络经济的出现很好地契合这种现代竞争要求，表现出很强的产业渗透性。网络经济突破了企业的界限，在全球范围内对企业内部和外部资源进行动态配置、优化组合，提高了经济运行效率。

第四，自我膨胀性。网络经济存在几个规律：摩尔定律，即集成电路上可容纳的晶体管数量每18～24个月翻一番，同时成本和体积同比例缩小；梅特卡夫法则，即网络经济的价值等于节点数的平方；吉尔德定律，即每比特数据传输的价格朝着免费方向下跌，价格走势以渐进曲线的趋势向零收敛。在这些规律与空间开放性、边际报酬递增性、产业渗透性等特征的共同作用下，网络经济必然会在一定的时间内出现爆发性增长，呈现出非常强的自我膨胀特征。这一特征已经被众多互联网公司验证，并深刻影响世界经济。

7.1.2 网络经济的表现形式

第一，网络企业。网络经济的发展不仅打破了原有的经济格局，也催生了一批新兴的网络企业，如谷歌、脸书、新浪等。这些新兴的网络企业虽不具备悠久的历史，但却以自身超前的科技资本、创新意识、市场理念和运作方式，及时把握住互联网开辟的无限商机，引导和支撑了网络经济的崛起。网络企业依据其为消费者所提供的特殊消费者价值，即网络化产品与服务，可以分为两种类型：网络上网服务公司和网络线路服务公司。其中，网络上网服务公司主要是利用现有的网络为客户提供进入互联网以及有关新闻、娱乐、电脑游戏等综合信息服务；网络线路服务公司则着重于在全球范围内占领更多的网络线路以便为客户提供更快的上网服务。除此以外，全球众多企业、电脑厂商、娱乐公司和新闻机构等也借助网络技术，寻求新的市场和利润，企业网络化的浪潮正方兴未艾。

第二，电子商务。电子商务作为企业间或企业与个人之间进行商业交易的一种新型电子商贸手段，是网络经济的又一种主要表现形式。从技术角度来看，电子商务包含这样几个主要层面：管理信息系统（MIS）、信用卡服务系统（POS）、电子数据交换（EDI）、电子订货系统（EOS）、商业增值网（VAN）等。电子商务的出现，极大地改变了现行商业系统的运作规则和组织结构。在运作方式上，电子商务使交易双方可以不经过任何中间环节，直接在网上完成交易；在企业组织规模和结构上，电子商务可以变更企业规模，也可以让全球公司变成本土公司、本土公司变成跨国公司，从而极大增强应对因信息流通快速而变动的经营环境的弹性。

第三，网络银行。网络的出现和发展极大地改变了金融信息传递的方式和广度，导致银行再也无法依靠单纯的存贷款业务来维持生存，还必须向客户提供以网络为基础的高附加值投资理财服务。以目前在投资中为人们熟悉的投资组合保险避险方式为例，尽管各种买卖选择权和投资组合保险的方式异常复杂，但是计算机网络却能够以精确的数学语言来描述和传送股票、货币、债券和期货等金融产品的信息及其变动。因此，在这种复杂的投资组合中，银行如果能够利用网络跟踪整个金融市场的变动以及特定投资人投资组合的股票变动，无疑会为投资理财活动提供低风险、快速化和精确化的高附加值服务，从而延伸业务范围。

第四，电子货币。随着网络银行的不断涌现和金融系统的网络化，货币也开始改变形态，逐渐从有形实体向无形实体即电子货币转化。电子货币也称为电子现金、数字货币或网络货币，主要包括三种类型：电子借贷系统、各种形式的智能卡和具有现金特点的真正的数字货币。电子货币的诞生不仅可以极大缩短交易耗费的时间、增进效率，满足持有者对安全资产的储备需求，还可以成为新的货币政策工具。

7.1.3　网络经济的发展趋势及面临的新问题

1）网络经济的发展趋势

网络经济以迅猛发展的态势和日益深化的社会经济影响，引起世界各国的重视。准确把握和适应网络经济的发展趋势和前景，成为当前的重要主题。

第一，网络技术的应用将更为普及而广泛。作为网络经济发展的基础和前提，网络技术的应用将广泛扩展到包括工业、农业、商贸、新闻、出版、教育、医疗、金融、政治以及文化生活等各领域之中，整个世界将成为一个无边界的网络化生活空间。

第二，电子商务将成为网络经济发展的主要方向。电子商务作为一种以因特网和各种专用网为基础平台的新商务模式的发展，将引发流通和商业运行模式的深刻转变，成为沟通企业与企业、企业与消费者乃至消费者与消费者之间商贸关系的重要通道。

第三，网络经济与传统产业的结合进一步深化。利用信息网络技术等高新技术改造传统产业的步伐将进一步加快，网络经济与工业经济的相互补充和相互带动作用将更加明显。注重运用信息网络技术改造传统产业，以信息化带动工业化，将成为众多发展中国家的战略选择。

第四，网络基础设施建设的水平得到重大提升。从核心网到接入网，从传输到交换，从系统到网络，从面向连接到无连接，从终端移动性到个人移动性，从以语言为主到以数据为主的多媒体业务，从电话网到移动网、宽带网，从地面网到空中网、海洋网，从国家信息基础设施到数字地球的发展，网络技术基础设施的建设将跃上新的台阶。

2）网络经济面临的新问题

第一，移动基础设施短板待补齐。当前各地移动互联网技术应用水平不一，个别地区网络基础设施建设滞后，影响数字经济发展及治理能力现代化水平提升。

第二，数据安全保障及治理规则待完善。随着 4G 全面普及和 5G 规模化应用，社会将迎来“万物智联”的时代。更多的物体将加入互联网，链接的节点将越来越多，面临的网络攻击也将增多，这关系着公共安全与国家安全。在不断发展新型网络安全防护技术的同时，还需进一步开展数据安全法律法规建设，夯实数据安全法律基础。

第三，互联网行业垄断与不正当竞争不断增多。一方面，互联网行业存在不同群体之间的网络外部性所导致的市场集中度较高，容易出现“一家独大、赢者通吃”的现象；另一方面，相关法律和行业法规不健全，尚未跟上互联网行业迅速发展的步伐，有损互联网市场的竞争态势，可能会造成消费者权益受损，挫伤企业研发创新的积极性。

第四，“数字鸿沟”可能进一步拉大。在网络经济高速发展的今天，网络技术已经成为再造财富的重要源泉，其“增值特性”和“马太效应”深刻影响了信息富有者和信息贫困者之间的经济水平差异，进一步加剧社会经济不平等和两极分化的现象。国与国之间基于信息技术引发的不平等也将进一步加深。经济因素是造成数字鸿沟的主要原因，而数字鸿沟又进一步拉大了国家间的经济发展差距。

总体来看，网络技术的飞速发展和网络经济的深度扩张，无疑对未来全球经济和社会发展产生重大影响。但对广大发展中国家来说，网络经济及其全球化扩展所带来的挑战大于机遇，“数字鸿沟”或许成为发展中国家在 21 世纪中不得不面临的一种新型“后发效应”。在这种情况下，只有通过广泛开展创新行动，发展中国家才能在新一轮网络经济的竞争与发展中获得相应的收益和位置。

7.2 平 台 经 济

7.2.1 平台经济的内涵及特征

平台经济是以互联网平台为主要载体，以数据为关键生产要素，以新一代信息技术为核心驱动力、以网络信息基础设施为重要支撑的新兴经济形态。21 世纪以来，平台经济发展的关键特征是数字平台企业的崛起。平台企业依托一定的技术手段，连接供需双方和其他各方，提供互动机制，满足所有群体的需求并从中盈利。相较于传统商业模式，平台商业模式不受物理空间的限制，具备规模效应、协同效应、同边网络效应和双边市场效应。

1）规模效应

规模效应的本质为边际成本递减，即生产经营的规模越大，平均成本越低，收益越高。由于互联网产品的开发成本几乎是固定的，互联网平台的规模效应比传统行业更强。如果忽略固定成本，产品最优价格应等于边际成本。

2）协同效应

协同效应是指产品种类增加而使收入增加。在互联网行业的竞争中，通常出现“高频打低频”现象，即平台通过聚合丰富的业务以形成 APP 被打开次数的高频，或由多个低频业务聚集成高频的平台，以获取更多收益。例如，美团聚合了外卖、电影、团购等多项业务，其新增业务的成本较低，带来的协同效应却较大。规模效应往往伴随着协同效应，前者是单一产品数量多，后者是产品品类的丰富程度，二者效应叠加将使平台更加强大。规模效应和协同效应的存在容易形成行业进入壁垒。

3）同边网络效应

同边网络效应，即梅特卡夫效应，是指一个网络的价值等于该网络内节点数的平方，且该网络的价值与用户数的平方成正比，其本质是网络用户之间的互动为平台价值带来指数级别的提升。由此，网络的实际市场价值取决于用户的活跃程度、交易活动以及互联网公司获得的收益。例如，微信有 12 亿用户，若每个用户价值 100 元，微信平台的价值则为 1 200 亿元。当然，微信平台的价值远不止于此，还包括用户之间互动带来的价值，如朋友圈、公众号、小程序、视频号等。

4）双边市场效应

双边市场效应的本质是需求端与供给端之间的正反馈交互所创造的价值。以淘宝平台为例，入驻商家越多，用户的购物体验越好，而用户群体越大，入驻商家也就越多，最终达成双边市场效应下的价值增长。与同边网络效应不同的是，双边平台的价值在于需求方与供给方的互动，而供应方和需求方内部没有互动，正因如此，同用户量级的双边市场效应弱于同边网络效应。

7.2.2 平台经济的发展概况

1）平台生态化成为数字经济下产业组织的显著特征

作为数字经济 2.0 的基础，数字平台依托“云网端”等数字经济基础设施，汇聚了数据等关键生产要素，创造出全新的商业环境，不仅改变了单个企业的运行模式与达到规模经济的条件，也消除了传统商业模式下产品从生产者到消费者过程中的层层分销体系，使交易成本大幅度降低。依托数字技术，中小企业借助数字平台，不仅可以摆脱规模小的不利影响，也不再受时间与空间地域限制，使全球各地的消费者和商家能够实现超大规模的协作，商家获得更多直接服务消费者的机会和较大利润，消费者的福利水平也因借助数字平台服务得到提升。

2）数字平台有助于资源优化配置，促进价值创造与汇聚

一方面，传统的企业组织加快向数字平台转型的步伐，包括 ICT 企业与传统制造业。例如，三一重工开发的“树根互联”工业互联网平台，通过实时采集接入平台的遍布全球各地设备的不同运行参数，为客户提供精准的大数据分析与预测、运营支持及售后服务，甚至帮助客户实现商业模式的创新。另一方面，自 20 世纪 90 年代起，制造业、商贸、物流、交通、旅游等各垂直细分领域数字平台快速涌现，如亚马逊、阿里巴巴、Facebook 等新主体，加深了资源优化配置的程度。

3）数字平台推动价值创造主体实现多方互利共赢

在工业经济时代，传统企业作为价值创造主体，采取上游原材料采购、中游加工生产、下游销售及售后服务的线性价值创造模式，竞争对手越少，利润越丰厚，且买卖双方只能集中在规模有限的大型超市等实体平台进行点对点交易。而在数字经济时代，不论是新兴平台企业还是传统转型企业，依托互联网平台，通过整合互相依赖的产品和供给者，不但可以扩大规模，而且易形成低成本、高效率的点对点连结，促成多方主体的适度竞争、交易协作与共同创造价值。本质上，数字经济下的价值创造主体通过广泛采取开放平台策略，有效整合上游供应商、中游竞争者与下游客户群体，由传统竞争转向共建互利共赢的生态系统，增强平台整体及各价值创造主体的吸引力和竞争力。例如，阿里巴巴等国内数字企业，随着大量企业与消费者的入驻，平台的价值不断增加，平台的竞争力得以提升。

4）平台经济的公共效用凸显

在平台企业经济实力快速增长的环境下，其公共效用开始凸显，在社会责任承担方面发挥了重要作用。一方面，平台企业带动了大量社会就业岗位的增加。平台的上下游产业链，如研发、广告、售后、支付、物流等环节，促进社会就业效果明显。另一方面，降低了信息不对称程度。在网络外部效应的推动下，消费

者的购物体验及售后评价成为电商发展的主要因素。通过搜索、比价，在一定程度上强化了经营者定价机制的透明度，有助于市场竞争。

7.2.3　平台经济的发展趋势及面临的新问题

1）平台经济迎来高质量发展好时机

近年来，我国平台经济快速发展，从国家战略上进行了系统谋划和超前布局，在经济社会发展全局中的地位和作用日益凸显，平台经济正成为促进经济增长的新动能，对稳增长和稳就业发挥着不可替代的作用。总体来看，我国形成了一批具有全球影响力以及在主要领域具有市场影响力的平台企业，是主要经济体中少有的在平台经济各赛道较为全面发展的国家之一。据中国通信院统计，截至2021年底，全球超过百亿美元市值的平台企业共85家，以中国和美国最多，均为31家，是全球平台经济发展最活跃的两大经济体。从领域分布来看，我国平台经济在电子商务、数字媒体、智慧物流、金融科技、社交网络、医疗健康、搜索引擎、交通出行、在线招聘等领域成长起许多大型平台企业，与美国发展情况接近。在电子商务、本地生活、移动支付、数字娱乐等不少领域，我国平台经济发展程度甚至超过美国。在社交电商、直播电商、农村电商、用户直连制造（C2M）定制、社区电商等领域，我国创造了很多新模式，成为全球商业创新学习和参照的对象。这些平台企业成为推动平台经济蓬勃发展、畅通线上线下各环节以及带动消费和就业增长的重要力量。

2）平台经济在蓬勃发展过程中面临的新问题

从微观层面看，平台企业垄断行为较为普遍，如滥用市场支配地位、“二选一”、“杀熟”、捆绑销售等；平台企业存在不正当竞争行为，如利用“网红效应”虚构评价、虚假宣传等；侵害消费者权益现象时有发生，如搜索引擎竞价排名误导、小贷平台高利率等；违背公共秩序的现象屡禁不止，如用户数据买卖等。

从宏观层面看，平台经济发展不充分不平衡矛盾较为突出。一是平台企业商业模式创新有余，技术创新不足。在人工智能、区块链等数字技术发展方面与发达国家存在差距，部分关键核心技术仍未突破。二是平台经济增加值占GDP比重不高。我国与美国平台经济总量的差距大于两国GDP差距，平台经济增加值占GDP比重落后于发达国家平均水平。三是平台经济与实体经济融合程度较低。产业数字化特别是制造业数字化转型过程中，平台企业的渗透率和赋能度并不高。四是平台经济领域社会问题日益显现，如数字鸿沟等。

无论是平台企业野蛮生长，还是平台资本无序扩张，都是各国平台经济发展过程中的痛点。要在坚持发展是第一要务的同时，正确处理好发展与规范、安全等方面的关系，引导平台经济茁壮成长。

一是创造有利于平台经济快速健康发展的监管制度。积极探索监管体制创新，发展综合性数字化监管平台，按照“放管服”改革要求，实行简约监管、包容监管、审慎监管、智慧监管，构建平台企业更可预期、更加稳定的制度。

二是发挥企业科技攻关主体作用。长期以来，平台企业创新中心一度偏向商业模式创新，平台利润主要来自规模性扩张而非创新性增值。我国平台企业应利用丰富应用场景优势，联合高校和研究所进行科研攻关，在数字科技前沿及基础学科领域研发中更好发挥企业主体作用。

三是产业发展需由消费端向供给端转移。随着数字技术与产业深度融合，数字技术将渗透社会生活的各个方面。在移动互联网下半场，平台企业要凭借数字技术优势主动助力制造业转型升级。

此外，基于新一代信息技术的数字虚拟平台有取代传统交易市场的趋势，而且网络外部性带来的规模报酬递增特征使其具有超常规模扩张能力，致使数字虚拟平台容易走向生产集中并导致垄断。那么，作为微观规制主体的监管部门存在两难困境，若不采取规制措施，平台垄断会损害消费者利益，减缓技术进步，影响生产率；若采用过于严格的规制措施，又不利于平台企业创新和生产率进步。因此，为适应新经济发展趋势，既要加强对平台经济的监管，又要鼓励平台经济创新，培育有一流国际竞争力的平台企业。

7.3 共享经济

7.3.1 共享经济的内涵及特征

共享经济起源于21世纪初，基于互联网和社区自发的互助拼车行为，后来也包括基于限制资源共享利用、协同生产和互助的社会经济活动。共享经济是利用网络平台对社会分散资源和劳动力进行优化配置，物尽其用、人尽其才，通过推动资产权属、组织形态、就业模式和消费方式的创新，降低交易成本、提高资源利用效率、便利群众生活的新业态。共享经济是一场资源革命，改变了人们对资源的占有和使用方式，强调所有权与使用权的相对分离，倡导共享利用、集约发展、灵活创新的先进理念；强调供给侧与需求侧的弹性匹配，促进消费使用与生产服务的深度融合，实现动态及时、精准高效的供需对接。

共享经济的发展领域极其广泛，基本可分为三大类：一是生活共享，在交通出行、住宿空间、美食分享、医疗健康等场景，已取得明显成效；二是生产共享，在生产设备、办公场所、金融需求、通信能源、生产能力服务等领域，也有较好的应用；三是知识共享，在知识学习、文化教学、内容服务等方面开始渗入。共享经济是信息革命广泛渗透到生产生活各个领域后出现的新型经济形态，改变了原有的大生产大消费方式，对整个社会生态的影响也不可估量。

1）共享经济发展离不开互联网技术的发展与广泛应用

共享经济的发展与互联网技术迅速发展密不可分。全球信息通信业和互联网技术的普及应用，尤其是大数据、云计算、物联网等技术的日臻成熟，为有效解决经济活动在资源配置过程中的信息不对称问题提供了可以实现的技术手段；信息技术对共享经济数据的搜集处理分析，能够分时段、分地域地精确配置资源，实现资源利用最大化，为共享经济商业模式的实现提供了技术支撑。

2）共享经济发展对传统产权问题提出了新认识新要求

在传统市场中，买卖双方交易得以实现的前提是所有权的转让，买卖之间的所有权界定较为容易。租赁市场出现之后，物品及服务的所有权得以保留，要实现其用益物权的转让，产权的清晰界定是解决租赁市场交易的重要前提条件。而在共享经济形式下，信息化手段的重“使用权”、轻“所有权”特征得到了充分发挥。与传统市场交易相比，共享经济关注的重点是对资源最大化使用，而不是资源的拥有者。与租赁市场相比，共享经济重“分时匹配”，轻“长期使用”，即对资源分时段的高效利用，用时即用，不用时随即转让。

3）共享经济的核心是去中心化信息平台的搭建

共享经济与传统生产型经济主体的不同之处在于，共享经济本身不直接创造价值，而是作为第三方平台，在提高资源交换和使用效率、降低社会交易成本中发挥着重要作用。因此，共享经济的价值实现依靠以互联网信息技术搭建的网络平台效应，作为服务于实体交易或生产配置资源供需双方的第三平台，需确立核心资源。此外，共享经济平台上的参与主体没有明确规定，既可以是信息和资源的消费者，也可以是信息和资源的提供者。共享经济平台的工作要求胜任本平台上所有信息和资源的匹配能力，而且要为资源所有者、提供者以及使用者提供资源实时、真实有效、即时更新的优质服务。基于此，共享经济应该是一种以信息化技术搭建的平台，目的要解决社会已有的闲置资源，而非新需求的创造手段，更绝非商业模式的滥用。

4）共享经济的实现离不开成熟完善的社会诚信体系

共享经济通过信息化手段搭建起来的平台实现，目的是实现资源使用权的精准匹配，服务于线下交易。共享经济平台上储存和流动的是物品或服务的信息资源，线下的现实社会才是物品或服务使用权转移的阵地。因此，共享经济是基于信任而发展起来的商业模式，信誉成为网络平台运作的基础。网络平台通过内部监督为参与者搭建信用评价体系，诚信者将得到回报，失信者将丧失参与资格。

传统市场交易体系经过长期发展，许多国家都已具备较为成熟的市场监督体系，相关管理部门的职责权限明确，职能机关的业务运转较为顺畅。然而，共享经济属于新兴经济形态，涉及领域更为广泛。传统市场的监管模式只能对交易进行监督，很难实现对平台端的信息业务进行监管。为此，在当前共享经济市场监管不健全的情形下，共享经济必须依靠完善的社会诚信体系为基础支撑，为线下交易提供保证。

7.3.2 我国共享经济的发展概况

当前，全球共享经济发展已经逐步从成长初期进入快速扩张期，共享经济的领域范围也在不断延伸，由最初的共享汽车、共享住房等实物共享，逐渐渗透到金融、医疗、养老、教育、餐饮、物流、空间、技能、基础设施等多个领域，市场细分领域更加繁多，呈现出共享经济与农业、制造业、旅游业、能源以及城镇化建设等实体经济部门的不断深入融合。

1）共享型服务和消费发挥稳增长的重要作用

共享经济新业态顺应消费升级趋势，通过技术、模式等持续创新，推动消费品类不断拓展、品质不断提升、服务持续优化、供需匹配效率提升，更加适应消费者多样性、灵活性、交互性的消费需求，越来越成为备受欢迎的消费模式。同时，共享经济多样化的服务供给、基于用户大数据的精准画像和网络平台的高效供需匹配，促使服务方式从工业化时代的标准化、通用型走向数字化时代的个性化、精准型，“以用户为中心”的理念落实到“以每个人为中心”，更加适应消费者个性化的消费需求。

共享经济的兴起，改变了传统服务业面对面、同时同地交易且不可复用的低效率特性，通过“互联网+”使得随时随地、批量复制的服务型消费成为可能，扩大服务半径、有力提升消费规模及生产效率；打破了供需双方间的信息不对称，使得过去未能得到充分利用的存量资源与劳动力被充分调动，大大强化服务业的供给能力、提高人们的消费能级。从发展态势来看，外卖餐饮、预约家政、生鲜电商等在线服务领域迅速扩张，通过平台预约、购买服务逐渐成为人们日常消费的主要方式。

2）共享经济逐渐从消费侧向生产端延伸

共享经济作为一种创新商业模式，正在从消费侧向生产端加速延伸和扩散，知识、技能、办公空间、生产能力等要素的共享成为必然。共享经济向生产领域的拓展、渗透和融合，将重塑生产要素的配置方式，极大改善生产要素的配置效率，对产业发展具有重要意义。

过去几年，共享经济平台的服务对象主要是面向消费者用户，随着业务逐步进入相对成熟阶段，行业领先企业积极拓展企业服务等新业务领域，越来越多的共享平台转向企业服务市场。在服务企业端市场上，共享经济平台具有突出优势：一是平台拥有庞大的消费者流量及数据资源，可以帮助企业进行精准用户画像、提供客源基础、收集用户反馈，更好地满足消费者多样化、个性化需求；二是通过规模效应实现服务降本增效。共享平台作为多主体力量整合的纽带，能够集聚、整合、分享产业链资源，为企业及商户提供相关服务。因此，开发企业端市场有助于共享经济平台企业以较低成本进一步扩大市场和培育新的竞争优势。

3）共享经济保市场主体的作用日益凸显

市场主体是社会财富的创造者，是经济增长的“发动机”和稳就业的“顶梁柱”。保护好市场主体，激发市场主体活力，才能为经济发展积蓄力量。平台作为数字经济先行者，集聚了上千万家中小企业，从“授人以鱼”到“授人以渔”，助力中小企业数字化转型，从为入驻商户减免佣金、提供资金补贴、优惠贷款和流量支持等方面提供直接支持，到通过培训等方式帮助中小企业提高数字化运营能力。同时，技术共享也加速中小企业的数字化进程。一方面，平台企业基于开源技术及相关平台为中小企业数字化转型提供技术支撑；另一方面，市场主体依托共享平台重塑制造业发展模式与生态，相关企业可通过云端工厂、应用程序抢单等途径，实现订单、设备等生产资料共享，生产资料的共享使广大中小企业获取和使用资源的成本进一步降低。在共享理念的影响下，越来越多中小企业开始探索通过共享库存、共享生产资料、共享用工、共享办公等方式，节约企业经营成本和提高资金使用效率，实现企业物流、资金流、信息流、商贸流的有机配合。

4）共享经济新就业群体的权益保障备受关注

伴随共享经济平台快速发展而出现的新就业形态，共享经济在稳定和增加就业、提高居民收入方面发挥积极作用并被寄予厚望。新就业形态的出现直接创造新的岗位需求，提供更多的收入机会并形成了诸多新职业。新就业还带来就业市场结构的变化，越来越多的人可以依照自己的兴趣、技能、时间及拥有的各种资源，以自雇型劳动者身份灵活就业。此外，基于共享平台的新就业形态具有较高的包容性和灵活性，不仅有助于解决重点群体的就业压力，而且有利于应对就业市场不确定性，增加劳动者收入和改善民生。一方面，依托共享平台的新就业涉及的领域宽、包容性强，为社会重点群体的就业创造了更广阔的空间和更多机会；另一方面，平台企业可以根据市场供需变化，及时调节劳动力的供给量，促进劳动力跨业流动和减少摩擦性失业。

5）共享制造新业态新模式全面发展

2020 年，在满足抗疫应急之需、助力企业战疫和复工复产等方面，依托工业互联网发展起来的共享制造发挥了重要作用。突发疫情倒逼传统制造业企业积极探索和尝试共享制造新模式，大型互联网平台企业也在共享制造领域积极布局。依托工业互联网平台，大量的制造商、供应商、开发者等主体得以聚合，工业设备、产品、系统、服务实现更全面连接，消费与生产、供应与制造、产品与服务之间的数据流被打通，形成基于平台的制造能力开放共享和业务协同格局。行业龙头企业持续加大资源开放共享力度，以平台产品开发与运营为核心，创新服务模式，整合资源赋能创新创业尤其是中小微企业加速发展，激发市场新活力。

6）平台企业生态化扩张进一步加速

随着行业发展和企业实力增强，许多领域的领先企业在其主营业务逐渐成熟并获得一定市场优势后，为实现进一步的增长和巩固竞争优势，开始以主营业务为核心，向产业链上下游进行拓展，或横向拓展至更多其他领域，持续打造和完善平台生态。例如，本地生活服务成为共享平台跨界布局和竞争的重要领域；短视频平台纷纷着手打造从“视频种草”到“终端消费”的全链路消费闭环；网约车平台依托已有的庞大用户基础、高效的智能调度体系，积极探索从“送人”到“送货”的业务延伸；货运、跑腿业务成为各大共享出行平台积极拓展的新业务。

7.3.3 我国共享经济发展面临的新问题

未来几年，我国共享经济仍然处于重要发展期，但面临一些需要关注的问题。

1）共享平台与金融业务深度融合潜藏风险

随着共享经济的快速发展，平台企业与金融服务日益深度融合。一些平台企业通过丰富场景、海量用户、网络信息技术，逐步渗透到支付、投资、保险等金融服务领域。但是，平台企业跨界向金融服务延伸与拓展的潜在风险问题也不容忽视。一是有效监管困难。平台企业基于已经掌握的大量客户资源和数据拓展金融业务，凭借技术和网络平台突破地域和业务范围限制，在一定程度上改变了金融产品和服务的结构、功能和性质，使得有效监管变得困难。二是用户权益可能受到侵害。平台企业可通过收取用户押金而形成资金池，如共享单车企业挪用用户押金用于企业经营，导致平台资金链断裂后大量消费者押金无法退回。三是金融问题处理不当可能引发社会风险。与平台类金融创新相关的各类违法犯罪活动，行踪更加隐蔽，吸收资金速度更快、金额更大。然而，当消费者合法权益受到侵害时，现有法律框架下有效的解决途径不足，尤其是金融消费的保护仍较为薄弱，容易酿成群体性的纠纷事件。

2）信息泄露具有重大风险隐患

随着共享经济的发展，共享平台积累了庞大的用户规模，也汇聚了大量个人数据。如何对平台个人信息进行有效保护已经成为各界高度关注的问题。主要问题有：超范围收集数据、过度索取、强制授权以及数据泄露。造成这些问题的原因是多方面的。从平台企业看，数据是共享平台制定交易规则、实现供需匹配、保障交易安全等不可或缺的支撑，数据的掌控力已经成为平台企业的核心竞争力，平台天然具有扩大收集数据范围的内生动因。从制度层面看，我国关于个人信息保护的法律法规亟须进一步完善。2021 年，《数据安全法》《个人信息保护法》《关键信息基础设施安全保护条例》等法律法规相继施行，加之此前出台的《国家安全法》《网络安全法》等，才开启了数据安全治理新篇章。

3）创新引发利益调整，统筹协调难度加大

共享经济的发展降低了行业进入门槛，利用信息平台优势，企业生产产品或服务的边际成本较低甚至接近于零，低价补贴甚至免费成为互联网平台为吸引客户流量竞争的主要手段。共享经济的平台特征和优势，使得共享型企业在与传统行业的市场竞争中获得了很强的排他性竞争优势，呈现出快速扩张的发展态势，势必会冲击和改变传统行业市场竞争秩序，从而引发一系列社会发展问题，如社会财富和利益的重新分配等。共享经济快速扩张的过程难免会遭到既得利益的质疑和阻挠，如何统筹、协调共享经济与传统经济形态的利益冲突至关重要。共享经济商业模式创新还有可能引发更深层次的社会分工和组织变革，渗透到社会各个领域，涉及人员之多、范围之广将会前所未有，未来对共享经济治理的协调难度将明显加大，社会制度成本将会不断增加。

4）产业发展尚不成熟，监管体系亟待创新

当前，共享经济产业发展尚不成熟，许多行业尚处在起步阶段或探索时期，其提供的服务和产品缺乏标准化、质量体系的保证，在数据隐私保护和安全性等方面存在一定隐患。然而，全球范围内传统工业化生产方式仍占主导地位，共享经济的发展与实践与传统工业化生产形成的制度不适应性问题日益突出，现有法规已无法适应信息时代的实践发展，需进一步规范化和制度化来提供基础保障。同时，对共享经济的认知和理解仅限于商业模式和商业实践层面的认知，缺乏较为系统性的理论研究和社会问题根源的深度剖析。

5）保障制度严重缺乏，参与者权益难确保

共享经济作为典型的第三方平台，供需双方均为相对陌生的个体，共享平台不断发展壮大的同时也会带来信任风险。如何保障供需参与者在共享过程中的权益，是共享经济制度不断完善的最核心挑战。此外，共享经济领域的就业行为具有灵活性和分散性等特点，属于非正式的雇佣关系，与传统的社会保障体系相脱离，随着我国共享经济领域就业人数的不断增加，该领域的劳动者权益保护问题将会成为亟须关注的现实问题。

6）税收政策不明确，各方利益需要平衡

当前，国内对于共享经济的有关税收政策仍不明确。首先，共享经济的纳税主体不确定。对共享经济而言，支付平台、共享平台和资源供给者都是纳税主体，但目前针对各主体承担具体纳税义务的规定有待进一步完善。其次，共享经济的纳税标准不明确。新型共享经济交易范围从有形的房屋、车辆、物品拓展到无形的资金、时间、技能、经验等，共享形式包括出租使用权、置换所有权、提供服务等多种形式。共享经济的多样性、交叉性使得税务机关难以按照现行税法对共享经济收益进行准确的税种、税率等认定和划分。最后，共享经济纳税稽查

难度较大。共享经济主要通过虚拟交易平台进行资源共享交易，而在虚拟环境下交易价格的认证受到限制，各种票据、凭证多以电子形式存储在服务器中，易修改且不留痕迹，给税额稽查带来障碍。

7）共享统计制度缺乏，方法口径难以统一

经济统计作为提供国民经济运行情况的重要工具，是一项专业化水平很高的工作，精准的统计数据在国家宏观调控、产业发展、行业监管以及制度建设等方面发挥着重要作用。共享经济作为新经济典型代表，理应以科学的方法纳入国民经济统计。然而，国家统计局虽然在新经济数据搜集方面建立实施了《新产业、新业态、新商业模式专项统计报表制度》，在统计方法上取得了一些实质突破，但现阶段还并未完全将共享经济纳入国民经济统计框架中。

8）企业国际化面临更大挑战

从世界范围看，国际经济、科技、文化、安全、政治等格局正发生深刻调整，一些国家保护主义和单边主义盛行、地缘政治风险上升。国外环境的深刻变化使得共享经济平台企业国际化面临更大挑战和风险。例如，严格的市场准入，美国、欧盟、澳大利亚、印度、西班牙等国家已出台相关的法律法规，加强对外资并购的审查；数据流动和内容服务方面的审查与限制，许多国家和地区出台了与个人信息保护相关的法律法规，平台企业国际化扩张面临的数据风险越来越大；随着国际化挑战加大，共享经济企业的国际化战略有可能出现调整，如主动收缩调整国际市场业务，调整市场拓展思路，优先发展对华友善程度高、法律制度相对较稳定的海外市场，海外上市步伐放缓，通过创业板等国内渠道上市融资等。

阅读材料 1

拼多多“砍一刀”：优惠为虚，套数据为实

2022 年 7 月 5 日，上海市长宁区人民法院就一项涉及拼多多的案件作出判决。在这桩个人消费者起诉上海寻梦信息技术有限公司（拼多多）网络侵权责任纠纷的案件中，法院认定被告方构成知情权侵害，一审判决被告于判决生效之日起十日内向原告刘某某赔偿损失 400 元，同时驳回刘某某的其他诉讼请求。这起诉讼引发了广泛的社会关注，因为该诉讼焦点是拼多多实现用户数量暴增的一个核心市场营销手段，俗称“砍一刀”。在超过 8 亿的用户中，几乎所有用户听过或者使用过“砍一刀”。这起诉讼的胜利，具有什么样的特殊意义？对国民生

活和实体经济影响越来越大的平台，会因此转向规范有序发展的轨道吗？

案件原告是来自上海的律师刘宇航。2021 年 3 月，刘宇航参加了拼多多的“砍价免费拿”活动，在领取一张“超级免单卡”后，他按照平台提示的操作，挑选了一款手机进行砍价。随即平台系统显示刘宇航已达成“砍价进度第一名”“已经超过了 99% 的用户”，刘宇航以为自己已经接近成功，便邀请几个同事帮忙砍价，还购买了拼多多 APP 内 9.9 元的“加速礼包”服务。但他发现，无论邀请多少好友，最终进度都停留在只差 0.9% 不动，而且在点击其他砍价商品后，系统“砍价第一名”“超过 99% 用户”等显示信息都与此前如出一辙。在怀疑平台在数据上存在猫腻后，刘宇航以提供网络服务时涉嫌违背诚实信用原则、使用虚假数据隐瞒规则已构成欺诈为由，向法院起诉了拼多多。

在法庭上，拼多多对于砍价页面显示 0.9% 后一直不动的解释是，用户邀请好友砍价的真实数据是 0.9996427%，因页面显示百分比位数有限，省略显示为 0.9%。法院审理认为，根据《消费者权益保护法》第八条及《电子商务法》第十七条规定，电子商务经营者应当保护消费者知情权，在活动中“全面、真实、准确、及时”地披露相关信息。在这个案子里，拼多多在显示页面隐藏小数点后六位的数据，造成了一定的披露瑕疵。虽然拼多多辩护称消费者可以结合其他页面披露的信息对显示的百分比进行核实，但对于普通消费者而言，砍价情境烘托下很难自行发现、理解这一百分比的差异，造成一定的时间、精力、人脉、流量等支出。这些损失虽然不构成对用户现有财产的有形损害，但从损失内容来看，亦具有财产性属性，应予保护。据此，法院一审判定了拼多多构成知情权侵犯，并作出上文提到的判决。

业内人士指出，“砍一刀”和“红包提现”是拼多多实现用户裂变式增长的重要功臣。这两个活动帮助拼多多的用户规模呈病毒式裂变增长：截至 2019 年底，拼多多的活跃买家达 5.852 亿，其中第四季度单季净增 4 890 万，比阿里和京东的总和还多。在 2020 年，拼多多的全年活跃买家达到 7.88 亿，从用户规模来看，拼多多已成为中国最大的电商平台。2021 年，拼多多的用户规模增幅有所减缓，全年活跃买家数为 8.69 亿，被阿里反超，但是归母净利润 77.6 亿元，历史首次实现年度盈利。在用户在花费大量的精力、流量和人脉去追逐免费商品和微薄现金时，平台已经悄悄地利用这些流量和用户数据在资本市场提升了估值，完成一轮一轮的融资。

刘宇航的胜诉，意味着所有接触过“砍一刀”的用户都可据此判例提起诉讼，400 元的赔付对平台来说九牛一毛，但是放大到上亿的用户，赔付金额则是天量。不过，不是所有用户都会像刘宇航这样较真，再加上这种“拉新”手段可以以极低的成本获得精准客户，对平台来说颇有吸引力，它们可能会将其改头换面继续使用，这就需要监管部门主动作为。

资料来源：上海长宁法院互联网案件审判庭.

阅读材料 2

充电宝到底共享了啥?

当共享单车出现时，大量的单车停放在街边，并不需要租用停放单车的场所，只需向相关的管理部门报备，获得批准。由于是商业模式和技术上的创新，本着为人民服务的原则，地方政府部门一般不会干预或者禁止在公共区域停放共享单车。共享充电宝跟共享单车有所不同，它不能随便丢在街上，需要有电源，还需要避免被盗，所一般选择在便利店、酒店、车站等人流量高的场所设置共享充电宝。由此，共享充电宝借用便利店未完全使用的空间，将收益的一部分付给便利店。而便利店人流量较大，分布密集且广泛，双方的供应和需求极为吻合。从这个角度看，充电宝企业与便利店之间发生的共享属于 B2B 共享经济。

这是个典型的、利用闲置资源使参与共享的双方都能受益的案例。值得注意的是，B2B 共享经济的核心是利用闲置资源，并不是企业为自身创造价值的核心资源。例如，便利店本身是卖食品和小件日常用品的，它可以用闲置的空间放置充电宝，但并不会放置自动售货机。因为自动售货机跟它是竞争对手，而便利店的主要业务是售卖日用品。仔细观察可以发现，有数不胜数的类似应用发生在企业之间，如便利店门口张贴培训、电信等各类海报；出租车内的各种广告、传单，公交车身的广告；自动售货机利用酒店、车站等场所。可以依照这一思路，挖掘出更多类似的应用场景，尤其是那些可以应用于互联网的、在更大范围内实现的共享。

不仅是充电宝，很多产品、服务都能通过共享空间资源收获更多的销售渠道和宣传渠道。如果其他企业希望利用一些空间资源与其他企业受益。当然，其中涉及一些法律问题和安全问题，需要注意避免，例如，香烟必须在烟草局认可指定的网点销售。

资料来源：编者根据网络资料整理.

本章小结

进入数字经济时代，平台经济、网络经济、共享经济作为新经济形态，突破了物理空间的限制，改变了传统经济活动的规则，在生产、流通、交易、消费等各方面发生了深刻变革。在这种经济形态中，信息网络成为极其重要的生产工具，是一种全新的生产力。借助互联网平台，人们生产了大量的信息产品，并且通过与实体产业融合发展而更好地实现经济活动，为传统线下产品生产者提供了面向更广阔消费者市场的平台，为消费者搜集到质量更好、价格更低、种类更丰富的商品信息扩大了选择范围。这种新经济形式顺应了现代经济发展的必然趋势，正成为未来经济发展的新引擎，塑造国家竞争力的重要组成部分。

复习思考题

1. 简述数字经济新业态的主要模式。
2. 简述适用于网络经济的经济规律。
3. 与传统经济学相比，论述平台经济具有的新特征。
4. 简述共享经济在发展过程中存在的经济问题。
5. 论述数字经济新业态给我国经济社会发展带来的机遇。
6. 论述我国数字经济新业态发展过程中需要重视的问题。

参考文献

[1] 阿里研究院，德勤研究．平台经济协同治理三大议题［R］．杭州：阿里研究院，2017.

[2] 国家信息中心．中国共享经济发展报告（2022）［R］．北京：国家信息中心信息化和产业发展部分享经济研究中心，2022.

[3] 江小涓．促进数字经济发展，稳住经济增长大盘［J］．财经界，2022（08）：5－7.

[4] 刘鹤．加快构建以国内大循环为主体国内国际双循环相互促进的新发展格局［J］．资源再生，2021（9）：51－54.

[5] 陈晓红，李杨扬，宋丽洁，汪阳洁．数字经济理论体系与研究展望［J］．管理世界，2022，38（2）：208－224，13－16.

[6] 戚聿东，肖旭．数字经济时代的企业管理变革［J］．管理世界，2020，36（6）：135－152，250.

[7] 许宪春，张美慧．中国数字经济规模测算研究——基于国际比较的视角［J］．中国工业经济，2020（5）：23－41.

[8] 谢富胜，吴越，王生升．平台经济全球化的政治经济学分析［J］．中国社会科学，2019（12）：62－81，200.

[9] 肖红军，李平．平台型企业社会责任的生态化治理［J］．管理世界，2019，35（4）：120－144，196.

[10] 尹振涛，陈媛先，徐建军．平台经济的典型特征、垄断分析与反垄断

监管［J］. 南开管理评论，2022，25（3）：213－226.

［11］周文，韩文龙. 平台经济发展再审视：垄断与数字税新挑战［J］. 中国社会科学，2021（3）：103－118，206.

［12］孙晋. 数字平台的反垄断监管［J］. 中国社会科学，2021（5）：101－127，206－207.

第8章 数字货币

【学习目标】

学完本章，你应该做到：

1. 理解数字货币的内涵与分类
2. 了解数字货币的发展历史
3. 了解央行数字货币的目标和设计要求
4. 理解数字人民币的内涵
5. 理解数字人民币钱包分类
6. 了解数字人民币试用状况

【知识框架】

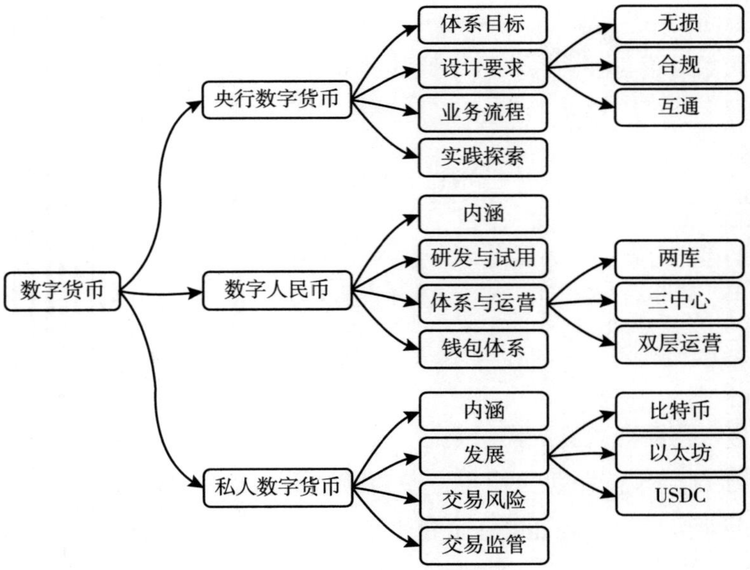

图8-1 本章知识框架

【引例】

首个数字人民币消费红包

2020年10月，深圳市罗湖区举办"礼享罗湖·数字人民币红包"。活动面向居住在深圳的个人发放红包数量5万个，每个红包金额200元，共计1 000万元，采取"摇号抽签"形式。抽签报名通道自10月9日0时正式开启。个人可通过"i深圳"活动预约平台登记申请抽签，中签后根据中签短信指引下载"数字人民币APP"，开通"个人数字钱包"即可领取。10月11日8时进行抽签。中签者可于10月12日18时至10月18日24时在罗湖区辖内已完成数字人民币系统改造的3 389家商户无门槛消费。结果超过191万人申请，中签率仅2.6%。其中有47 573名中签个人成功领取红包，使用红包交易62 788笔，交易金额876.4万元。这是我国首次大规模数字人民币活动试点，属于一次常规性测试，也是深圳市在疫情防控常态化期间，为刺激消费、拉动内需开展的创新实践。

资料来源：根据2020年10月19日深圳新闻网《交易金额达876.4亿元，"礼享罗湖·数字人民币红包"你用了吗?》整理。

2009年比特币问世，最初没有引起多大关注。随着时间推移，其影响越来越大，并催生了一大批类似数字加密货币，给国际金融体系带来一定冲击。世界各国从理论和实践两方面探索数字技术在法定货币的应用。2014年，中国人民银行成立小组开始数字人民币的理论探索。2019年8月9日，中共中央、国务院在发布的《关于支持深圳建设中国特色社会主义先行示范区的意见》中提出，支持在深圳开展数字货币研究与移动支付等创新应用。就目前来看，我国在货币的数字化方面走在世界前列。本章首先讨论数字货币的内涵、分类和发展，然后讨论央行数字货币目标、体系及运营模式，接着说明数字人民币内涵、体系及试用，最后讨论私人数字货币风险及其监管。

8.1 数字货币的内涵、分类与发展

8.1.1 数字货币内涵

对于"数字货币"（digital currency，DC）一词，目前还没有统一的定义。不管是从汉语还是英语，它都可以分解为"数字"（digital）和"货币"（currency）

两词。这里的“数字”不是日常的数学符号意义的1、2、3等，而是指以区块链、大数据等为代表的“数字技术”。“货币”则是一个经济学专业术语，经济学理论中主要有两种观点。

1）马克思主义货币观点

马克思主义经济理论认为，货币是固定充当一般等价物的特殊商品①，本质代表商品生产者之间的关系。货币形式随着科学技术的发展而变化。

早期人们采用一些天然的、或略加加工的物品作为货币，如贝壳。随着冶炼技术的进步，人们采用铜、白银、黄金等贵金属作为货币。造纸技术、印刷技术出现后，逐渐出现了纸币。贵金属货币本身具有价值，属于商品货币。而纸币本身的价值微乎其微，与所代表的价值差异很大，属于信用货币。信用货币除了纸币外，还有银行券、支票等。网络出现后，商业银行利用计算机系统代替手工记账系统，原来的纸质存款单、存折等逐渐被银行卡代替，于是出现电子货币。同时随着数字技术的发展，逐渐形成了数字货币。按照这种观点，数字货币是货币形式演化的结果。

2）西方经济学主流观点

西方经济学认为，货币是流动性最强的资产，是用于商品交换的工具。根据流动性高低，货币分为不同层次，如通货（硬币或纸币）、活期存款、定期存款。按照这种观点，数字货币是利用数字技术表示的资产。这与“数字货币是货币形式演化结果”的观点并不矛盾。

以上两种观点虽然对货币的定义不同，但关于货币职能是相同的，都承认货币具有记账单位、交易媒介、价值储存等职能，最终目的是提高交易中的支付效率、促进商品交换。为此，人们建立了一系列的法律规定，如纸币的印刷、防伪、银行账户设立、转账等。这些规定赋予政府机关、中央银行、商业银行、企业或个人各自的权利和义务。从这个意义上讲，货币是一个制度。这个制度随着技术的变化而变化，主要表现为货币形式的变化，而货币的本质不变。

综合以上讨论，可以说“数字货币”就是“利用数字技术建立的、用于提高交易效率的制度，即数字化的货币”。

需要注意的是，货币制度的运行逻辑首先是货币的发行，然后才是货币的流通和回笼。以上讨论暗含了国家垄断货币发行权。现实中，绝大多数国家或地区采用法定货币，国家垄断货币发行权。具体实施由中央银行或其他政府机关负责

① 《马克思主义政治经济学概论》编写组．马克思主义政治经济学概论（第三版）．

货币发行。不过，这只是近似说法。原因是货币包括通货和存款，前者的确只由中央银行或其他政府机关发行，而后者不是。

按照主流宏观经济理论的"货币创造模型"，商业银行获得一笔原始存款后，可以把其中一部分贷给企业或个人，而这部分贷款不管随后企业如何使用，以及是以存款存在，还是以通货形式存在，都属于货币。虽然用词上使用"货币创造"一词，但从货币数量角度看，与"货币发行"本质相同。其实，"创造货币"正是商业银行区别于其他金融机构的一个关键性职能，其他金融机构，如保险公司、证券公司、基金公司等都没有这一职能。所以说，国家垄断"货币发行"并不完全准确，是中央银行和商业银行共同发行货币。

从以上意义出发，如果货币发行者不局限于政府和商业银行，那么数字货币的内涵就可以扩大到数字加密货币（cryptocurrency）。数字加密货币发行者往往不够明确，以比特币为例，任何一个加入该系统的个人、企业或机构，只要参与交易信息的记录、传播，即通常所说的"比特币挖矿"，那么就参与了比特币发行，都可以说是发行者。因此，这里把包括数字加密货币在内的数字货币称为"广义数字货币"，而把采用数字技术的法定货币称为"狭义数字货币"。

与数字货币密切相关但内涵不同的是虚拟货币。一般认为，虚拟货币是与法定货币相对的概念，即由私人单位①发行，在一定范围内执行货币职能的工具。具体形式包括纸质、金属形式和电子形式。纸质形式如一些公司用于商品促销的纸质代金券，金属形式如各类游戏厅使用的金属游戏币，电子形式如一些网络公司设立游戏币，如Q币、盛大币等。数字货币与虚拟货币是交叉关系，私人发行的数字货币属于虚拟货币，而中央银行发行的数字货币不属于虚拟货币。

8.1.2　数字货币的分类

就广义数字货币而言，根据发行者可以分为国家发行数字货币、私人发行数字货币。国家发行的数字货币为法定数字货币（digital fiat currency，DFC），通常由各国中央银行发行，也称央行数字货币（central bank digital currency，CBDC），也就是狭义的数字货币。私人发行的数字货币为私人数字货币，也就是数字加密货币。就发展历史看，私人数字货币已有较长历史，而央行数字货币尚处于起步阶段。相对于私人数字货币而言，央行数字货币符合一致同意的货币共识规则，由国家信用支持，在发挥货币职能，提升货币政策有效性，促进现代金融体系数

① 这里的私人不是某个具体个体，而是指非政府机关，包括自然人、企业、非营利机构等。

字化转型等方面都具有积极作用。正是因为这个原因，实践中很多国家不把私人数字货币列为货币，而是视为法律意义上的数字资产。

1）央行数字货币

央行数字货币可以分为零售型和批发型。零售型数字货币面向公众，旨在为公众提供价值存储和日常支付，在整个社会结算系统的前端支付环节记录交易。前端支付环节主要包括相关交易账户（资金源）、支付工具（现金、银行卡等）以及连接付款人、收款人与支付服务商的服务渠道或访问点。

批发型数字货币面向金融机构，在整个社会结算系统的后端处理环节进行清算，旨在用于结算大额银行间支付、提供中央银行资金结算、数字金融资产的交易等。后端环节主要负责处理支付链中的特定环节，包括交易处理（身份验证、欺诈监控、费用计算等）、交易清算（交易传输和核对）以及交易结算（交易方完成资金转账，履行债务）等相关环节。

2）私人数字货币

根据其与法定货币兑换的价格特点，私人数字货币分为稳定币和非稳定币。稳定币指价格不随时间变化的私人数字货币，非稳定币指价格随时间变化的私人数字货币。稳定币根据稳定方式，再分为抵押型稳定币和算法稳定币。

抵押型稳定币是发行者利用存款、债券、股票等金融资产或其他数字货币为抵押，保持价格稳定的私人数字货币。如果用存款、债券、股票等金融资产为抵押，称之为“法币抵押型稳定币”，如 USDT、USDC 等；如果用其他数字货币为抵押，则称之为“加密资产抵押型稳定币”，如 DAI。算法稳定币是发行者使用可编程的开源智能合约，建立价格到供给数量的反馈机制，来保持价格稳定性，如 UST①、MIM 和 FRAX。

另外，广义数字货币还可以根据技术特点，分为基于账户、与基于代币两种类型。基于账户的数字货币指系统对每一个货币使用者设立账户，在账户上记账其拥有的数量，每一个使用者现实身份明确，所有交易都反映在账户中。这与现行的银行账户体系运行方式基本一致。基于代币的数字货币指系统中发行人发行代币，使用者利用代币进行交易。这与现行的纸币运行方式基本一致。基于代币的主要特点是保护交易双方的个人信息。

---

① UST 是 Terra 发行的算法稳定币，2021 年到 2022 年初曾经成为第三大稳定币，2022 年 5 月 9 日到 11 日受到攻击后，系统崩溃。2022 年 5 月 21 日系统重建，不再发行 UST。

8.1.3 私人数字货币发展

20 世纪 80 年代网络技术逐渐成熟，人们开始探索如何利用这些技术用于支付，开启了数字货币的萌芽。

1）电子现金时代

1983 年，密码学专家查姆（Chum）提出了盲签技术，利用该技术建立了 e - Cash，通过构建唯一序列号避免“双重支付”问题，标志着数字货币探索的萌芽。1998 年，研究者在 B - money 系统中首次应用分布式记账技术，实现去中心化数字货币的构想。2005 年，研究者在 Bit Gold 系统中首次引入“工作量证明”（PoW）共识机制，解决双重花费问题①。

这一阶段，一方面，技术管理政策等存在很多限制；另一方面，洗钱、交易双重花费等问题多发，以上各项探索最终都以失败告终。但这推动了相关技术研究，为比特币的诞生奠定了基础。

2）比特币时代

2008 年 11 月，化名“中本聪”（Satoshi Nakamoto）的人在网站上发表文章《比特币：一种点对点的电子现金系统》，陈述了一种新型的网络支付方法，并命名为“比特币”。2009 年 1 月 3 日，“中本聪”编写的程序在网络上成功运行，生成了首个区块，之后生成的区块按时间顺序联成区块链。这一方面标志着比特币诞生，另一方面标志着区块链 1.0 的诞生②。

两年后，一些人在比特币基础上进行参数修改，或者在共识机制、面向应用和隐私性等方面进行创新，构建了类似的数字加密货币。具体而言，参数修改的有莱特币、狗狗币、夸克币等，其中有的修改哈希函数，有的修改区块产生速度，还有的修改货币总量、区块奖励方式等。基于共识机制创新的有点点币、新星币、宇宙币等。面向应用创新的主要包括质数币、治疗币等，其中质数币充分利用 PoW 算力参与科学计算，寻找质数。隐私增强创新的有黑暗币、百特币。其中黑暗币采用链式混合、盲化技术，百特币采用隐蔽地址和环签名技术。这些虽然对比特币系统进行了完善，但没有解决系统扩展性不足、非图灵完备③等问题。

为克服这一缺陷，2013 年维塔利克·布特林（Vitalik Buterin）提出了“以

---

① ［美］阿尔文德·纳拉亚南，约仕·贝努，爱德华·费尔顿等．区块链技术驱动金融：数字货币与智能合约技术［M］．林华，王勇，帅初等译．北京：中信出版社，2018.

② 关于区块链知识细节，参考本书第二章数字技术。

③ 图灵完备性（Turing completeness）指具有无限存储能力的通用物理机器或编程语言。

太坊系统”设想，该系统是一个开源功能的公共区块链平台，通过系统专用加密货币，即以太币（Ether，ETH）提供去中心化的以太虚拟机（ethereum virtual machine）来处理点对点合约。与比特币系统相比，以太坊提供了一个图灵完备的脚本语言，以供用户来构建任何可以精确定义的智能合约或交易类型。

2014 年 7 月系统开始运行，标志着区块链技术进入 2. 0 版本。该系统首次包括了“Ethereum Request for Comment，ERC20”标准。按照该规定，任何智能合约只要符合标准，就可以通过 ERC20 标准接口进行操作。

这一时期，私人数字货币种类繁多，但绝大多数沦为少数人诈骗工具，仅有少数被机构或个人作为资产持有，真正用于商品交易或支付的微乎其微。

3）稳定币时代

现实中，一些人处于资产保值目的，一些人处于投机目的，这些都形成了对私人数字货币的需求，同时产生了法定货币与数字货币兑换市场。市场上不仅各类数字货币的价格差异巨大，而且价格波动剧烈。从支付工具内在要求看，不管是哪一种私人数字货币，只要其价格剧烈波动，就难以作为支付工具使用。

为了解决这一难题，2014 年，一些研究者推出“Realcoin”系统。系统最初通过 Omni 层在比特币协议中发布，后来迁移至 TRON、EOS、Algorand、Solana 和 OMG 的区块链。2015 年 Tether 公司发行“泰达币”（Tether USD，USDT），这是首个与美元直接挂钩的私人数字货币。通过持有商业票据、公司短期贷款、银行存款、政府发行债券等方式保持“泰达币”与美元等值。这开启了稳定币时代。泰达币价格稳定关键取决于 Tether 公司抵押的金融资产质量，公司处于系统的中心，决定泰达币的供给数量，属于中心化发行。

2018 年 9 月，加密货币交易所 Coinbase 以及持有合法执照的金融服务商 Circle 共同发行 USDC。Circle 是美国持有执照的金融服务商，由纽约州金融服务厅（NYDFS）监管，著名的会计师事务所 Grant Thornton LLP 定期审核其银行账户，每个月公开账户详情。因此，USDC 被誉为“最安全的稳定币”。

一些人注意到数字货币之间的此消彼长，利用其他数字货币本身为抵押，保持币值稳定，即加密资产抵押型稳定币。按照这一思路，2017 年 12 月 25 日非营利组织 Maker DAO 发行了 Dai。它是以太坊为基础的智能合约平台，系统治理由社区组织，主要管理 Maker 协议。协议规定可以抵押的资产范围，个人和企业可以通过利用资产兑换 Dai 或者抵押借 Dai 获得避险资产和流动资金，在抵押贷款、保证金交易、国际转账、供应链金融等方面都有应用。

一项在加拿大连续 5 年进行的调查表明，自 2018 年以来，加拿大人对比特币的认知和持有一直很稳定，近 90% 的人听说过，约 5% 的人持有。持有者主要是年轻人、男性和受过高等教育，持有主要原因是投资。虽然他们更了解比特币技术，但金融知识较差。很少有人持有其他各类加密货币，稳定币尤其罕见。

目前，私人数字货币种类很多，数据显示，存在公开交易的私人数字货币高达上万个，其中影响也有天壤之别。一般从交易市值对影响力有初步认识。下面是影响力排在前十位的私人数字货币（见表8－1）。

表8－1　十大数字加密货币

序号	名称	简写	价格	市值
1	比特币	BTC	22 222.9	424.19
2	以太坊	ETH	1 480.8	179.87
3	泰达币	USDT	0.9999	65.89
4	USD Coin	USDC	1.0001	54.79
5	BNB	BNB	261.4	42.66
6	XRP	XRP	0.3645	17.62
7	Binance USD	BUSD	1.0001	17.57
8	艾达币	ADA	0.4922	16.63
9	Solana	SOL	42.05	14.51
10	狗狗币	DOGE	0.0667	8.81

注：价格为美元，市值单位为十亿美元，价格约等于1的属于稳定币。

资料来源：数字货币行情_所有加密虚拟货币实时行情［EB/OL］.［2022－07－22］. https://cn.investing.com/crypto/currencies.

从以上可知，以比特币为代表的第一代数字货币和以以太坊为代表的第二代数字加密货币的地位非常稳定，而以泰达币、USDC为代表的稳定币得到了较高程度的认可。

8.1.4　央行数字货币发展

从目前看，各国央行推行数字货币主要有两种方式：一种是直接采用现有私人数字货币；另一种是自主研发，发行专属数字货币。

1）直接采用现有私人数字货币

2014年厄瓜多尔央行推出迪内罗（DE），以美元计价，2015年投入使用。但由于政府主权债务违约，DE交易量仅为71.5万美元，占整个经济体货币量的万分之零点三，于2018年4月停止运行。这是最早的主权国家利用数字货币案例。2018年2月，委内瑞拉发行锚定原油的石油币（Petro）。虽然政府大力推行石油币的使用，但其在实际经济体系中的使用率较低，2019 年宣告失败。

2021 年 6 月，萨尔瓦多通过《比特币法》。比特币正式成为萨尔瓦多的法定货币，比特币可以用于标识价格、支付税收，每个经济主体提供商品或服务时都必须接受比特币作为一种支付方式。不过，该国还规定美元为参考货币，考虑到这一因素，该国允许用户交易中使用替代方案，需要时比特币可以与美元兑换，汇率由市场决定。

2022 年 4 月，中非共和国通过相关法律，把比特币列为参照货币，允许人们在支付中使用比特币。这些国家的探索，往往是直接利用区块链技术发行数字货币，没有充分考虑与已有货币体制的融合，与私人数字货币并无实质差异，应该属于“数字加密资产”，与通常意义上的“央行数字货币”有实质性差异。

2）央行自主发行

2016 年 3 月，加拿大央行组织加拿大支付、R3 和 R3 联盟成员银行发起了一个名为“Jasper”项目，探索基于分布式账户（DLT）的批发支付系统。加拿大试验的数字货币属于批发型央行数字货币。最早在全国范围内使用央行数字货币的国家当属巴哈马。2020 年 10 月巴哈马开始发行巴哈马元数字货币（Bahamian Dollar Digital currency，BDDC）①，发行的数字货币属于零售型央行数字货币。与此同时，其他各国则进行了广泛的研究和不同程度的试验。

据大西洋理事会（The Atlantic Council）2022 年 6 月 7 日发布的相关数据，当前全球有 104 个国家或地区正在或曾经探索过央行数字货币。其中，10 个国家和地区已正式使用，15 个正处于试点，24 个处于研发，43 个处于理论研究和小范围试验，另有 12 个暂停或终止。10 个正式使用的央行数字货币分别是：牙买加的“Jam - Dex”，尼日利亚的“E - Naira”，巴哈马的“BDDC”，东加勒比（包括 7 个地区）的“Dcash”。G20 国家中 19 个正在探索，其中 16 个处于开发或试点阶段。按照类型，以上 104 个项目中 45 个属于零售型央行数字货币，7 个属于批发型央行数字货币，52 个属于混合或未明确定位。

普华永道发布的《2022 年全球央行数字货币指数与稳定币概览》指出，零售型央行数字货币发展较快，60 多个国家开始进行项目研究或实地测试，个别国家正式发行；而批发型央行数字货币仍然处于试验阶段，没有任何一个国家或地区投入使用。具体而言，零售型央行数字货币进展最快的前三位国家是尼日利亚、巴哈马、中国。其中，尼日利亚、巴哈马两国的央行数字货币已经在其境内正式流通，中国则进行了大规模的实地测试。而批发型央行数字货币，泰国与中

① 巴哈马在 2019 年到 2020 年的试用期间，央行数字货币命名为“Sand Dollar”。

国（香港特别行政区）因为联合进行“Inthanon – Lion Rock 项目”成功，以及主持多国合作项目“mBridge”而并列首位，新加坡则紧随其后。

2022 年 5 月，欧洲央行发布报告提出了数字欧元的设想。据欧洲央行董事会成员 Fabio Panetta 的公开表示，2023 年底将开发、测试所需的技术方案，预计三年内完成。在 6 月 14 日的欧盟委员会磋商中，欧盟委员会认为央行数字货币是一个好主意。对此，国际金融协会（IIF）则表示，希望看到对数字欧元可能涉及范围的影响评估，以及对金融稳定的考量。上述表态暗示，IIF 不赞成欧洲央行的主张。注意到 IIF 的 450 名成员以商业和投资银行为主，包括摩根大通、高盛，以及会计集团毕马威、Visa、加密货币交易所 Coinbase 等。这意味着发行数字欧元对它们很可能是不利的。

8.2 央行数字货币

8.2.1 央行数字货币目标

实践中，各国法律通常确立中央银行执行两方面职能，一方面是促进高效、安全和可靠的支付系统，另一方面是制定有效的货币政策。央行数字货币的直接目的就是提高支付系统效率、保证系统弹性。

随着数字技术的发展，支付行业面临数字服务的中断和少数大型运营商的过度集中等风险。例如，在中国移动支付市场由支付宝和财付通（即微信支付）这两家公司主导。中国人民银行表示，这些公司的倒闭可能会对中国的支付系统造成严重后果。当数字支付失效时，现金可以作为备用。但目前出现的现金使用量下降趋势可能降低支付系统弹性。因此，央行数字货币系统会通过直接或间接方式增加一个国家支付部门的竞争。其中，直接方式是央行数字货币直接向个体提供服务，从而与现有支付形式竞争；间接方式是央行数字货币被设计为一个对私人支付服务提供商开放的平台。平台将确保寻求提供新支付服务的新公司进入门槛较低。与此同时，央行数字货币也可以发挥额外备份作用。

普惠金融方面。现有支付系统中，商业银行具有非常重要地位，个体或机构都是先在商业银行开立账户，然后获取服务。很多国家使用支票支付，系统运营成本较高。由于这一因素，世界上仍然有一部分人没有银行账户，得不到必要的金融服务。央行数字货币可以提供运营成本更低的数字支付方式，通过增加数字支付的可及性来促进金融包容性，从而成为更广泛地获得金融服务的门户。

另外，纸币投放后，中央银行无法及时、追踪现金流通状况，特别是现金用于贩毒、赌博、走私等非法活动。如果采用数字货币，中央银行可以利用数字技术追踪货币的流通状况，及时获取相关信息，为司法部门打击非法活动提供技术支持。同时也为评价货币政策效果提供帮助。

8.2.2　央行数字货币设计要求

央行数字货币设计应该符合无损、合规、互通等要求。

无损指央行数字货币应促进国际货币体系健康发展和金融稳定，一国数字货币不应损害其他央行的货币主权和政策独立性，同时，应维护消费者合法权益，促进公平竞争。

合规指央行数字货币应具有完善的法律基础和稳健的运营体系，遵守各国关于外汇管理、资本管理等法律法规，做到信息流和资金流的匹配，以促进跨境贸易的发展，支持实体经济，符合反洗钱、反恐怖融资等监管要求。

互通指央行数字货币可充分利用现有基础设施及金融科技手段，实现不同央行数字货币系统间及其与传统金融市场基础设施间的互联互通。同时，应有利于促进支付业务有序发展，杜绝碎片化局面。

8.2.3　央行数字货币业务流程

业务流程包括发行、验证、账本更新、流通审查。

发行是中央银行发行数字货币。与现金类似，央行数字货币是央行的负债。在乌拉圭电子比索试点中，电子比索的发行分为两个阶段。即私人供应商将中央银行创建的比索转换为电子比索，相当于中央银行先发放给私人供应商；然后私人供应商再向个体或机构发放电子比索。

验证是指验证交易，不仅包括分布式账本技术（DLT）网络中发生的验证，也可以指传统的流程，包括检查用户的身份、资金的真实性和资金的可用性。某些情况下，这些职能由中央银行和私营实体分担。

账本更新指当用户在彼此之间转移持有的央行数字货币时，每笔交易都需要更新账本。分类账是货币持有记录的数据库，可以集中或分布在网络上。更新分类账意味着在付款后更新余额记录。由单一实体拥有和更新的集中分类账仍然是中央银行的标准方法，而分布式账本技术是一种潜在的新方法。

流通审查指对最终用户交互和用户数据进行审查。用户交互指用户通过软件利用央行数字货币资产实现支付的方式，通常是手机应用程序。用户数据是指处理用户个人业务的相关数据，客户服务帮助用户连接央行数字货币、处理错误和解决其他问题。其中，客户尽职调查（KYC）、反洗钱反恐怖活动融资（AML/CFT）是必要环节，目的是打击央行数字货币的非法使用。

8.2.4 央行数字货币运营模式

运营模式是指央行数字货币的发行和流通方式，以及中央银行和私营部门的作用。目前有两种：一是单层运营，即由中央银行直接面对全社会提供法定数字货币的发行、流通、维护服务。也就是中央银行执行支付系统中的所有功能，包括发行、分发以及与最终用户的交互。二是双层运营，即由中央银行向指定运营机构发行法定数字货币，指定运营机构负责兑换和流通。也就是中央银行负责发行、分发，中介机构负责与最终用户互动，中介机构由商业银行、支付服务提供商等私人公司担任。

上述两种模式中，央行数字货币系统都可以进一步拓展到私募基金、供应链金融、健康保险等场景，最大限度发挥央行数字货币作用。在私募基金场景中，银货对付（delivery versus payment，DvP）功能有助于促进私募股权证券和相应付款的原子交换——其中构成交换的基础交易要么一起成功，要么一起失败。这降低了本金风险，以及由于交易对手未能履行义务而损失资金或证券的风险。供应链金融场景中，有条件支付功能可以与连接借方和贷方的外部基于区块链的平台集成，以促进在满足预定义条件时自动将资金从贷方转移到借方。条件示例包括借方是否满足信用评分要求、发票是否与其相应供应商的发票相符，以及是否确实是“大型”企业的供应商等。

另外，从发行方式看，目前法定数字货币可以采用央行自主发行和授权发行两种方式。

自主发行时，商业银行的银行库中的数字货币属于商业银行的资产，同时属于中央银行的负债。商业银行客户账户里的数字货币属于客户的资产，中央银行的负债。客户之间使用数字货币进行点对点交易时，由央行数字货币发行系统进行交易确认和管理，央行承担交易责任。

授权发行时，数字货币由得到授权的商业银行，即发行行承担发行，没有得到授权的商业银行银行库的数字货币是本行的资产，同时是发行行的负债。商业银行客户账户中的数字货币属于客户的资产，同时是发行行的负债。客户之间使用数字货币进行点对点交易时，发行行承担交易确认和管理。央行则承担监管责任。发行行之间的互联互通由中央银行负责。至于客户之间使用电子货币（如银行活期存款）进行交易，则独立于数字货币系统，继续通过央行跨行支付系统完成。

8.3 数字人民币

8.3.1 数字人民币内涵

数字人民币指由中国人民银行发行、指定机构参与运营，以广义账户体系为基础，支持银行账户松耦合功能的数字形式的法定货币，也叫“数字货币/电子支付系统”（digital currency/electronic payment，DC/EP）。国际上字母缩写为“e-CNY”。数字人民币包括以下四层含义：

第一，数字人民币本质上是法定货币。作为法定货币由中国人民银行发行，具有价值尺度、交易媒介、支付手段、价值储藏等基本功能。它以国家信用为支撑，是央行对公众的负债，具有法偿性。形式上是数字形式，是利用数字技术实现价值转移。

第二，数字人民币属于现金类支付凭证。按照目前的货币统计层次，定位于M0，与实物人民币等价，将与实物人民币长期共存，发行、流通管理机制与纸币一致。

第三，数字人民币属于零售型央行数字货币。主要面向社会公众，用于国内零售支付，与商业银行、非银行支付机构的支付方式有机结合，完成线上支付；或者以第三方支付账户为前提实现离线交易，完成价值转移，以此降低全社会零售支付成本。

第四，数字人民币支持可控匿名。对于小额交易允许匿名进行，有利于保护个人隐私及用户信息安全。对于大额交易则实行依法可溯，防范金融诈骗、网络赌博等犯罪行为，确保交易遵守反洗钱、反恐怖融资等要求。

为了实现可控匿名，央行数字货币采用账户松耦合形式，无须通过银行账户就能进行价值转移。与此相比，目前的电子支付方式，如银行卡，第三方支付平台等，均采用的是账户紧耦合方式，即资金转移需要通过实名银行账号进行。

随着人们信息安全意识的提升，目前以银行卡、支付宝、微信支付等为代表的电子支付已无法满足人们匿名支付需求。数字人民币则满足了人们的这种需求。不过，中国人民银行有权在合法范围内获知交易数据，通过大数据分析实现数字货币来源可追溯，而其他商业银行和商家无法获取相关信息。这种机制在保护数据安全和公民隐私的同时，使得洗钱、赌博等不法行为可以得到有效监管。

8.3.2 数字人民币的研发与试点

1）数字人民币的研发

2014 年，中国人民银行成立研究小组，开展数字人民币的可行性项研究。经过一年多探索，围绕数字货币发行、业务运行框架、关键技术等形成了系列研究报告，完成了两轮原型方案修订。

2016 年 1 月 20 日，中国人民银行在北京召开数字货币研讨会。国内外专家分别就数字货币发行的总体框架、国家发行加密货币等专题进行了交流，明确了中国人民银行发行数字货币的战略目标。7 月，中国人民银行启动数字票据交易平台原型研发，决定使用数字票据交易平台作为法定数字货币的试点应用场景，并借助数字票据交易平台验证区块链技术。通过该项目研发，提出了双层运营体系、M0 定位、银行账户松耦合、可控匿名等数字人民币顶层设计原则，搭建了第一代法定数字货币概念原型。

2017 年 1 月 29 日，中国人民银行正式成立数字货币研究所，组织部分商业银行和有关机构共同开展数字人民币体系，即“数字货币/电子支付（即 DC/EP）”研发。经过两年探索，完成了顶层设计、标准制定、功能研发以及联调测试，为下一步封闭测试奠定了基础。

2019 年 8 月 9 日，中共中央、国务院发布《关于支持深圳建设中国特色社会主义先行示范区的意见》。其中明确提出，支持在深圳开展数字货币研究与移动支付等创新应用。9 月，中国人民银行公布首批“4 +1”试点。“4 +1”指四个城市试点和一个场景试点。四个城市是深圳、苏州、雄安新区、成都，场景试点是第二十四届北京冬奥会比赛场地，这些场地分布在北京或张家口。一年后商务部发布《关于印发全面深化服务贸易创新发展试点总体方案的通知》，提出在京津冀、长三角、粤港澳大湾区及中西部具备条件的试点地区开展数字人民币试点。

2020 年 10 月，中国人民银行公布了第二批试点城市。数字人民币试用引起了社会的广泛关注，“数字人民币”一词入选国家语言资源监测与研究中心当年发布的“2020 年度中国媒体十大新词语”。

在进行国内试用同时，中国人民银行以“人民币国际化”为契机，积极开展数字货币的国际合作。2021 年 2 月，中国人民银行数字货币研究所与香港金管局签署合作备忘录，加入国际清算银行创新中心（BISIH）牵头实施的“多币种法定数字货币桥（即 m – CBDC Bridge）”项目，与相关机构共同探索法定数字货币跨境实践。7 月，中国人民银行发布《中国数字人民币的研发进展白皮书》，对研究开发和试用状况进行了全面总结，并展望了未来趋势。

2022 年 1 月，数字人民币（试点版）APP 上架安卓应用商店和苹果 APP - Store。它是数字人民币面向个人用户开展试点的官方服务平台，提供数字人民币个人钱包的开通与管理、数字人民币的兑换与流通服务。这表明数字人民币各项技术基本成熟。3 月 31 日，中国人民银行召开数字人民币研发试点工作座谈会。按照“十四五”规划部署，进一步增加了广州、杭州等试点城市。同年末，中国人民银行开始把数字人民币列入货币统计范围，并公开发布。首次公布数据表明，2022 年 12 月底流通中的数字人民币达到 136.1 亿元。

2）数字人民币的试点

数字人民币试用分三批进行。第一批包括深圳、苏州、雄安、成都和北京冬奥会比赛场地。2020 年 5 月，苏州市相城区机关事业单位工作人员每月的部分交通补贴采用数字人民币形式发放。该试用项目参与人数较少。

2020 年 10 月，深圳罗湖区举行“数字人民币消费红包”项目（见图 8 - 2），参与人数首次超过 10 万人。该项目通过抽签方式将一定金额的资金以数字人民币红包方式发放至居住在深圳的个人数字人民币钱包，社会公众可持发放的数字人民币红包在有效期内到罗湖区指定的商户进行消费。

图 8 - 2　2020 年深圳市数字人民币消费红包

资料来源：新华社.

活动运营方为获得中国人民银行授权的 6 家商业银行，即工商银行、交通银行、中国银行、农业银行、建设银行、邮政储蓄银行。只有这些机构能够提供数字人民币钱包服务。

到2020年8月底，首批试点城市的试点场景有6 700多个，覆盖生活缴费、餐饮服务、交通出行、购物消费、政务服务等领域；累计开立个人钱包11.33万个、对公钱包8 859个；交易笔数312多万笔，交易金额超过11亿元；支付方式包括条码支付、刷脸支付和碰一碰等①。

第二批试点城市包括上海、海南、长沙、西安、青岛、大连6个试点地区。到2021年6月30日，数字人民币试点场景超132万个，兼顾线上和线下，涵盖批发零售、餐饮文旅、教育医疗、公共交通、政务缴费、税收征缴、补贴发放等领域。试点受邀用户已超1 000万，开立个人钱包2 087万个、对公钱包351万个，累计交易笔数7 075万笔、金额345亿元②。当年12月31日，数字人民币试点场景进一步扩大到808.51万个，累计开立个人钱包2.61亿个，交易金额875.65亿元③。

2022年1月4日，数字人民币APP迎来重要升级，将此前的"测试版"正式升级为"试点版"。同时，授权机构也有所增加，招商银行、深圳前海微众银行股份有限公司（简称"微众银行"）、浙江网商银行股份有限公司（简称"网商银行"）开始提供数字人民币钱包服务。

2022年1月25日至2月28日，西安市居民可通过美团APP搜索"数字人民币"参与人民币消费红包活动，领取10元数字人民币红包、35元民生消费券，在生鲜果蔬、日常用品、餐饮外卖、共享出行等领域使用。本次活动通过使用数字人民币加载特定功能的智能合约，实现民生领域补贴资金精准发放，是数字人民币试点与助力复工复产的深度融合。截至2022年6月底，西安市共开立数字人民币个人钱包2 263.92万个、对公钱包163.01万个，正式投产场景46.09万个、商户门店21.26万个，交易2 736.12万笔、金额63.67亿元④。

第三批试点城市则扩大到24个城市或地区。按照"十四五"规划部署，在现有试点地区基础上增加天津市、重庆市、广州市、福州市、厦门市以及浙江省承办亚运会的6个城市（杭州、宁波、温州、湖州、绍兴、金华）作为试点地区，北京市和河北省张家口市在2022北京冬奥会、冬残奥会场景试点结束后转为试点地区。2022年7月，吸收兴业银行作为新的授权运营机构，授权运营机构增加到10家。

2023年，济南市、南宁市、防城港市、昆明市、西双版纳傣族自治州纳入

① 第一财经，"数字人民币"小试牛刀 中奖者忙着加油、聚餐［EB/OL］. 新浪财经，2020－10－19，http://finance.sina.com.cn/tech/2020－10－19/doc－iiznezxr6716718.shtm.

② 中国人民银行数字人民币研发工作组. 中国数字人民币的研发进展白皮书.

③ 中国人民银行.2021年金融统计数据新闻发布会文字实录［EB/OL］. 2022－01－18，http://www.pbc.gov.cn/goutongjiaoliu/113456/113469/4451702/index.html.

④ 李猛."数字人民币西安通"平台上线试运行［N］. 西安日报，2022－07－30（第2版）.

试点范围。同时，广东、江苏、河北、四川四省从省内的少数试点城市扩大到全省区域。其中，江苏省政府于2023年1月30日发布了《江苏省数字人民币试点工作方案》，从应用规模、产品创新、生态体系等方面积极进行探索。这些试点必将为数字人民币在全国范围内推广奠定坚实的基础。

8.3.3 数字人民币体系要素、运营模式与流通

1）数字人民币的体系要素

体系要素指数字人民币系统的构成单元，通过对相关业务的抽象，数字人民币体系可以概括为“一币、两库、三中心”。

“一币”指央行数字货币，中国人民银行负责数字货币的设计要素和数据结构。外在形态上，数字人民币是中国人民银行担保、签名、携带全部信息、代表具体金额的加密数字串，而不是某种电子媒介所显示的账户余额。

“两库”指数字货币发行库和数字货币银行库。数字货币发行库是中国人民银行在央行数字货币私有云上存放央行数字货币发行基金的数据库。数字货币商业银行库是商业银行存放央行数字货币的数据库，可以存在本地云上，也可以存在央行数字货币私有云上。

“三中心”指认证中心、登记中心与大数据分析中心。认证中心是中国人民银行对央行数字货币机构及用户身份信息进行集中管理，它是系统安全的基础组件，也是可控匿名设计的重要环节。登记中心是记录央行数字货币及对应用户身份，完成权属登记；记录流水，完成央行数字货币全生命周期登记。大数据分析中心主要进行反洗钱、支付行为分析、监管调控分析。

以上体系中，中国人民银行按照数字货币发行总量，统一生成数字货币，存放在央行发行库中；根据商业银行需求申请，中国人民银行将数字货币发送到相应商业银行存放数字货币的数据库，即数字货币从发行库到银行库；用户申请提取数字货币时，数字货币从银行库到流通环节，进入用户客户端的存储介质中，即从银行库到用户的数字钱包；在流通环节，数字货币实质是在两个用户各自数字钱包间进行转移来完成支付，支付分为在线交易和离线交易。

2）数字人民币运营模式

从目前现实出发，数字人民币采用双层运营模式。第一层是中国人民银行。它一方面负责数字人民币发行、注销、跨机构互联互通、钱包生态和额度管理，另一方面执行流通监督管理职能。中国人民银行根据商业银行的资产规模、盈利

能力、风险管理能力、现金服务能力、支付服务能力和科技创新能力等进行筛选，具备条件的作为指定运营机构，牵头提供数字人民币兑换服务；并监督这些机构的数字人民币业务活动。

第二层是指定运营机构。它在中国人民银行的额度管理下，根据客户身份识别强度为其开立不同类别的数字人民币钱包，进行数字人民币兑出兑回服务。同时，与相关商业机构一起，承担包括支付产品设计创新、系统开发、场景拓展、市场推广、业务处理及运营维护等数字人民币的流通服务，即数字人民币的零售环节管理，实现系统安全高效运行。

从技术角度，这种运营模式属于"中心化管控、分布式架构"。"中心化管控"指中国人民银行处于数字人民币体系的中心，控制数字人民币的发行、流通和回笼。其原因是，作为法定货币，数字人民币的币值稳定是其最基本属性，是中国人民银行发行数字货币的关键逻辑，必须由中心机构强制约束。这样就可以获取货币发行全方位信息，有利于货币管理。"分布式架构"指地理空间或技术架构上可以采用分布式技术，这有利于系统的安全性和灵活性。

这种模式可充分利用指定运营机构资源、人才、技术等优势，实现市场驱动、促进创新、竞争选优，不直接构成与商业银行传统经营的竞争。同时，由于公众已习惯通过商业银行等机构处理金融业务，也有利于提升社会对数字人民币的接受度。

双层运营模式中，除了中国人民银行和指定运营机构外，政府机构、企业和居民作为数字人民币的用户，构成整个系统的底层。不属于指定运营机构的其他金融机构、企业等可以与指定运营机构合作，以数字人民币钱包为基础，通过智能合约向用户提供更好服务。

3）数字人民币流通

数字人民币采用自主发行方式。中国人民银行不直接对公众发行和兑换央行数字货币，而是先把数字人民币兑换给指定的运营机构，再由这些机构兑换给公众。个人或企业向运营机构兑换数字人民币后，可以使用数字人民币进行交易。即数字人民币处于流通之中。个人用数字人民币兑换为纸币或存款货币时，运营机构再用其兑换为准备金存款，属于数字人民币的回笼。

运营机构兑换数字人民币时需要向中国人民银行缴纳100%准备金存款。当运营机构的货币生成请求符合校验规则时，中国人民银行才发送相对应的额度凭证，这样保证数字货币投放系统不超发。中国人民银行不向运营机构收取兑换费用，流通中运营机构也不向个人客户收取兑换费用。

8.3.4 数字人民币钱包

数字人民币钱包是数字人民币的载体和触达用户的媒介。在数字人民币中心化管理、统一认知、实现防伪前提下，中国人民银行制定相关规则，各指定运营机构采用共建、共享方式打造移动终端APP，对钱包进行管理，并对数字人民币进行验真；运营机构和相关企业开发钱包生态平台，实现各自视觉体系和特色功能，实现数字人民币线上线下全场景应用，满足用户多主体、多层次、多类别、多形态的差异化需求，确保数字钱包具有普惠性，避免因"数字鸿沟"带来的使用障碍。

根据不同标准，数字人民币钱包有多个分类：

1）身份识别强度

按照客户身份识别强度分为不同等级的钱包。指定运营机构根据客户身份识别强度对数字人民币钱包进行分类管理，根据实名强弱程度赋予各类钱包不同的单笔、单日交易及余额限额。

最低权限钱包不要求提供身份信息，以体现匿名设计原则。用户在默认情况下开立的是最低权限的匿名钱包，可根据需要自主升级为高权限的实名钱包。

2）开立主体属性

开立主体分为个人钱包和对公钱包。自然人和个体工商户可以开立个人钱包，按照相应客户身份识别强度采用分类交易和余额限额管理；法人和非法人机构可开立对公钱包，并按照临柜开立还是远程开立确定交易、余额限额，钱包功能可依据用户需求定制。

个人钱包目前包括四类钱包。身份识别要求最低的是第四类钱包。这类钱包只需要提供手机号即可办理，余额上限1万元，单笔支付限额2 000元，日累计支付额限额5 000元，年累计支付额5万元。

身份识别要求较高的是第三类钱包。这类钱包需要用户提供手机号、有效身份证件，余额上限2万元，单笔支付限额5 000元，日累计支付额限额1万元，年累计支付额无限制。

身份识别要求更高的是第二类钱包。这类钱包需要用户提供手机号、有效身份证件、本人银行账户，余额上限50万元，单笔支付限额5万元，日累计支付额限额10万元，年累计支付额无限制。

身份识别要求最高的是第一类钱包。这类钱包需要用户提供手机号、有效身份证件、本人银行账户，运营机构现场面签，无交易限制。

为了支持跨境使用，中国银行、建设银行等增设了第五类钱包，这类钱包主要面向经常来大陆的港澳人士。开通要求与第四类钱包类似。

至于对公钱包，它分为两类：一类钱包线下（柜面）开立，无余额与付款限额；二类钱包通过线上渠道提交资料、运营机构审核后开立，余额上限为50万元，单笔转账限额50万元，日累计转账限额200万元，年累计限额5 000万元。

3）载体属性

按照载体钱包，分为软钱包和硬钱包。软钱包基于移动支付APP、软件开发工具包（SDK）、应用程序接口（API）等为用户提供服务。硬钱包基于安全芯片等技术实现数字人民币相关功能，依托IC卡、手机终端、可穿戴设备、物联网设备等，以实体钱包的形式提供服务。软硬钱包结合可以丰富钱包生态体系，满足不同人群需求。

第二十四届北京冬奥会期间，指定运营机构向参赛的各国裁判员、运动员、记者等提供卡片、手环等冬奥专属的实物硬钱包，有的叫“冰芯”，有的叫“雪环”。其中可视卡硬钱包，与银行卡类似，不同的是卡面上有一个小窗口，可以显示交易金额和余额，每消费一笔，这个窗口的数字会自动变化、自动扣减，用起来很方便。在滑雪场或滑冰场，运动员、游客用手环、手套硬钱包轻轻一碰就可完成数字人民币支付，可满足冬季运动时便捷支付需求（见图8－3）。

图8－3　卡式数字人民币钱包

资料来源：中国新闻网.

另外，按照权限归属分为母钱包和子钱包。钱包持有主体可将主要的钱包设为母钱包，并可在母钱包下开设若干子钱包。个人可通过子钱包实现限额支付、条件支付和个人隐私保护等功能；企业和机构可通过子钱包来实现资金归集及分发、财务管理等特定功能。

8.4 私人数字货币的风险与监管

8.4.1 私人数字货币风险

以比特币为代表的私人数字货币初衷是用作交易工具，但从实际看，私人数字货币一般被视为一种金融资产，存在巨大风险。

1）持有人面临的风险

持有人面临的风险主要是交易和持有过程中产生的风险，包括平台和交易对手的信用和欺诈风险，系统技术安全漏洞的技术风险，以及自身操作失误或平台操作失误的操作风险等。例如，2014 年 2 月曾经是世界上最大的比特币交易所门头沟公司（Mt. Gox），因无法按期兑付投资者存于该公司的比特币而宣告倒闭，致使大批投资者遭受重大信用风险，血本无归。再如 2018 年 3 月 7 日，著名数字货币交易所币安（Binance）遭受来自网络黑客的袭击，导致 7 小时内币安数字货币市场的市值蒸发了 200 亿美元，48 小时内蒸发了 750 亿美元。

同时，数字货币价格形成机制还远未达到市场共识，价格剧烈波动，市场风险很高。例如，2017 年 1 月 11 日比特币价格为 789 美元，12 月 18 日则飙升到 18 674 美元，2018 年 2 月暴跌至 8 000 美元。再如，2022 年 5 月，曾经市值高达 510 亿美元的算法稳定币"Terra USD（UST）"跳崖式暴跌，其依托的代币 Luna 更是在短短几天单价就从接近 90 美元跌到不足 0.00015 美元。注意到 UST 属于稳定币，本身就是为追求价格稳定而设计的，仍然存在巨幅价格波动。这表明市场风险很难避免。

2）政府面临的主要风险

政府面临的风险主要是数字货币无序和野蛮发展不仅会侵蚀国家货币主权，造成铸币税流失，扰乱正常的金融和经济秩序；更重要的是会严重危害国家金融安全，诱发系统性金融风险。如果放任自流，数字货币的匿名性和易于跨境支付很容易为跨境洗钱和恐怖犯罪活动提供条件。以中国为例，2017 年 6 月，深圳警方发现，普银公司通过“趣钱网”平台，利用数字货币非法吸收公众资金达 3.07 亿元。这些资金相当部分来源不明，去向流向境外，涉嫌赌博、毒品交易等违法活动。

数字货币交易平台从事数字货币业务时不仅遭受市场风险、信用风险、法律合规风险，而且遭受技术安全漏洞和重大操作失误所引发的技术和操作风险，这些往往诱发社会动乱。例如，2021 年泰达币公司因资产储备方面的虚假陈述受到美国执法机关指控。最终泰达币公司和纽约州检察长办公室达成和解，同意支付 1 850 万美元了结指控。虽然法律意义上，泰达币公司既没有公开承认，也没有公开否认违法事实，但支付罚金本身就意味着承认存在不当行为。

总之，私人数字货币通过区块链技术手段能够实现货币某一特定职能，但难以完全承担货币支付媒介、价值储藏和记账单位三大核心功能，数字货币的最终趋势只能是央行数字货币。

8.4.2　私人数字货币监管

以比特币为代表的私人数字货币初衷是用作交易工具，但从实际看，数字货币存在巨大风险，难以承担货币的基本职能。由于私人数字货币发行、流通都存在很多风险，各国政府采取了不同程度的监管。监管核心是私人数字货币交易，基本要求是，个人或机构只有经过政府相关部门批准才能设立数字货币交易所，向其他个人或机构提供交易服务，交易所日常运营受到诸如《证券交易法》《反洗钱法、反恐怖活动融资》等法律约束。由于各国情况不同，监管严格程度有所不同。最宽松的只是按照一般企业机构监管；较为严格的是按照金融机构监管，如中国香港特别行政区、新加坡、日本；最严格的则是禁止公开交易，如俄罗斯、中国等。

考虑到新加坡的监管具有代表性，下面以此进行说明。

1）新加坡监管概况

早在 2016 年 6 月，新加坡金融管理局（MAS）就推出了“监管沙盒”制度；2017 年 11 月，又发布了《数字代币发行指引》（*A Guide to Digital Token Offerings*），该指引对首次代币发行（initial coin offering，ICO）进行了澄清，表明若发行的数字货币代表投资者持有的企业股权、资产所有权，或可转换为公司债权，都必须按照《证券期权法》受到监管。首次代币发行的数字货币，符合《证券期权法》对股票的定义，在发行方没有获得豁免条件下，须事先向新加坡金融管理局提交售股说明书。2018 年 5 月，新加坡金融管理局发布了“对数字货币交易所和首次代币发行发行商的警告”，警告新加坡境内的八个数字货币交易提供商，在未经其授权情况下，禁止上架具有证券期货属性的数字货币。

2020 年之后，新加坡加强了交易所的监管。新加坡金融管理局把私人数字货币称为“数字代币”（digital token，DT），其用途分为三种类型，即实用型（utility）代币、证券型（security）代币、支付型（payment）代币。实用型代币指用于支付服务的代币；证券型代币指进行首次代币发行或用于融资的代币；支付型代币包括任何能用于支付的数字支付代币（digital payment token，DPT）。实用型代币没有专项法律监管，支付型代币受《支付服务法（PSA）》监管，证券型代币同时受《支付服务法》和《证券期权法》监管。

2）支付型数字代币监管

2020 年 11 月，新加坡金融管理局发布修订后的《支付服务法》，把监管范围扩大到转账、钱包托管、稳定币交易服务，以及去中心化交易所提供的相关服务，以保障客户资金安全。该法律生效日期从 2021 年 1 月 28 日生效。

按照修订后的《支付服务法》，私人数字货币交易服务属于支付服务，服务提供商实行许可证制度，包括账户服务、国内和跨境转账服务、商户获取服务、数字支付代币（DPT）服务和电子货币发行等活动都受到监管。其中提供数字支付代币服务包括数字支付代币的购买、出售，以及通过建立或运营数字支付代币交易所促进交换的服务。数字支付代币服务提供商必须遵守反洗钱/反恐怖活动融资规定，具体包括风险评估、风险缓解、客户尽职调查、记录保存、可疑交易报告和内部政策、合规、审计及培训。

当数字支付代币服务机构代表客户发行数字支付代币时，经营活动涉及首次代币发行（ICO），相应业务必须符合《证券法》相关要求。税收方面，将一种数字支付代币兑换为其他种类数字支付代币或法定货币，例如，将比特币兑换为以太币，或将比特币兑换为新加坡元，被视为免税供应，不征收商品服务税。

3）证券型数字代币监管

2020 年 5 月，新加坡金融管理局发布《数字代币发行指引（修订版）》，对《证券与期货法》形成补充。这份指引对当地开展首次代币发行具有重大指引意义，监管范围和过程更加明晰。

按照修订后的《数字代币发行指引》，新加坡金融管理局对项目进行具体分析。若机构用加密货币融资，一般受《证券与期货法》等相关法规监管。如果满足豁免条件，也可以不受以上法规约束。具体豁免条件包括，首次代币发行筹款额度不超过500万新币（约2 400万元人民币），或仅向机构投资者或合格投资者发行，等等。同时数字货币发行平台、财务顾问和代币交易平台，也要按照相关法律要求获取相应牌照，并符合反洗钱、反恐怖活动融资等要求。

阅读材料1

天秤币的夭折

2019年6月，Facebook公司发布Libra白皮书。按照说明，Libra是超主权加密稳定币，计划在2020年上半年发布。运营模式采用“Libra协会+授权商”的双层架构，Libra协会负责管理储备资产和发行加密货币，并授权主要加密货币商行和顶级银行机构为经营商。用户可将数字货币兑换为法币。技术方面，以区块链技术为基础，采用混合式P2P架构、BFT共识机制，以改善区块链数据结构，提高交易速度和数据验证能力。价值方面，以一篮子银行存款（如美元、英镑、欧元和日元等）和短期政府证券等低波动性的资产作为抵押，实行100%准备金，维护币值稳定。

项目一宣布，不仅吸引了包括PayPal、Visa、Mastercard、Coinbase等在内的一众行业巨头，也引起了美国政府的关注。7月美国参议院召开听证会，表达了对项目的担忧，David Marcus到场作出回应，并没有消除疑虑。10月，以法国为首的欧盟五国正联手抵制Libra进入欧洲市场。为此，协会成员Paypal、Visa、eBay等先后退出。

2020年4月，Facebook发布Libra2.0版白皮书，表示除了提供锚定一篮子法币外，还将提供锚定单一法币的稳定币，并承诺将放弃向无许可公有链系统的过渡计划。次月，加密货币钱包“Calibra”更名为“Novi”。12月1日，公司官网更新发布信息，Libra更名为Diem，价值锚定目标由多币种组合变为单一美元。

2022年2月，Facebook在社交媒体上宣布，已将Diem及其区块链技术出售给加州银行Silvergate Capital，所获资金将用于补偿早期投资者。至此Libra项目宣告破产。

资料来源：根据网络材料整理。

阅读材料2

巴哈马央行数字货币实践

巴哈马是一个岛国，国土由700多个岛屿组成，长1 220公里，宽96公里。人口近40万，经济发展水平较高，2021年人均GDP约3万美元。巴哈马中央银行发行的货币为“巴哈马元”。人口分散在30多个岛屿中，现金流通困难，金融服务成本高昂，大约20%的成年人没有银行账户。为提高支付系统效率，实现普惠金融目标，政府提出了支付系统现代化，央行数字货币是其重要的组成部分。

2018年6月，副总理兼财政部部长表示，将采用央行数字货币项目，项目命名“沙元”（project sand dollar）。巴哈马中央银行的银行部成立“电子方案小组”（E - solution unit），负责研发支付平台。2019年11月，在埃克苏马进行首次实地测试。该区手机使用率很高，这样可确保尽可能多地测试用户。不久，在阿巴科进行了第二次实地测试。经过两次测试后，2020年2月，巴哈马中央银行发布公告在全国推行央行数字货币。第一阶段向私人部门开通钱包服务，第二阶段推广到政府部门和公共事业企业。

为了保证项目顺利实施，2020年11月，巴哈马国家支付委员会（NPC）召开会议，制定了KYC、数据保护等标准，为项目提供法律保障。与此同时，巴哈马财政部、中央银行对《支付服务法》《中央银行法》相关条款进行修改，并制定了《巴哈马元数字货币条例》（*Bahamian Dollar Digital Currency Regulations*），该条例于2021年8月11日生效。

根据修改后的《巴哈马中央银行法》，巴哈马中央银行负责货币发行，货币既包括实物形式的巴哈马硬币、纸币，也包括数字形式货币。按照《巴哈马数字货币条例》数字货币名为“巴哈马数字元”（Bahamian dollar digital currency，BCDC），它不计利息，与硬币、纸币等形式货币等价，与纸币、硬币或存款的互相兑换不收取费用。

巴哈马中央银行同时负责审查、批准电子钱包提供商。中央银行授权商业银行、信用合作社、转账服务商、支付服务机构①向个人或企业、非营利组织等提供服务。中央银行在电子钱包提供商开立账户，用于发放或回笼沙元，个人或集体通过电子钱包提供商使用沙元。流通中钱包提供商监控履行AML/CFT职能，但相关IT系统归CBOB所有。

中央银行向这些钱包提供商发放央行数字货币，按照限额钱包分为3个层次。底层是为低值账户，钱包内最高限额为500沙元，月交易额不超过1 500沙元；中层是升值账户，最高限额为8 000沙元，月交易额不超过10 000沙元，年不超过10万沙元。最高层一般账户，最高限额为100万沙元，交易不受限制。前两类账户面向个人，后一类账户面向企业或其他机构。其中开设低值账户不需要与已有的银行账户对应，也不需要客户尽责审查（customer due diligence，

① 转账服务商，英文为“money transmission businesses”，简写为“MTBs”。支付服务商英文为“payment service providers”，简写为“PSPs”。

CDD)，而开设另两类账户需要以现有的银行账户为依托，需要进行客户尽责审查。

发行初期，能够提供钱包服务的机构有四家转账服务商、三家支付服务商和一家商业银行。2021 年 3 月 2 日，巴哈马央行新批准了三家金融机构获得授权。它们是，巴哈马银行（The Bank of The Bahamas）、教师与雇员信用合作社（the Teachers and Salaried Workers' Cooperative Credit Union）、岛支付（Island Pay）。其中巴哈马银行是一个清算银行，岛支付为支付服务商。

与各国中央银行类似，巴哈马中央银行的资产负债表披露各类货币发行数量，据统计 2020 年底数字货币发行量为 19.36 万元，2021 年底增加到 30.38 万元。

资料来源：根据网络材料整理。

阅读材料 3

中国香港特别行政区数字货币交易监管

对于数字货币，中国香港特别行政区政府把它归为虚拟资产，其交易监管主要由香港证监会负责。目前主要针对两类参与者，一类是提供虚拟资产交易服务运营商，另一类是投资虚拟资产或与虚拟资产相关产品基金管理人。前者以 2018 年 11 月发布的《关于虚拟资产交易平台监管框架》为依据，后者以同期发布的《关于基金管理人及分销商涉及虚拟资产活动时应遵守之规定》为依据。

2020 年 3 月，香港证监会发布《关于证券化代币发行人、分销商及专业投资者应遵守之规定》，表示将对证券化代币（STO）发行人、分销商及专业投资者进行许可和规范。这意味着证券化代币属于证券，受到现有证券法律法规约束。2020 年 12 月 18 日，香港证监会向数字资产平台 OSl Digital Securities Limited（OSL）签发了首张虚拟资产交易经营牌照，允许向机构或个人提供 OTC、经纪、托管等服务。2022 年 Hash Blockchain Limited 也获得虚拟资产交易经营牌照。

2023 年 1 月 28 日，香港证监会发布了《关于认可虚拟资产期货 ETF 的通函》，表示将允许与比特币和以太坊期货相关的交易型开放式指数基金（ETF）在香港上市。这意味着特区政府将为投资者提供一个更加便捷、安全和合规的途径。

资料来源：根据网络材料整理。

本章小结

数字货币是以网络为基础，利用数字技术发行、流通的货币。包括私人数字货币、央行数字货币，央行数字货币分为零售型、批发型。数字货币的发展先后经历了电子现金、比特币、稳定币三个时期，目前多种私人数字货币竞争激烈，央行数字货币积极探索。比特币是影响最大的私人数字货币。私人数字货币缺乏必要的信用支撑，价格波动大，难以承担货币基本职能，本质上属于金融资产。只有央行数字货币才能承担货币职能。

央行数字货币主要目标是提高支付系统效率、促进普惠金融。系统设计应该满足无损、合规、互通要求。业务流程包括发行、验证、账本更新、流通审查等环节。目前发行央行数字货币国家有巴哈马、尼日利亚等。

数字人民币是由中国人民银行发行、指定机构参与运营，以广义账户体系为基础，支持银行账户松耦合功能的数字形式的法定货币。采用双层运营模式，中国人民银行为第一层，指定运营机构为第二层。数字钱包是数字人民币的载体和触达用户的媒介，实行分类分级管理。2020年开始在国内进行试点，数字人民币红包是各地普遍采用的一种方式。这种方式涉及人数众多，一方面测试了系统的运行，另一方面又促进了消费，提高了数字人民币认知程度，具有多方面意义。近三年试用达到了预期效果。

私人数字货币对持有人和政府都存在多种风险，各国政府都采取了不同程度监管措施。目前趋势是监管措施越来越严格。新加坡政府的监管措施较为典型。

复习思考题

1. 什么是狭义的数字货币，什么是广义的数字货币？
2. 广义的数字货币包括哪些类型？
3. 私人数字货币主要经历了哪些发展阶段？
4. 央行数字货币的目标有哪些？
5. 央行数字货币的设计要求有哪些？
6. 什么是数字人民币？
7. 数字人民币钱包如何分类？
8. 对于私人数字货币，政府面临哪些风险？

参考文献

[1] 李建军，朱烨辰. 数字货币理论与实践研究进展 [J]. 经济学动态，2017 (10)：115－127.

[2] 米晋宏，王乙成. 数字货币及其经济影响研究新进展 [J]. 经济学动态，2022 (5)：127－142.

[3] 宋敏，徐瑞峰. 央行数字货币创新研究新进展 [J]. 经济学动态，2022

(5)：143－160.

［4］孙毅．数字经济学［M］．北京：机械工业出版社，2022.

［5］姚前．数字货币初探［M］．北京：金融出版社，2018.

［6］张帆．数字人民币专题报告：全球CBDC进展报告［R］. 2022－07－05.

［7］张运峰，曾艳，肖文昊．数字加密货币监管研究［M］．北京：光明日报出版社，2019.

［8］中国人民银行数字人民币研发工作组［R］．数字人民币白皮书，2021.

［9］Daniela B et al. Bitcoin awareness，ownership and use：2016－2020［R］. Bank of Canada staff discussion papers，2022.

第9章　数字经济与共同富裕

【学习目标】

学完本章，你应该做到：

1. 了解数字经济对就业的作用
2. 了解数字经济对城乡收入差距的作用
3. 了解数字经济对区域收入差距的作用
4. 了解数字经济对公共服务均等化的作用

【知识框架】

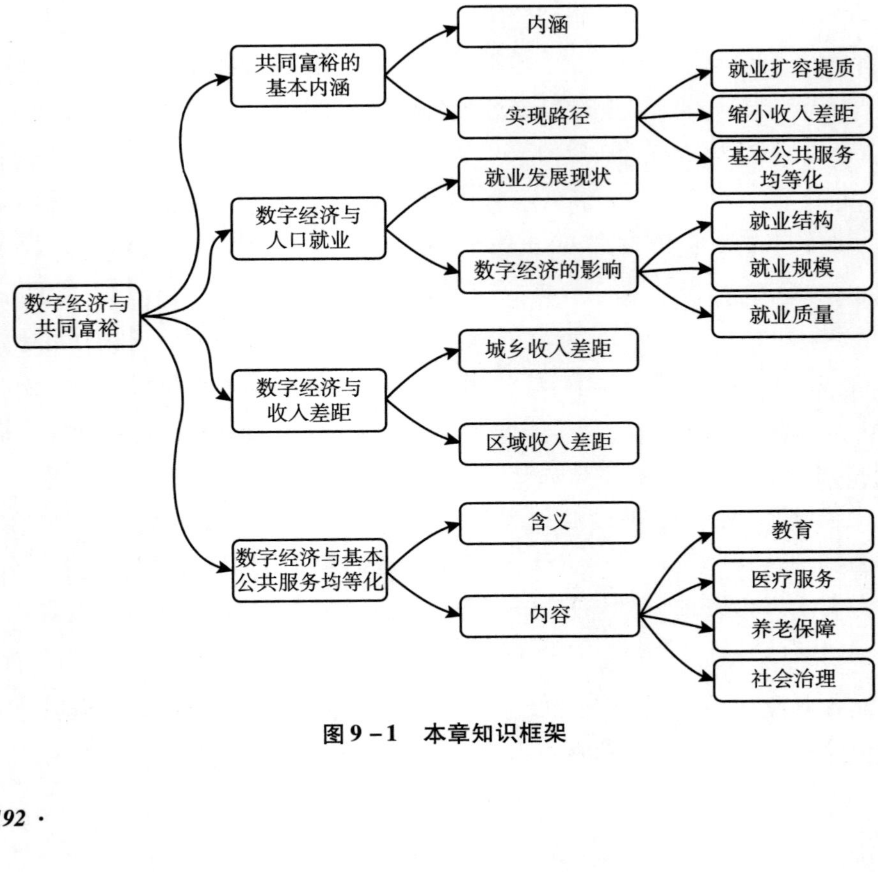

图9-1　本章知识框架

【引例】

数字化缩小区域差距、改善民生

初秋时节，衢州的山区县常山，众柚胡柚专业合作社承包的山头上绿意葱茏，一颗颗大柚子在枝头静待成熟。“往年采购价5毛钱一斤，搭上农村电商快车后价格直接翻一番。”负责人王新说，如今在浙江农村，电商渠道带动销售明显，邮政物流直通果园，发展空间很大。一颗颗丰收的柚子果，是城乡区域数字鸿沟不断缩小的鲜明例证。利用大数据进行精准扶贫，借助互联网发展农村电商等，浙江更好地发挥数字经济在改善民生、消除贫困方面的积极作用。

“百县万品”是“世界超市”义乌的一项帮扶工程——自2020年7月以来，义乌市市场集团建立常态化市场采购、消费助农机制，先后派出5批共33名选品员，深入全国各地301个经济欠发达县市，精选出1万多款农副产品、手工艺品，通过义乌发达的线上线下渠道销往全国。

资料来源：新华社。

党的十八大以来，中国共产党带领全国各族人民，在以往长期探索和实践的基础上扎实推进共同富裕，共同富裕的理论和实践取得了创新和发展。党的二十大进一步强调了共同富裕在中国式现代化进程中的重要性，不仅将“全体人民共同富裕的现代化”作为中国式现代化的中国特色，而且提出了中国式现代化的本质要求，其中之一就是“实现全体人民共同富裕”。高质量发展是推进中国式现代化的首要任务，而发展数字经济又是高质量发展的重要推动力。共同富裕和数字经济将伴随中国式现代化的全过程。共同富裕是中国发展数字经济的基本原则和目标导向，数字经济是促进共同富裕的新动能，同时也是共同富裕面对的新情况。2020年，我国数字经济规模达到39.2万亿元，占GDP比重为38.6%，并保持了9.7%的增长速度。可以预见，随着数字技术的不断升级，未来我国经济数字化转型将会持续快速发展，对实现共同富裕具有重要意义。本章首先介绍共同富裕基本内涵与实现路径，其次，从就业、收入差距、基本公共服务均等化三个方面讨论数字经济与共同富裕的关系。

9.1　共同富裕及其实现路径

共同富裕是社会主义的本质要求，是中国式现代化的重要特征，是党和国家长期以来的初心使命和奋斗目标，具有丰富的内涵和意义。1953年，《中共中央关于发展农业生产合作社的决议》中首次提出共同富裕的概念，其表述为“使农民能够逐步摆脱贫困的状况而取得共同富裕和普遍繁荣的生活”。“富裕”属于生产力范畴，“共同”属于生产关系范畴，共同富裕体现的是生产力与生产关系的统一，其内涵特征包括全民性、全面性、共创性、共享性、渐进性、差异性。共同富裕的实质是在中国特色社会主义制度保障下，全体人民共创日益发达、领先世界的生产力水平，共享日益幸福而美好的生活。

实现共同富裕，需要解决好发展不平衡、不充分、不可持续问题，需要以壮大中等收入群体、提高中等收入群体富裕程度为主要入手点，需要以在高质量发展中促进居民就业扩容提质，缩小城乡与区域收入差距，实现基本公共服务均等化作为推进共同富裕的重要路径。数字经济与这些路径之间存在紧密的协调关联机制，数字经济发展的过程，能成为促进共同富裕、实现包容共享的过程；数字经济可以为推动实现共同富裕创造更强动力。

9.1.1　就业扩容提质促进共同富裕

就业是居民获得收入的最主要途径，可以将不断扩大就业和提高就业质量作为扎实推进共同富裕的第一抓手。2020 年，我国居民人均可支配年收入为 32 188.8 元，其中与就业直接相关的收入为 22 433.5 元，约占整个人均可支配收入的 72.15%[①]。就业扩容是为社会提供充足的就业机会，实现充分就业，有助于低收入群体迈向中等收入群体；就业提质是向劳动者提供更富效率的就业机会，有助于中等收入群体形成更多的积累和进一步拓宽收入来源的渠道。

近年来，数字技术快速发展，出现了以信息通信技术作为支撑的新型灵活就业形态。比如，许多农村劳动力选择了快递员、外卖骑手、网约车司机等就业方式灵活、门槛较低的新就业形态。这些新职业不但给进城务工的农民工提供了更多的就业机会和劳动报酬，客观上也直接促进了农村劳动力就业率的增长。总之，数字经济发展能够打破地域和时间障碍，掀起大众创业热潮，吸纳社会闲置劳动力，促进就业与再就业。长远来看，数字经济发展可推动低收入群体就业，从而助力共同富裕的实现。

9.1.2　缩小收入差距以实现共同富裕

2020 年底，我国已全面消除既有标准下的绝对贫困现象。但是，低收入群

---

① 国家统计局 2021 年数据。

体的生活仍较为艰难，与社会平均水平存在较大差距。我国低收入群体数量庞大，主要由老弱病残等人群组成，这部分群体距离“富裕”存在较大差距。逐步缩小低收入群体与社会平均水平的差距，是实现共同富裕的基本要求。此外，提升农民收入是缩小地区间收入差距的关键所在。

数字经济的发展为共同富裕的推进注入了新活力。随着数字技术广泛应用而产生的诸多岗位给予了低收入群体更多增加收入的机会，如通过开展数字机床、工业机器人、工业物联网等技能培训。同时，数字经济能够充分激发“草根”家庭创业，通过创业带动就业，提高就业质量，缩小区域和城乡收入差距，最终促进区域和城乡经济均衡性增长。

9.1.3 基本公共服务均等化推动共同富裕

基本公共服务是指建立在一定社会共识基础上，由政府主导提供的，与经济社会发展水平和阶段相适应，旨在保障全体公民生存和发展基本需求的公共服务，主要涉及公共教育、就业服务、社会保险、社会服务、医疗卫生、人口计生、住房保障、公共文化体育八个领域。基本公共服务均等化是实现国民收入再分配公平正义的重要途径，是共同富裕必不可少的内容之一。具体包括，兜底性基本公共服务对巩固脱贫攻坚成果有重要保障作用，基本公共服务均等化推动高质量发展，基本公共服务均等化促进更加合理的收入分配格局，基本公共服务均等化促进精神生活富裕。

数字经济可为基本公共服务均等化贡献力量。尽管数字应用是一把“双刃剑”，可能由于“数字分群”加剧群体间分化。但是，在基本公共服务领域，数字化成果能够提升服务水平，包括在精准识别服务对象需求、推动公共服务资源下沉、促进部门间公共信息共享等方面发挥作用。因此，要积极利用互联网、大数据、云计算、人工智能等技术，推动教育、就业、社会保障、医疗卫生、公共文化等领域服务的智能化，加大各部门信息资源整合力度，加强统计数据资料综合分析和运用，为推进基本公共服务均等化、更好为共同富裕提供支撑和保障。

9.2 数字经济与人口就业

9.2.1 我国就业发展现状

就业是创造财富的一个重要源泉。截至2018年末，中国包括个体经营在内的中小微企业贡献了50%以上的税收、60%的GDP和80%的就业岗位，带动了我国就业事业的发展。表9－1反映了2016～2020年我国的就业总人数。由表中数据可知，我国就业总人数自2016年起呈现轻微下降的趋势。

表9－1　　2016～2020年我国就业人数　　单位：万人

年份	2016	2017	2018	2019	2020
就业人数	76 245	76 058	75 782	75 447	75 064

关于就业结构发展状况，图9－2反映了我国三大产业就业人口的变化趋势。其中，第一产业自2016年起一直处于下降趋势，从2016年的20 908万人减少到2020年的17 715万人，减少了15.3%。第二产业保持轻微下降趋势，变化幅度不大，从2016年的22 295万人减少到2020年的21 543万人。第三产业与第一产业、第二产业的变化趋势相反。第三产业自2016年起就业人口逐渐增加，从2016年的33 042万人增加到2020年的35 806万人，增加了8.4%。由此可见，我国越来越多的就业倾向于第三产业。

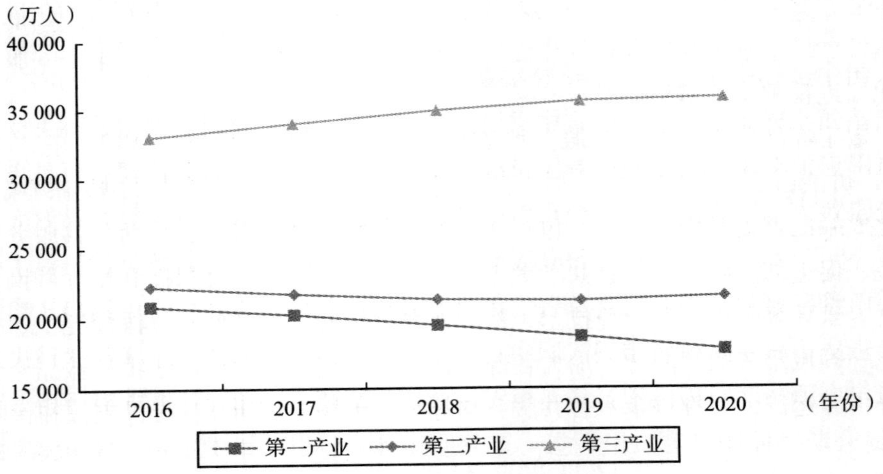

图9－2　2016～2020年我国就业结构

资料来源：根据《中国统计年鉴》绘制。

9.2.2　数字经济对就业结构的影响

数字经济深刻影响着我国的就业结构。在数字经济迅速发展的背景下，传统产业结构得到了相应的调整。根据中国信息通信研究院的测算，工业与服务业的数字化进程很快。2019 年，工业和服务业的数字化渗透率分别达到 19.5%、37.8%，远高于农业的 8.2%。在此过程中，我国就业结构在发生转换。目前，就业结构总体上呈现中高技能占比上升和低技能占比下降的“有序递进升级”模式，数字经济推动就业结构向着制造化、高技术化和高技能化的方向调整。

按照经济学理论，技术进步对就业市场存在双向影响：一方面，新技术会推动及代替人的体力或脑力劳动，直接冲击传统行业的部分岗位；另一方面，技术进步还会催生出各类新的岗位，增加就业机会。数字经济对就业结构的影响是通过替代基础低技能劳动力、提升高技能劳动力供给量实现就业结构的优化。如搬运工等低技能就业将逐渐被机器取代。而数字经济的发展将创造出新的高技能就业岗位。具体而言，科研、设计等对认知能力要求更高的岗位将会更受市场青睐，这种需求会促使劳动者提升自身工作技能，从而在人力市场中拥有更强的比较优势，推动了就业结构优化升级。在具体升级过程中，数字经济推动了诸如网购、网约车等生活性服务业的蓬勃兴起。数字技术的赋能使服务业向高端化、定制化、个性化方向发展，引领消费不断升级。同时，先进产业对数字人才的旺盛需求也催生了新职业、新用工形态。数字化平台企业也给劳动者实现个人价值提供了机会，就业的弹性空间不断扩大。

9.2.3 数字经济对就业规模的影响

数字经济对就业规模的影响包括就业创造效应和就业替代效应。就业创造效应在于数字经济创造了新的就业机会和岗位。一方面，数字经济的发展加快了数字产业化的实现，从而带来了就业的增加；另一方面，数字技术的创新提高了企业的生产效率进而提高了劳动者的收入，在劳动者收入增加的基础上，其对产品需求的提高将提高企业的劳动力需求，此时就业岗位将增加。与就业创造效应相对应，数字经济与就业之间存在替代效应。替代效应主要从三个方面影响就业：第一，机器自动化设备带来的结构性失业风险。随着机器自动化设备不断在生产生活中被使用，一些具有基本的中低端且可替代性高的低技能劳动者被机器人替代的可能性非常大，这将导致失业率的上升。第二，新业态的不断出现，旧业态的不断淘汰，带来结构性失业。当前数字经济广泛应用于很多领域。但与此同时，传统产业正逐渐被新业态所取代。例如，网购平台的崛起势必将引起传统实体店铺和零售批发市场的衰退，引起结构性失业。第三，产业结构转型导致结构性失业。随着我国产业结构的变化，第三产业占 GDP 的比重持续上升，但对于第一产业和第二产业来说，其占 GDP 的比重也就在不断下降，就业人口随之减少，从而形成结构性失业。总之，数字经济的发展并不必然增加或减少就业规模，而是就业创造效应和就业替代效应并存。数字经济究竟是增加了就业还是减少了就业，需要从不同的时期、区域和人群等角度进行分析。

数字经济发展对就业规模的影响还可以从短期和中长期角度分析。从短期来看，数字技术催生出的新产业、新业态创造了大量新岗位，但部分劳动者技能水平暂未适应行业的发展，以及对行业发展前景可能抱有观望心态；从中长期看，数字经济作为新业态，其发展代表了高质量发展和可持续发展的方向，也是我国供给侧改革的关键领域之一，数字经济发展势必会逐渐市场化、规范化，吸引劳动者加入行业，使得社会人力资本整体水平快速提高。因此，从长远看，数字经济发展对就业规模具有正面的促进作用。

9.2.4 数字经济对就业质量的影响

数字经济有助于提高就业质量。数字经济对就业质量的影响可以分为以下几点：

第一，直接效应。直接效应是指以互联网、信息通信技术为支撑的数字经济对就业质量的直接影响。数字经济时代，互联网信息数不胜数，这将大大提高求职者寻找理想工作的效率，提高其就业质量。

第二，间接效应。间接效应指的是由技术进步所产生的对劳动力要素的优化和配置，促进就业结构得到优化，从而提高就业质量。具体而言，数字经济的发展使得其对从业人员具有一定的水平要求，因此为了提高自己的竞争能力，从业者会采取各种措施进行培训。当从业者的技能水平提升之后，其就业选择、工资报酬也会相应增加，从而实现高质量就业。

第三，主观满意度提高。在数字化催生的网络服务业诸如快递小哥、网约车司机等，虽然这类工作社会保障尚不健全，工作强度大，但这类工作灵活性强，收入水平较高，劳动者主观满意度较高，总体就业质量高于传统低技能劳动者。

第四，开辟就业新空间。数字经济为老年人等潜在劳动力开辟了就业新空间，其灵活性特征突破了年龄、地域等工作限制，使得大量的就业机会涌向这一群体，盘活了这一群体的人力资源。更多潜在劳动力可以灵活地选择因数字经济发展而生的新兴数字职业，不仅提高这个群体的生活水平，也能够带动我国整体就业质量的提升。

9.3 数字经济与收入差距

9.3.1 数字经济对城乡收入差距的影响

1）数字经济提高农村居民收入，缩小城乡收入差距

第一，降低信息获取成本。一些地区由于位置偏僻、交通不便，无法获取有效信息，容易产生信息不对称等问题，难以进行最优决策，导致经济落后。数字经济发展和应用使得农村地区互联网、通信设备等信息工具更加普及，能够提高农民获取信息的有效性，减少了农民获取信息的成本，从而使得农业生产和发展的成本降低。

第二，提高农业生产效率。一方面，数字经济的发展，使得农村地区互联网、通信设备等信息工具更加普及，有利于农民快速高效地发现有用信息，对相关农业技术的了解更加专业，获取信息更加充分完备，从而更好地对农业方面的信息进行筛选，做出最优的生产决策，提高农业生产效率；另一方面，数字技术的应用，即使用互联网、通信设备等信息工具使得农民更加了解农业生产的知识，提高搜寻和筛选信息的能力，从而能够提升人力资本。

第三，推动营销模式创新。数字经济的发展创新了农产品的营销模式和销售渠道。互联网的普及使电子商务等新型销售模式日益兴盛并逐渐被农民使用。通过“线上营销”与“线下销售”相结合的模式，农产品的资源配置和供给的效率有效提高。具体而言，农产品信息网、“线上助农”、“直播”等数字技术形式，打破了农产品销售的空间和时间限制，扩大了市场，拓宽了销售渠道，增加了销售量，提高了农民收入。

第四，促进农民思想观念与思维方式转变。农民获取到的信息专业程度提高，知识更加先进，促进了思想的转变，有利于解除思想限制，从而使得农民农业生产技术优化，生产效率提高，实现就业与生产的多种可能性，提高农民收入。

第五，数字经济有利于我国农村劳动力非农就业率的提高。数字经济的发展提供了更多的就业岗位和就业信息。数字经济能够发挥“蒲公英效应”，推动中小企业发展，提供更多就业机会。同时，通信工具、互联网等信息工具在资源信息获取、机会识别方面存在较大优势，大量资源、技术、市场信息等都能借助互

联网得以传播，农民借助就业网站、招聘 APP、公众号等媒介能够快速获取就业招聘信息，迅速获得行业信息与市场动态，及时应对市场变化，从而提高收入，并改善农村居民生存环境，推动地区经济发展。此外，数字经济能够提高人力资本积累从而提高非农就业规模。随着数字经济的发展，农村地区的年轻人不仅以网络作为工具进行信息搜索，而且利用互联网以较低的成本进行知识与技能的学习，从而提升专业素养和自身能力，而人力资本积累下的优质劳动力会产生非农就业倾向，从而可带来经济收入的提高。

2）数字经济扩大了城乡数字鸿沟，进一步加剧城乡收入差距

第一，我国城乡存在一级数字鸿沟。一级数字鸿沟主要是数字基础设施等方面的差异。一方面，至 2017 年，我国农村网民为 2.09 亿人，占全国网民的 27%[①]，尽管农村上网人数也在不断增加，但占总体网民比例却在下降，城乡上网人数占比差距较大；另一方面，至 2018 年，我国城镇地区互联网普及率为 74.6%，农村地区互联网普及率为 38.4%。尽管我国农村数字基础设施建设加快，网络条件得到改善，但差距还是较大[②]。

第二，我国城乡之间存在二级数字鸿沟。二级数字鸿沟主要是指存在信息甄别、利用与加工等方面的差异。数字鸿沟不仅存在于地级市之间，也存在于城乡之间。现阶段，我国农村居民的整体受教育程度较低，缺乏对计算机、手机等信息工具系统学习的机会和使用互联网的技能，大量群体在应用数字设备时存在障碍。同时，我国农村老龄化程度也高于城镇，而数字能力在年龄上也存在明显差异。一般而言，年轻人更热衷于学习数字技能，老年人与之有较大差距。

数字鸿沟导致收入差距的原因主要体现在，首先，数字鸿沟阻碍了有效信息的获取，阻碍了劳动力技能提高，无法拓宽获益渠道。例如，加拿大新斯科舍地区城市与乡村地区的研究发现，“信息富人”能够通过互联网购买基金、股票，从而获得收益，而“信息穷人”却没有因此获益。其次，城乡数字鸿沟的存在也导致农业信息化程度较低，阻碍农业劳动生产率的提高、农村产业结构优化升级，从而导致城乡收入差距较大。

3）数字经济对城乡收入差距的影响可能呈倒“U”型

我国数字经济发展对城乡收入差距的影响会呈现先扩大后缩小的态势。在数字经济发展的初期，由于我国城乡数字鸿沟差距较大，不仅存在一级数字鸿沟即基础设施等方面的差异，而且还存在信息甄别、利用与加工等方面的二级数字鸿

① 资料来源：数字中国建设发展报告（2017 年），国家互联网信息办公室。
② 资料来源：2018 年互联网发展报告，中国互联网信息中心。

沟。但随着数字经济发展，农村居民也能获得数字经济发展带来的“数字红利”，数字经济发展不仅引致农民思想理念转变、生产成本降低、生产效率提高，提升农业收入水平，而且还能带来非农就业、创业机会，从而有利于城乡收入差距缩小。有研究构建两部门生产函数推导出互联网普及率和城乡收入差距之间存在倒“U”型的曲线关系，并认为我国正位于倒“U”型曲线右侧，即互联网使得我国城乡收入差距缩小的阶段。

9.3.2 数字经济对区域收入差距的影响

国家统计局公布的数据显示，2021 年北京、上海的居民人均可支配收入分别为75 002 元、78 027 元，而西藏、贵州、甘肃的人均可支配收入分别为24 950 元、23 996 元、22 066 元；分区域来看，东部地区整体居民人均可支配收入最高，中部地区次之，西部地区最低。在回报率的驱动下，劳动和资本等要素资源在地区之间单向流动引发区域差距。在此基础上，以产业为载体的技术转移与扩散使不同区域形成了不同的经济发展循环模式，导致了区域差距的形成和固化。同时，各区域要素禀赋、产业政策等方面的差异导致区域数字经济发展不平衡，依托数字经济的创富优势构建区域均衡发展机制则可以将区域差距保持在合理区间。关于数字经济对区域收入差距的影响作用，主流的观点大致分为两种，一种观点认为数字经济可以缩小区域收入差距，另一种观点则认为数字经济带来区域间收入差距扩大。数字经济缩小区域收入差距主要集中在以下几个方面：

第一，促进要素自由充分地流动，优化资源配置。数字经济可以通过促进劳动力流动和资本流动的方式来实现区域间实际的缩小。数字经济以新一代信息通信技术为核心、以数据和信息为关键生产要素，能够缓解信息不对称，破除地理障碍，消除制度约束，推动技术创新，建立包容增长生态，不仅有利于推动要素自由流动，优化资源配置，实现更高水平的分工协作，促进区域协调发展，缩小区域差距，而且有利于促进劳动生产率水平不断提高，增加劳动力规模收益率，扩大劳动力就业规模，提高不发达地区收入水平，缩小区域收入差距。

第二，数字经济促进技术创新。数字经济对技术创新的促进作用主要表现在三方面。首先，数字经济发展加快了信息流动速度，进而促进了创新资源的共享，增大了知识或技术的溢出扩散，改变了原有的技术创新模式，提高了行业生产率和技术创新能力；其次，产生信息溢出效应，使生产要素对数字经济信息的反应更加灵敏，能够快速捕捉有益信息，筛选优势信息，提升要素市场的甄别能力；最后，大大降低了供需双方信息的不对称性，使得劳动资源的跨区域、跨行业流动更为高效、灵活和便捷，从而提高区域经济的包容性和协调性。

第三，数字经济促进产业结构升级。数字经济对产业结构升级的促进作用主要表现在三方面。首先，数字经济发展提升了数字技术水平，促进了企业技术能力的提升和企业产品质量、企业生产效率、生产绩效的提高，从而加速传统产业转型升级；其次，数字经济作为一种新型的经济形态，通过互联网平台催生出新的商业模式，形成新的产业，为经济社会发展带来新动能；最后，技术溢出效应加速区域间或区域内产业数字化、网络化、智能化转型升级，推动区域产业结构向高技术化、高集约化的方向演进。

第四，数字经济具备空间外溢性。数字经济的虚拟性决定其空间溢出效应，这种虚拟特性具有非排他性和空间开放性，减少了区际间经济联系的阻碍。平台经济和虚拟电子产品等基于互联网兴起的新经济形式体现了数字经济催生的互联网信息资源集成共享式的发展，有助于打破不同城市和地区间分散孤立的状态，不仅通过网络实现虚拟产品的交换，也通过平台获得更充分的市场信息，进而实现实体产品在不同区域间的流通和交易。同时实体经济与虚拟经济更深层次的结合催生物流行业等跨区域的不受行政区划限制的新型行业，进一步打通了不同区域间经济交流的障碍。总之，数字经济通过高效的信息传递压缩了时空距离，增强了区域经济联系的深度和广度，为经济欠发达地区带来新一轮发展机遇。

如同一枚硬币的正反两面，数字经济在区域收入差距中起到积极作用的同时，也会在一定程度上扩大区域收入差距。在发展初期，由于信息资源的分布并不是均匀的，使得数字经济主要普及和应用在经济发展水平较高、信息资源良好的地区，为地区经济发展创造更为便捷的市场环境，使劳动力、资本、技术、数据等生产要素快速向经济发达区域转移和聚集，从而扩大地区差距。此外，我国数字经济、制造业集聚和地区差距的空间分布均呈现“东强西弱、南强北弱”的不均衡特征，数字经济通过经济集聚可能会扩大地区差距。

9.4 数字经济与基本公共服务均等化

9.4.1 数字经济促进基本公共服务均等化的改善机制

第一，数字经济有效推进服务经济、知识经济等潜在增长领域，切实利用产业结构转型引擎来促进地区经济社会的高质量发展，为基本公共服务均等化提供经济支撑。

第二，数字经济利用智能技术发挥重要作用。智能技术的优势在于弥补公共服务因其公共性质而产生的“搭便车”行为，通过物联网、大数据、人工智能等信息技术工具，可识别公共服务的需求主体，将公共服务资源精准用于切实需要的地方。由于资源禀赋与地理空间限制，公共服务向贫困地区、偏远地区与农村地区的直接供给往往面临高成本和低效率的问题。而随着互联网等信息技术基础设施的接入与移动设备的普及，基本公共服务能够借助数字化平台和网络传播手段，实现基本公共服务的均衡供给与统筹覆盖。

第三，资源转化效率低是导致公共服务均等化差距形成的主要因素之一。在数字技术投入广泛的社会应用中，整体性数字平台为价值共创主体和资源整合提供场景，合作供给与协同网络在交互过程中逐渐实现对公共服务需求的识别，纾解了基本公共服务供需不匹配的问题。

第四，数字经济在推动创新建设过程中，提高优质人力资源供给。而人力资源与公共服务供给将形成共振现象，优势的公共服务将吸引人才聚拢并更为高效地创造公共服务资源，过剩资源则将向周边扩散，从而在中心外围需求格局下实现对基本公共服务均等化进程的改善。

9.4.2　数字经济与基本公共教育服务均等化

在数字经济蓬勃发展的环境下，教育信息化是减小城乡、区域基本公共教育水平差距的可行手段。数字经济发展有利于缓解城乡、区域在学习环境、数字资源和高素质师资队伍等方面均存在的分布不均衡现象。

第一，教育环境方面，数字经济推动教育教学条件与水平的改善。通过实施中小学“校校通”工程、“农远工程”等，使教育信息化基础设施逐步完善，农村学校数字教育资源覆盖面不断扩大，中小学教师信息技术能力逐步提升，国民受教育程度不断提高。2021 年，全国中小学（含教学点）互联网接入率达到 100%，比 2012 年提高 75%；99.9% 的学校出口带宽达到 100M 以上，超过 3/4 的学校实现无线网络覆盖，99.5% 的学校拥有多媒体教室，多媒体教室总数超过 400 万间，学校配备的师生终端数量超过 2 800 万台，教育资源公共服务体系框架基本形成①。人工智能、大数据、5G 等新兴技术在在线教育领域得到广泛应用，直播互动的教学形式更加成熟。

第二，教育资源配置方面，利用国家智慧教育公共服务平台，助力农村地区学校师生共享优质教育资源。整合各类数字化学习资源及优秀教师、音体美团体等智力资源，通过在线直播和远程辅导等方式为乡村中小学生提供优质教学服务

① 教育部 2021 年统计数据。

和课后辅导服务，加快提升农村教育质量，缩小城乡教育差距。特别是国家智慧教育公共服务平台的上线，将海量的优质教育资源得以从城市传送到广袤乡村，进入农村中小学，促进城乡优质教育资源共享，提高农村教育质量和育人成效，加快推动义务教育优质均衡发展和城乡一体化。

第三，教师发展方面，构建“互联网 +”条件下的乡村教师专业能力提升路径、服务体系，提高教师信息化教学能力和信息素养。对教师使用技术平台和教学工具提供指导，改善当前教师对网络平台中的资源利用不足的现象，培养运用办公软件制作教学课件、录制教学微视频、编制教学文档的操作和应用等运用信息化技术进行教学活动的能力。信息化时代，教师不仅需要掌握高超的信息技术水平，还需要合理应用信息技术优化、创新教学。有针对性地开展以深度融合信息技术为特点的课例和教学法的培训，培养乡村教师利用新技术开展个性化教学的能力，增强乡村教师在信息化环境下创新教育教学的能力，提升应用数据开展教学和评价的能力，提升乡村教师指导学生开展在线学习的能力。充分利用人工智能、大数据的优势开展网络研修，通过网络平台开展研讨和交流。

9.4.3 数字经济与基本公共医疗卫生均等化

在数字经济的帮助下，我国基本建立了覆盖农村的医疗卫生服务体系，乡村医疗卫生服务机构覆盖率逐年增加，医疗设施不断完善，基层医疗人才队伍不断壮大，医疗卫生服务的公平性与可及性进一步提高。

第一，推动公共卫生信息服务平台建设。乡镇卫生院逐步建立医疗卫生服务电子诊疗与信息系统，依托信息系统，农村基层卫生机构逐步推进建立规范化电子档案，推动农村居民电子健康档案在线查询和规范使用。公共卫生信息服务平台解决了建档人工采集困难、档案记录不全、更新滞后、信息不真实、浏览不畅通等问题，全面提高了健康档案的质量和数量。居民的健康档案可以在地区所有医疗机构实时更新、实时查询和动态管理，为居民的诊疗提供便利。

第二，推动远程诊疗。当前，不少乡镇卫生院已经能够借助人工智能等技术，与三级综合医院合作共同完成远程会诊、远程心电诊断、远程影像诊断等服务。从各地实践来看，我国的远程医疗试点覆盖云南、广西、广东部分地区，宁夏、河南、四川、黑龙江等地。如四川省构建的“一二四九”远程会诊格局，贵州省搭建的覆盖省、市、县、乡四级公立医疗机构的远程医疗服务体系、宁夏的全民健康信息平台等，基本实现了大病不出县、小病不出乡，农村地区的医疗卫生信息化建设已经逐步推开。

第三，推动公共卫生服务便利化。通过门户网站建设与管理，建立医疗机构与服务对象的沟通渠道。可用于宣传基本公共卫生知识，帮助解答保健、医疗等方面的问题。通过移动平台，以短信形式，向选定服务对象进行服务提醒，包括发送健康检查、疾病防治等信息，向一般服务对象发布健康教育小知识和健康提示。

9.4.4　数字经济与基本公共养老服务均等化

在当今社会人口老龄化不断深入的过程中，以数字技术为支撑的养老服务为传统的养老模式提供了新的驱动力。依靠数据协同实现多元主体合作生产，是化解老年人的美好生活需要与服务供给不平衡不充分矛盾，实现养老服务高质量发展、实现基本公共服务均等化的重要手段。目前，数字技术以及相关理念已经广泛渗透到养老服务领域，以大数据为代表的现代信息技术被认为能够有效整合资源，提高服务效率和质量，实现新时代养老服务业“弯道超车”和跨越式发展。

第一，随着大数据、人工智能、区块链等信息技术的深度应用，养老服务产业数字化和智慧化转型态势已经非常明显，大数据技术成为养老服务系统多源、异构数据实现有效整合的基础，同时，可以帮助构建覆盖老年人全生命周期的智慧养老生态链。随着平台应用增多，老年服务生产商基于大数据开发出了更加多元、精准的养老服务，发展出养老服务的“私人订制”，扩大了养老服务产品供给，实现不同主体在满足老年人生活照料、医疗护理、紧急呼叫、娱乐休闲、精神慰藉等服务需求中的协同合作。通过数据的采集、整理、开发和利用，根据老年人的个性化需求实现精准服务的供给和输送。

第二，大数据技术丰富社区居家养老的服务内容，扩展居家养老的服务项目。老年人可通过平台直接预约，足不出户享受便捷服务。养老服务信息可集成到手机端，老年人可方便享受到子女亲情呼叫、120 急救呼叫、社区医生医疗咨询、健康管家、医院预约挂号、家政等服务，从而提高社区居家养老服务的服务效率和管理效率。老人可通过手机 APP 选择专家库医生进行咨询，医生在线为老人进行回复，让老人足不出户即可得到医疗咨询服务。医生会及时通过 APP 查看每位老人健康数据，并进行随访、健康评估等。

第三，智慧养老系统支持医养结合，对老人进行健康管理，老人每天使用带有数据传输功能的智能床垫、血压仪、健康一体机等健康设备进行测量。健康数据将上传平台形成健康档案。智能机器人、智能手环等诸多智能设备的采用，可以实现对老人地理位置、生理指标、活动能力等数据的实时采集和监控，自动提供相应的安全看护、健康监测、精神关爱和生活服务等。一旦老人身体发生异常，平台中心将及时通知服务人员、亲属，以使老人获得快捷的救助和援助。

9.4.5 数字经济与基本公共治理服务均等化

社会治理作为国家治理体系和治理能力现代化的重要组成部分，在维护社会秩序和推动社会发展方面起到了重要作用。而基本公共服务作为社会治理的重要组成部分，其均等化反映了社会治理的公平性，也是维护社会稳定的重要基础。随着数字技术的突飞猛进，数字技术在社会治理中通过数字化、智能化的政务服务体系，构建信息化、智能化、数字化、网络化的新兴技术规则和科技设施，从而实现基本公共服务均等化的一种智能化实现手段。在数字化时代，社会不再是模糊的，而是更加清晰，某种程度上已经成为"微粒社会"。

第一，数字技术有助于牢固基层社会治理基础。通过网格化管理，划分社会管理服务基本单元，有效地整合社会资源，打破社会管理服务领域的条块分割、专群分割、社群分割的工作格局，形成了新的高效率的管理体制，及时了解民情民意。通过对原始信息数据进行细化，把握特殊或重点人群的不同需求和动态，实现精细化、个性化的服务和管理。

第二，数字技术有助于提高治理效率。数字化社会治理能够跨平台、跨部门、跨层级地让各项政治信息实现协同共享，通过对数据的整理分析，以此帮助决策者和人民群众第一时间作出反应，预测大众需求和未来趋势，掌握关键信息，以便提供更加智能与高效率的管理和服务，从而推进社会政治秩序的稳定与协调发展。

第三，数字技术有助于畅通多元治理主体的参与渠道，打通基层社会治理"最后一公里"。在全域党建、议事协商、邻里守望、公共安全和应急减灾等领域，广泛应用 APP、微信群、物联网、视联网等信息互联技术，逐渐形成自治、法治、德治、智治"四治融合"的城乡社区治理体系，推动建设智慧共享、和睦共治的新型数字社区。

第四，数字技术有助于提升政府服务水平。运用移动通信、互联网、物联网等科技手段，设计形成一个接受公众咨询、投诉，联系职能部门答复、问题解决、向公众反馈结果的闭环式工作流程，并对所有工作环节进行监督评估。本着"政府主导，社会参与，发挥多元主体"的原则，形成无缝隙的社会治理新模式，促进社会主体的自我发育。例如，"村情通"乡村政府服务信息平台在浙江省龙游县的应用，将与村民密切相关的土地、社保、务工、住房等 40 余项信息以电子化的形式呈现，做到了"在线办事，指尖办事"，乡村政治效益由此得到大幅度提升，有助于提升农村基本公共服务水平，缩小城乡基本公共服务不平等现象。

阅读材料1

数字经济与中西部经济发展

2019年9月20日，北京大学数字金融研究中心和蚂蚁金服研究院联合发布了《数字经济助力中国东西部经济平衡发展——来自跨越“胡焕庸线”的证据》报告。报告指出，数字经济通过资金网络、商业信息网络、物流网络为代表的三大基础服务普及，跨越了影响中国84年的“胡焕庸线”，让东西部地区能共享经济发展机遇，促使经济发展机会更均等化，缩小了东西部经济发展差距。

“胡焕庸线”又名黑河—腾冲分割线，是1935年著名地理经济学家胡焕庸教授提出的一条人口分布地理线，在传统经济中，人口分布几乎决定经济活跃程度，这条线也成为东西部地区经济成长和社会发展分界线。近年来，数字经济的发展正在改变这一局面。

这份报告通过追踪阿里巴巴和蚂蚁金服2011年以来的数据变化发现，由于数字经济的发展推动，在电商、数字金融和物流等方面，西部与东部之间的差距在不断缩小：2011～2018年，移动支付东西部居民实际使用差异下降了39%；2013～2018年，“胡焕庸线”东西部两侧的电商数量比值差距下降了28%；2014～2018年，从订单支付到包裹签收的时长来看，东西部差距缩小了9.25%。

此外，移动支付是一个典型的案例，无论是在人口稀疏的西部，还是在北上广深一线城市，人们都获得了相同的服务，这也带来了普惠金融等服务的东西部差异缩小。2011～2018年，在信贷服务的使用情况上，东西部差异缩小了38%。而2013年以余额宝为代表的货币基金被广为接受，东西部的差异也下降明显，5年间差距缩小了36%。

报告还指出，过去8年，以“电商”和“码商”为代表的新群体出现，意味着中小企业的数字化经营程度不断提升，特别是西部地区的小企业获得了比从前更为充分的发展机遇。这也让更多的土货、山货开始走出乡村、走出西部，甚至走向全球。2019财年，淘宝天猫新增的超1亿年度活跃消费者中，有77%来自三四线城市及乡村地区。与此同时，物流的效率提升，也为西部地区经济的进一步发展提供了支持。货物一天运全国渐渐成为一种常态，目前，全国共有354个城市享受到当日达的体验，不仅是北上广深，还包括新疆阿克苏、西藏日喀则等数十个西部城市。

资料来源：环球网.

阅读材料 2

数字医疗与“名师面对面”

在大数据信息时代，数字经济正迅速融入区域公共服务各个领域，推进教育、医疗、社保等基本公共服务均等化。“互联网医院”的基础在于动态的大数据库，通过动态的自动化信息采集，将多维度医疗数据信息纳入大数据库。互联网医疗大数据系统包括电子病历系统、电子处方、在线医嘱系统、远程诊疗系统、处方审核与药品配送系统、支付与结算系统、电子健康档案系统。政府监管机构可借助大数据共享系统，即时监控区域医疗服务运行，进而优化公共决策。互联网医疗作为新型公共服务形态，有效消解区域治理的行政壁垒，实现政府、医疗系统、用户、社会四方共赢格局。

医疗系统在信息化与大数据支持下实现效率倍增，优质医疗资源不断下沉，提升了基层首诊能力。用户获得更为优质高效的服务。社会总体福利显著提升，医患冲突在即时信息反馈与信息透明化中不断消解。

传统的教学模式是老师基于一套教材进行解读，依据自身经验传授知识并传递情感价值，即使有“双师课堂”也只是将优师课堂视频配发至偏远地区。人工智能在教育中的应用主要通过机器学习、知识图谱、自然语言处理等来实现，能够获取学生端数据，实现定制化教学，模仿教师进行知识点归纳整理等。新型“双师课堂”是“名师优师”进行线上远程直播教学，线下课堂由本校老师组织课堂辅导、讨论、作业检查等。基于人工智能的“双师课堂”高效便捷地将一些优师精品课程和优质教学资源分发到目标区域，让更多的学生与名师“面对面”，缓解了偏远区县优秀教师配置短缺的问题。不仅如此，“双师教学”还使偏远或欠发达地区的教师能够足不出户就能拥有观摩学习的机会，缩小了与同行的教学差距。“双师课堂”只是人工智能应用于教学领域的一个展示，而基于大数据的人工智能，还可以根据对接方的教学短板和课上师生互动情况及时建模和调整教学策略。

资料来源：环球网 .

本 章 小 结

习近平总书记强调，“数字经济发展速度之快、辐射范围之广、影响程度之深前所未有，正在成为重组全球要素资源、重塑全球经济结构、改变全球竞争格局的关键力量”。2022 年，政府工作报告中明确了“扎实推进共同富裕”以及“促进数字经济发展，加强数字中国建设整体布局”的工作目标。面向未来，站在统筹中华民族伟大复兴战略全局和世界百年未有之大变局的高度，需要以数字经济赋能共同富裕，在实现“做强做优做大数字经济”的过程中推动实现“共同富裕取得实质性进展”目标。实现共同富裕可以从就业、收入差距、基本公共服务均等化三条路径出发，对此，本章重点分析了数字经济对就业、收入差距、基本公共服务均等化的作用。

复习思考题

1. 数字经济对就业的影响具体体现在哪些方面？
2. 如何利用、发展数字经济调节区域收入差距？
3. 谈谈数字经济如何影响城乡之间的收入差距。
4. 基本公共服务均等化具体指什么？
5. 数字经济如何有效促进基本公共服务均等化？
6. 为什么讲数字鸿沟会阻碍共同富裕的实现？

参考文献

[1] 中国信息通信研究院．中国数字经济发展报告（2022年）[R]. 2022.

[2] 中国信息通信研究院．中国数字经济就业研究报告：新形态、新模式、新趋势（2021年）[R]. 2021.

[3] 中国信息通信研究院．数字经济学概论——理论、实践与战略[R]. 2022.

[4] 胡拥军，关乐宁．数字经济的就业创造效应与就业替代效应探究 [J]. 改革，2022（4）：42－54.

[5] 段博，邵传林，段博．数字经济加剧了地区差距吗？——来自中国284个地级市的经验证据 [J]. 世界地理研究，2020（4）：728－737.

[6] 李晓钟，王欢．互联网对我国经济发展影响的区域差异比较研究 [J]. 中国软科学，2020（12）：22－32.

[7] 段博，邵传林，段博．数字经济加剧了地区差距吗？——来自中国284个地级市的经验证据 [J]. 世界地理研究，2020，29（4）：728－737.

[8] 许长新，凌珑．中国微观就业质量：绩效评价、影响因素及优化路径 [J]. 江海学刊，2020（6）：110－115，254.

[9] Yang, Y and Shao, X. Understanding industrialization and employment quality changes in China: Development of a qualitative measurement. China Economic Review, 2018, 47: 274－281.

[10] 谭永生．中国更高质量和更充分就业的测度评价与实现路径研究 [J].

宏观经济研究，2020（5）：82－90，101.

［11］宋林，何洋．互联网使用对中国农村劳动力就业选择的影响［J］．中国人口科学，2020（3）：61－74，127.

［12］张景娜，朱俊丰．互联网使用与农村劳动力转移程度——兼论对家庭分工模式的影响［J］．财经科学，2020（1）：93－105.

［13］马述忠，胡增玺．数字金融是否影响劳动力流动？——基于中国流动人口的微观视角［J］．经济学（季刊），2022（1）：303－322.

［14］李怡，柯杰升．三级数字鸿沟：农村数字经济的收入增长和收入分配效应［J］．农业技术经济，2021（8）：119－132.

［15］程名望，张家平．互联网普及与城乡收入差距：理论与实证［J］．中国农村经济，2019（2）：19－41.

［16］何文炯．共同富裕视角下的基本公共服务制度优化［J］．中国人口科学，2022（1）：2－15，126.

［17］黄雨晴．中国数字鸿沟的成因与赋权式治理［J］．学习与实践，2022（9）：23－33.

［18］刘培林，钱滔，黄先海，董雪兵．共同富裕的内涵、实现路径与测度方法［J］．管理世界，2021，37（8）：117－129.

［19］李实，杨一心．面向共同富裕的基本公共服务均等化：行动逻辑与路径选择［J］．中国工业经济，2022（2）：27－41.

［20］戚聿东，刘翠花，丁述磊．数字经济发展、就业结构优化与就业质量提升［J］．经济学动态，2020（11）：17－35.

［21］王文．数字经济时代下工业智能化促进了高质量就业吗［J］．经济学家，2020（4）：89－98.

［22］谢玲红，魏国学．共同富裕视野下缩小农村内部收入差距的现实挑战与路径选择［J］．经济学家，2022（9）：119－128.

［23］郭美荣，李瑾，马晨．数字乡村背景下农村基本公共服务发展现状与提升策略［J］．中国软科学，2021（7）：13－20.

第 10 章　数字经济统计与核算

【学习目标】

学完本章，你应该做到：

1. 了解当前数字经济统计核算方式的分类及对比
2. 了解数字经济统计核算的范围、步骤和方法
3. 了解数字经济统计核算的必要性及意义

【知识框架】

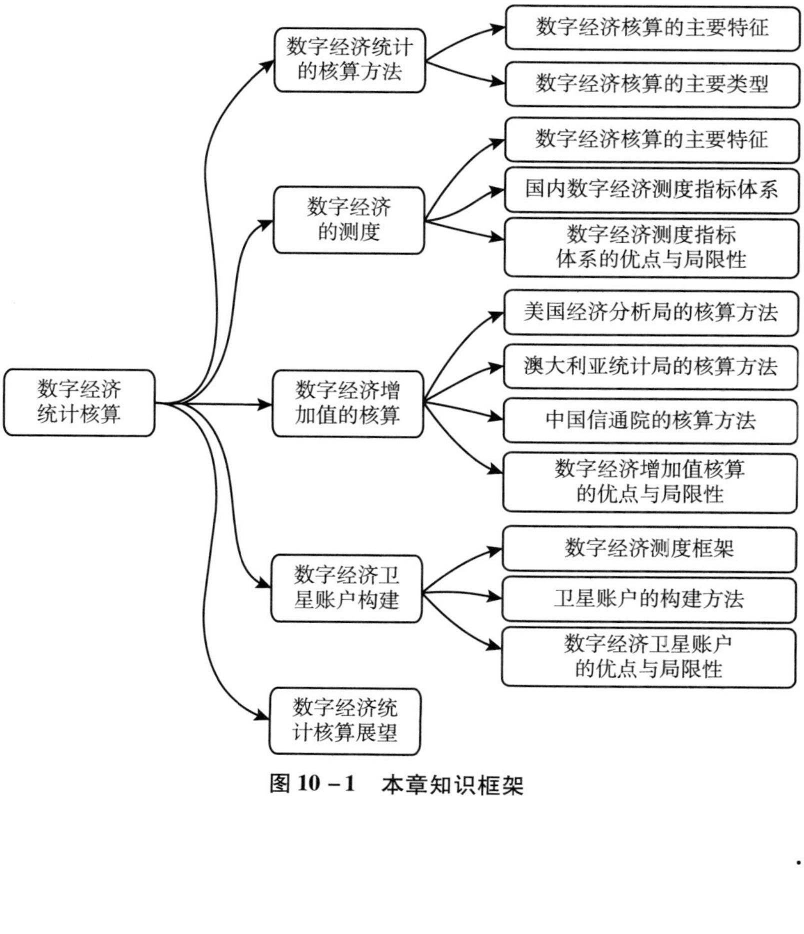

图 10－1　本章知识框架

【引例】

数字经济成为我国稳增长中强大引擎

“十四五”开局之年，我国数字经济顶住了来自国际复杂局势、疫情多点散发，经济恢复发展等多方面的压力，实现了平稳较快发展，数字经济作为国民经济的“稳定器”“加速器”作用更加凸显。2021 年，全国数字经济规模达到 45.5 万亿元，同比名义增长 16.2%，高于同期 GDP 名义增速 3.4 个百分点，占 GDP 比重达到 39.8%，较“十三五”初期提升了 9.6 个百分点。2016～2021 年的数字经济规模如图 10－2 所示。

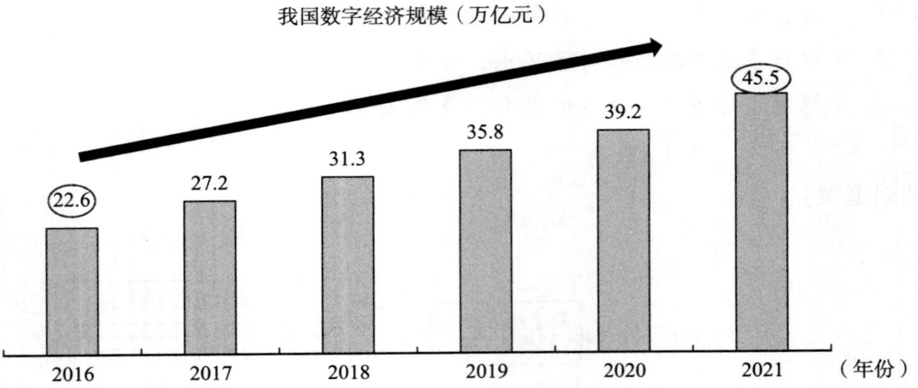

图 10－2　2016～2021 年中国数字经济规模

资料来源：中国信息通信研究院．中国数字经济发展报告（2022 年）．

随着数字经济规模的扩大、地位的提升、产业的升级与深度融合，如何客观、准确、全面地对实践中快速发展的数字经济进行统计核算就有了新的要求。当前国内外对数字经济有关的统计核算并没有达成共识，但经济合作与发展组织（OECD）、欧盟、美国经济分析局（BEA）等国际组织，美国、澳大利亚等国家以及国内外的学者针对数字经济核算概念、核算范围、核算方法及数字经济卫星账户的架构等问题已经进行了广泛研究，有力地推动了数字经济核算的进步。

10.1　数字经济统计的核算方法

传统的统计体系是顺应工业化的发展而来，在联合国、国际货币基金组织（IMF）等国际组织的推动下，形成了以国民账户体系（SNA）为基础的一系列统计标准、手册和规范。数字经济伴随着数据大爆炸的时代而来，相比于以结构化数据为主的传统经济数据，数字时代下的数据以非结构化和半结构化数据为主，呈现多样化、非标准化的数据形式，具有高频率、高碎片化、产权分离化（即数据使用权和拥有权分离）等特征。

传统统计方式难以适应这些大数据信息特征。在 SNA 设定的准则下标识、收集和分析大数据信息，存在着“低效”甚至“失效”的风险。同时，数字经济的发展与移动互联网、物联网、云计算、人工智能等众多前沿数字技术密切相关，如何界定其中的数据要素，全面、真实地反映数字经济规模，也存在突出挑战。

10.1.1 数字经济核算的主要特征

1）生产及消费边界模糊

传统经济活动中，生产者的身份是明确的。但在数字经济中，生产者的身份会发生变化。众多数字平台代替传统交易中的中介机构，为更多的个体或家庭等非企业化单位提供了参与到生产性活动中的机会，传统经济中的消费者可以成为自雇者、产品供应者等价值提供者，颠覆以往只有专门机构才能开展的生产性活动。

生产者身份的变化也导致生产行为的边界模糊化。在传统经济核算中，住户部门的自给性服务没有被纳入。但是数字经济时代，自给性产品规模明显增加，人们不再限于传统的雇佣或全职模式，可以利用闲暇时间使用自己擅长的技能，或利用家中闲置资源获取收入（如滴滴、数据咨询分析服务、闲鱼二手市场等），这部分产品创造了市场价值，但是从范围界定上依然游离于 SNA 核算范围之外。

2）价值估算困难

数字生产及消费边界混乱，价格和服务量难以确定。数字产品估值困难，使得现行统计体系无法真实测度消费者交易情况。在数字经济时代，数据成为一种十分重要的生产要素，其本身就是一种资产，而且所蕴含的价值可能远远大于以往常规方法所作的估值。

数字产品使用者生成的海量数据形成大量免费数字资产，虽然消费者没有直接支付使用数字资产的费用，但是消费者（提供数据）和生产者（提供免费数字服务）通过隐性交易来实现数据资产的价值可能更大。市场中却往往没有明显的相关价格可用来衡量其价值。

3）数字经济时代下的跨境活动

数字经济时代下，跨境电子商务、跨境资金往来以及跨境知识产权转移互动规模不断扩大，但部分环节的增值过程可能会被忽略或者出现核算偏差，进一步增加了数字经济规模的核算难度。

一是跨境电子商务。当前关于注册企业之间进行的线上跨境贸易活动，或者超过一定价值的进出口线上贸易，纳入 GDP 核算体系是较为完善的，但是单独对跨境电子商务进行统计，全面掌握不同对象、不同规模的交易信息依然处于探索阶段。

二是跨境资金往来。随着各类新型数字支付渠道包括移动货币、在线平台货币和比特币等出现，资金跨境转移的数字化将逐渐取代传统的转移方式。现行的测算跨境支付的方法可能忽略部分数字汇款行为，出现汇款统计缺口问题。

三是跨境知识产权转移。数字产品的生产过程伴随着大量数字知识产权的形成。这些产权跟随着产品和服务跨境转移。被转移的知识产权资产附加值分别纳入各国核算，但未被记入跨境国际贸易统计。导致研发部门所在国的 GDP 被低估，生产部门所在国的 GDP 被高估。

10.1.2 数字经济核算的主要类型

世界各国和相关国际组织对于数字经济规模核算方法和结果都不尽相同。根据已有研究成果本书将目前数字经济核算方法分为三类：一是指标体系法，即建立多维度的数字经济评价指标体系，用于衡量数字经济的发展情况；二是直接测算法，在界定数字经济范围的情况下，通过估算得到数字经济的规模；三是卫星账户法，即通过构建数字经济卫星账户来衡量数字经济规模。

1）指标体系法

由于数字经济涉及范围广、分类不一，世界各国研究机构关于数字经济指标体系的研究各有侧重。比如，欧盟的数字经济核算体系侧重于数字社会指数和数字民生指数，美国的数字经济核算体系侧重于与数字经济相关产业的测度，中国的数字经济指数各具特色，反映不同机构对数字经济的关注点和理念方法的差异。

从整体上看，这些指标具有一些共同特征：一是进行数字经济核算时，各机构及学者们注重当前互联网的发展形势，同时充分考虑了数字经济发展所需要的基础条件，进行了全面的衡量；二是这些指标和数字经济的关联度大，具有长期的可持续性和代表性，同时更具备时代特征，能够反映当下的市场活力及重点领域的发展水平；三是这些指标具有很强的可获得性，能够反映数字经济时代的主要特征，并可以随着数字经济的发展及时予以调整。

2）直接测算法

伴随数字经济的快速发展及其促进经济增长的作用日益增强，国际组织、国家政府统计机构开展了大量关于直接测算数字经济规模的相关研究。在国际上，美国经济分析局（BEA）对数字经济范围进行了界定，并且利用供给使用表对美国数字经济增加值和总产出等规模进行了测算研究。澳大利亚统计局（ABS）借鉴 BEA 的测算方法，对澳大利亚数字经济增加值及其对整体经济的贡献程度进行测度。一些国际咨询公司也对部分国家的数字经济增加值及其对 GDP 的贡献进行了测算。在国内，如中国信息通信研究院从数字产业化、产业数字化两个方面对中国数字经济规模进行了测算，也有学者在借鉴 OECD 数字经济研究框架的基础上，对中国不同类型的数字经济，如数字促成产业、电子商务等产业增加值进行了测算研究。2021 年 5 月 14 日，国家统计局通过《数字经济及其核心产业统计分类（2021）》，将数字经济产业范围确定为数字产品制造业、数字产品服务业、数字技术应用业、数字要素驱动业及数字化效率提升业等 5 个大类。并在辽宁、江苏、重庆等地开展数字经济统计监测试点工作，但截至目前，调查所得数据供各级党委政府、统计局以及相关主管部门内部使用，暂未对外发布。

总体看，国内外关于数字经济增加值的测算范围和测算方法均未统一，使得测算结果存在一定差异，但 OECD 数字经济研究框架和 BEA 对数字经济增加值的测算方法已对新西兰、澳大利亚等国家的官方统计机构产生较大的影响。

3）卫星账户法

2016 年，OECD 成立了数字经济下 GDP 测度咨询小组（AG），通过数字化转型的本质特征来界定数字经济的内涵，并且初步构建了一个既能对接 SNA 中心体系又能开展独立核算的数字经济卫星账户框架。该框架界定了数字经济范围，并基于供给使用表对数字经济规模进行测算，为各国数字经济卫星账户的构建奠定了基础。

目前，澳大利亚统计局、智利统计局、南非统计局已经建立了 ICT 卫星账户，马来西亚统计局 2009 年开始编制 ICT 卫星账户，2011 年在 ICT 卫星账户的基础上引入一系列辅助指标，共同构成马来西亚数字经济卫星账户。

相较于指标体系法和直接测算法，数字经济卫星账户能够全面反映国民经济各行业从事数字经济特征活动的情况，是测度数字经济实际发展规模及其对整体经济的贡献程度较为可行的方法。当然，目前国际上关于数字经济卫星账户的理论和实践研究还处于不断完善的阶段，受到现有统计数据的限制，实现宏观层面数字经济卫星账户的实践编制依然存在挑战。

10.2 数字经济测度的指标体系

数字经济测度的指标体系，指基于多个维度的指标及权重，构建一定的数字经济指标体系，用于反映区域内数字经济发展的相对情况，比较不同地区间的数字经济发展状况。目前，欧盟、国际电信联盟、世界经济论坛、联合国贸发会议、联合国经济和社会事务部等国际组织，以及中国的众多科研机构编制了种类繁多的数字经济相关指数，用于反映区域内的数字经济发展水平变化。本节将介绍国内外几种具有影响力的数字经济测度指标

10.2.1 国际数字经济测度指标体系

1）**欧盟数字经济与社会指数**（DESI）

2014 年，欧盟发布的《建立复合指数：方法论与用户说明手册》提出数字经济与社会指数（digital economy and society index，DESI）（见表 10 – 1）。该指数包含 5 个一级指标，14 个二级指标。该指数以驱动国家趋势发展的关键指标为基础，并考虑了数字化公共服务状况，是反映欧盟各成员国数字经济发展水平与进程的重要工具和窗口。欧盟的 DESI 指标体系一定程度上显示出指标体系的适用性，在欧盟发布的《国际数字经济和社会指数 2020》中，就使用了该指数衡量欧盟 27 个成员国和整个欧盟，以及全球其他 18 个国家数字经济的发展情况。

表 10 - 1　　欧盟 DESI 数字经济和社会指数

一级指标	二级指标
宽带接入	固定宽带
	移动宽带
	高速宽带
	超高速宽带
	宽带价格指数
人力资本	互联网用户技能
	高级技能及发展
互联网使用情况	互联网使用
	在线活动
	交易
数字技术应用	企业数字化
	电子商务
数字化公共服务	电子政务
	电子健康

2）经济合作与发展组织（OECD）数字经济指标

经济合作与发展组织（OECD）非常重视数字经济测度研究，自 2015 年起，OECD 每两年发布一期《OECD 数字经济展望》，作为考察和记述数字经济发展进程和新兴机遇与挑战的旗舰报告。其中数字经济测度指标设计包括了智能化基础设施投资、创新能力、赋权社会、ICT 促进经济增长与增加就业岗位 4 个一级指标。并根据欧盟统计局和 OECD 不同类别数据库的数据对一级指标进行划分，最终得出 38 个涉及数字经济的二级子指标（见表 10 - 2）。从效果上看，OECD 指标的数据来源仅为欧盟统计局和 OECD 不同类别数据库，并未选取固定样本国家进行全面的数据采集，也就没有形成确切且详细的数字经济测度指标。但 OECD 所列指标从 ICT 传播的影响和数据设备必要性方面，探讨了包括大数据分析工具使用在内的多种测量方式，为其他国家提升数字经济测度能力提供了一定经验。

表 10－2　　经济合作与发展组织（OECD）数字经济指标

一级指标	二级指标	一级指标	二级指标
智能化基础设施投资	宽带普及率	赋权社会	互联网用户
	移动数据通信		在线行为
	互联网发展		用户复杂性
	开发更高速度		数字原住民
	网络连接价格		儿童在线
	ICT 设备及应用		教育中的 ICT
	跨境电子商务		工作场所中的 ICT
	网络安全		电子商务消费者
	感知安全和隐私威胁		电子商务消费者
	完善网络安全和隐私证据基础		内容无边界
			电子政府应用
			ICT 和健康
创新能力	ICT 与研发	ICT 促进经济增长与增加就业岗位	ICT 投资
	ICT 行业创新		ICT 商业动态
	电子商务		ICT 附加值
	发挥微观数据的潜力		信息产业劳动生产率
	ICT 专利		测度经济服务质量
	ICT 设计		电子商务
	ICT 商标		ICT 人力资本
	知识扩散		ICT 工作岗位及 ICT 行业工作岗位
			贸易经济与 GVC

3）联合国国际电信联盟 ICT 发展指数（IDI）

联合国国际电信联盟开展数字经济相关指数研究工作较早，连续性较强，有长期的研究积淀和专业性，得到各国政府和各部门的广泛采用。从 1995 年开始，截至 2017 年共 9 次发布了 ICT 发展指数（ICT development index，IDI）。指标体系中包含 ICT 接入、ICT 使用和 ICT 技能 3 项一级指标以及 11 项二级指标。尽管涉及指标较少，测度内容不多，并没有直接构建数字经济的指标体系，但其在指标选取、构建指标体系等方面仍为后来的研究提供了较强的借鉴意义（见表 10－3）。

表 10－3　　联合国国际电信联盟ICT发展指数

一级指标	二级指标
ICT接入	固定电话覆盖率
	移动电话覆盖率
	用户平均国际互联网带宽
	家庭电脑普及率
	家庭互联网接入率
ICT使用	互联网用户率
	固定宽带使用率
	移动宽带使用率
ICT技能	入学年限中位数
	初中入学率
	高等教育入学率

10.2.2 国内数字经济测度指标体系

中国数字经济指数编制时间较晚，但类别较多，能够较好地展现本土特色。最早的指标体系可以追溯到2015年腾讯发展研究院发布的“互联网＋数字经济”指数，此后，《中国城市数字经济指数白皮书（2017）》、中国信息通信研究院、工业和信息化部电子第五研究所等陆续从各自角度与关注点，融合国家统计局《数字经济及其核心产业统计分类（2021）》对数字经济的类型划分，综合考虑代表性和数据的可获得性，发布多种中国数字经济发展指数。

1）新华三集团中国城市数字经济指数

2017年，《中国城市数字经济指数白皮书（2017）》首次发布。作为首个针对中国城市数字经济发展状况的评估报告，中国城市数字经济指数以国家政策、规划、指导意见等为评估依据，采用对比法对中国城市数字经济发展水平进行评估。目前最新版本为《中国城市数字经济指数蓝皮书（2021）》，该版本与2017年的版本相比，一级指标、二级指标、指标权重、评估城市数目等均有所改变。主要从数据与信息化基础设施、城市服务、城市治理和产业融合四个方面评估中国城市数字经济发展状况（见表10－4）。

表 10－4　　新华三集团中国城市数字经济指数

一级指标	二级指标
数据与信息化基础设施	信息基础设施
	数据基础
	运营基础
城市服务	政策规划
	建设运营
	运营成效
城市治理	政策规划
	建设运营
	运营成效
产业融合	数字产业化
	产业数字化
	运营成效

2）中国信息通信研究院 DEI 指数指标体系

2017 年 7 月，中国信息通信研究院发布《中国数字经济发展白皮书(2017)》，构建 DEI 指数为数字经济景气指数（Digital Economy Index）。包括先行指数、一致指数和滞后指数。这一指数相比其他指数的优点在于，充分考虑了数字经济发展所必需的基础条件，以及数字产业化、产业数字化和数字经济对宏观经济社会带来的影响，同时选取了许多具有中国特色、时代特色的指标，是一个相对而言大而全的指数，但是缺点是理论框架不够完善，指标之间的逻辑联系和科学依据不是很清晰，有些指标符合当下热点，但是不一定具有可长期观测的可持续性和代表性（见表 10－5）。

表 10－5　　中国信息通信研究院 DEI 指数

先行指标	一致指标	滞后指标
大数据投融资	ICT 主营业务收入	第一产业增加值
云计算服务市场规模	ICT 综合价格指数	工业增加值
物联网终端用户数	互联网投融资	第三产业增加值
移动互联网接入流量	电子信息产业进出口总额	信息消费规模
移动宽带用户数	电子商务规模	
固定宽带接入时长	互联网服务市场规模	
固定宽带用户数	“互联网＋”协同制造	
固定资产投资完成额	“互联网＋”智慧能源	
	“互联网＋”普惠金融	
	“互联网＋”高效物流	

3）赛迪顾问中国数字经济指数（DEDI）

《2017 中国数字经济指数（DEDI）》白皮书由赛迪顾问 2017 年发布，中国数字经济指数（Digital Economic Development Index）将数字经济划分为基础型数字经济、资源型数字经济、技术型数字经济、融合型数字经济和服务型数字经济五个方面，涵盖 34 个二级指标（见表 10－6）。

表 10－6　　赛迪顾问中国数字经济指数

一级指标	二级指标	一级指标	二级指标
基础型数字经济	电子信息制造业规模	融合型数字经济	农业互联网平台数
	信息传输业规模		有电子商务交易活动企业占比
	软件和信息技术服务业规模		两化融合国家级示范企业
	互联网普及率		数字化研发设计工具普及率
	固定宽带签约		智能制造就绪率
	宽带用户平均下载速率		关键工序数控化率
	移动电话普及率		智能制造就绪率
资源型数字经济	上市大数据企业数	服务型数字经济	即时通信——微信用户分布
	数据交易中心数量		旅游——携程用户分布
	政府数据开放水平		生活服务——新美大用户分布
	移动互联网接入流量		网上购物——网络零售额
	固定互联网宽带接入时长		金融——支付宝用户分布
	固定宽带用户数		医疗——平安好医生用户分布
技术型数字经济	高新技术产业 R&D 人员折合全时当量		出行——滴滴出行用户分布
	高技术产业 R&D 经费内部支出		政务——我国分省（区、市）域名分布
	高技术产业专利情况		互联网金融——支付宝用户分布
	高技术产业技术获取与技术改造支出		娱乐——爱奇艺用户分布
			教育——中小学互联网接入率
			互联网医疗——平安好医生用户分布

4）工业和信息化部电子第五研究所中国数字经济发展指数

2022 年工业和信息化部电子第五研究所发布《中国数字经济发展报告》，从数字产业化、产业数字化、数字基础设施、数字技术、数字人才五个方面，构建指标体系，并采用 CRITIC 客观赋权法生成指标权重，对 2013～2021 年全国、分地区和省级数字经济发展情况进行综合评价，试图探究中国数字经济发展的历史趋势、地域特性，探析典型省市的发展情况。中国数字经济发展指数具有鲜明的中国特色，具有一定的创新性，但是数据来源不一定稳定、无法国际可比也是这类指标的共性缺点（见表 10－7）。

表 10－7　　　　中国数字经济发展指数

一级指标	二级指标	三级指标
数字产业化	信息产业	国产计算机 CPU 生产企业数量
		国产操作系统生产企业数量
		国产数据库管理系统生产企业数量
		软件行业平均工资
		软件业务收入
	通信产业	光缆线路长度
		移动电话交换机
		互联网宽带用户数
		软硬件企业数量
		电信业务总量
产业数字化	数字化广度	期末计算机台数
		域名数
		有电子商务的企业数量
		电子商务采购额
	数字化深度	数字化第一产业企业数量
		数字化第一产业企业占比
		数字化第二产业企业数量
		数字化第二产业企业占比
		数字化第三产业企业数量
		数字化第三产业企业占比

一级指标	二级指标	三级指标
数字基础设施	新基建	超算中心数量
		数据中心数量
		数据交易所数量
	数据要素	数据要素企业数量
		数据要素企业占比
	辅助企业	辅助企业数量
		辅助企业占比
数字技术	数字科技企业	数字科技企业投入
		数字科技企业运营
		数字科技企业产出
	数字科技创新	数字科技创新热情
		数字科技创新实效
数字人才	传统数字人才	传统数字人才培养高校数量
		传统数字人才培养专业数量
	新兴数字人才	新兴数字人才培养专业数量
		新兴数字人才培养专业数量

10.2.3　数字经济测度指标体系的优点与局限性

指数化水平测度作为统计体系测算中的重要方法，在衡量数字经济对经济增长的贡献时具有重要作用，同时指标体系创新性和实时性强，能系统反映国家或区域的经济发展水平。但是该方法仍存在着一定的局限性。

第一，数字经济指数化可以在一定程度上反映数字经济的发展趋势，但数字指标体系本身并不是数字经济的直接衡量标准，因此该方法可以作为数字经济直接测量的替代方法。

第二，数字经济指数测量方法是一种相对评估方法。从技术角度来看，同样的评价对象，可能由于评价方法的差异，选择了不同的基期或者报告期，或者权重设定不同，使数字经济指标指数结果存在较大差异。

第三，数字经济指数方法反映了社会经济的数字化水平，但指标体系提供的相对评估只能部分反映趋势。

第四，数字经济指标体系的构建具有较强的主观性。国内有关数字经济指标体系的相关研究开展较晚，数字经济指标选取的主观性较强、差异较大，指标选择的严谨性仍有待提升。

10.3　数字经济增加值核算

通过对数字经济增加值进行核算以反映数字经济的发展情况是国际通行做法，也是数字经济核算的核心。相比指标体系法，数字经济直接测算要困难得多。目前全球重要国家和国际组织都积极探索数字经济规模的核算方法，其中以 G20、联合国贸易和发展会议、国际货币基金组织、OECD 以及中美两国为主要代表，但是，目前只有中国、美国等少数几个国家的官方或半官方机构发布了数字经济总量测算值。

10.3.1　美国经济分析局的核算方法

美国经济分析局（U. S. Bureau of Economic Analysis，BEA）分三步来核算数字经济的规模：

第一，从生产法的角度对数字经济的概念进行界定，以此确定核算范围。从概念上看，数字经济应该包括与数字经济相关的所有产品和服务的类别，但在统计实践过程中，一些产品和服务的类别既包含数字部分也包含非数字部分，要想将数字部分从中完全剥离出来，还面临着诸多挑战。2020 年 BEA 扩宽了核算范围，从仅包含数字产品和服务演变为包含数字和非数字产品和服务的混合，指出数字经济是指主要基于互联网及相关 ICT 的经济活动，具体包括数字化基础设施、电子商务以及数字媒体三个方面（见表 10 - 8）。

表 10－8　　BEA 对数字经济产业的分类

一级指标	二级指标
数字化基础设施	计算机硬件
	计算机软件
	通信设备与服务
	支持数字经济运行的建筑
	物联网
	支持服务
电子商务	B2B 电子商务
	B2P 电子商务
	P2P 电子商务
数字媒体	销售型数字媒体
	免费型数字媒体
	大数据销售媒体

第二，选取供给使用表框架①中与数字经济相关的产品和服务类别，明确核算对象。美国经济分析局（BEA）使用基于 NAICS 的框架对供应使用表中的数据进行分类，该框架包括大约 5 000 种商品和服务。再依靠分析师专业知识和外部研究，最终选择了 200 多种商品和服务类别纳入最终核算范围。

第三，正式进行核算。对供给使用表框架下确定生产产品和服务的产出、附加值、就业、薪酬和其他相关变量进行估算，核算该行业数字经济增加值（数字经济的实际增加值等于实际总产出与实际中间投入之差）。就业和劳动者报酬的计算采用与增加值相同的思路，各行业中属于数字经济部分的就业和劳动者报酬的占比等于数字经济部分产出的占比。

10.3.2　澳大利亚统计局的核算方法

澳大利亚统计局借鉴美国经济分析局方法，将数字活动分为数字化基础设施、数字媒体和电子商务三个方面。为简单起见，澳大利亚统计局重点关注本质上“主要是数字化”的产品，并在供给使用表中单独识别。具体步骤为：

一是基于上述三大数字活动在供给使用表中选择纳入核算范围的产品和服

① 供应使用表的核心包括两个基本的国民核算表——“供应”表和“使用”表。供应表显示可供国内消费的商品。使用表显示了行业生产（中间投入）和最终用户消费的商品的投入。供给使用表是美国经济账户中不可或缺的重要组成部分，它们显示了行业如何为彼此提供投入和使用产出以产生 GDP，对行业和最终用途交易进行了全面的说明。

务。其中，数字化基础设施分为硬件、软件、支持服务和电信；电子商务包括批发和零售服务。在选定的产品和服务中，只列出与当前数字活动测量相关的输入—输出产品分类。

二是为所选数字产品确定行业来源。其中所有行业都是从供给使用表中的澳大利亚生产矩阵中确定的，矩阵显示了不同行业生产的商品和服务的估计价值，可以与澳大利亚和新西兰标准工业分类（ANZSIC）一起汇总。近年来，澳大利亚数字产品主要由以下部门生产：J 信息，媒体和电信；M 专业，科学和技术服务；F 批发贸易；G 零售业。

三是估计数字活动的投入和产出。数字活动增加值是所选数字产品的总产出减去生产中消耗的产品价值。其中总产出、中间消耗使用既定假设和简单建模进行估算，包括确定当前价格，估算产品及服务的数量，核算数字经济增长的贡献等。

10.3.3 中国信通院的核算方法

中国信息通信研究院自 2014 年起已经连续 8 年发布《中国数字经济白皮书》，对中国数字经济进行核算，核算方法已经被纳入 G20《数字经济测算工具箱》。

中国信通院将数字经济划分为数字产业化和产业数字化两个部分（见图 10－3）。其中，数字产业化部分对国民经济统计体系中各个行业的增加值直接进行加总，包括电子信息制造业、基础电信业、互联网行业和软件服务业等；产业数字化部分主要指 ICT 产品和服务在其他领域融合渗透带来的产出增加和效率提升，是优先将传统产业产出中数字技术的贡献部分剥离出来，再采用增长核算账户框架估算传统产业中的数字经济总量。核算的具体步骤如下：

第一，明确数字经济的核算范围。中国信息通信研究院的数字经济框架经历了“两化”（数字产业化、产业数字化）、“三化”（数字产业化、产业数字化、数字化治理）到“四化”（数据价值化、数字产业化、产业数字化、数字化治理）的发展过程。在对数字经济进行核算时，只对数字产业化和产业数字化两部分进行衡量。

第二，核算数字产业化部分。数字产业化即信息通信产业，主要包括电子信息设备制造、电子信息设备销售和租赁、电子信息传输服务、计算机服务和软件业、其他信息相关服务，以及由于数字技术的广泛融合渗透所带来的新兴行业，如云计算、物联网、大数据、互联网金融等。数字产业化部分增加值按照国民经济统计体系中各个行业的增加值直接加总。

第三，核算产业数字化部分。数字技术具备通用目的技术的所有特征，通过对传统产业的广泛融合渗透，对传统产业增加产出和提升生产效率具有重要意义。对于传统产业中数字经济部分的计算思路就是要把不同传统产业产出中数字技术的贡献部分剥离出来，再采用增长核算账户框架（KLEMS），测算出 ICT 资本存量、非 ICT 资本存量、劳动投入以及中间投入，最后得到传统产业中的数字经济总量。

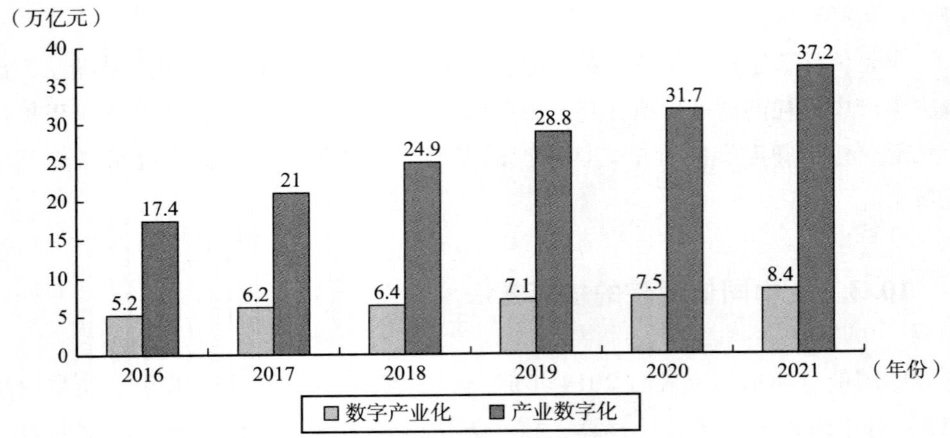

图 10－3　2016～2021 年中国数字经济结构

资料来源：中国信息通信研究院．中国数字经济发展报告（2022 年）．

10.3.4　数字经济增加值核算的优点与局限性

美国经济分析局和澳大利亚统计局通过国民账户的角度提供了数字经济测算的方案，对于两国来说具有较强的操作性。采用相同的测算方法也有利于国家之间进行数字经济规模的国际比较。但是，该方法仍存在一定的局限性，尤其是对新兴的数字化产品，从生产方式的角度并不包括在核算范围之内。

国内研究中，中国信通院在此领域研究较早，方法成熟，且被广泛运用。中国信通院测算时运用大量数据，不仅能测算数字经济规模，还能明确数字经济的影响因素，整合各个产业数字经济融合情况。但是，该方法也存在一定的局限。比如，增长核算账户框架需要在一些假定条件才能应用，这在一定程度上降低了核算结果的可信性。同时，模型计算需要大量数据，但是部分数据获得性较差，需要其他指标代替。异常数据也在核算时进行了一定处理（异常数据判断标准为省份或行业指标值高于全国平均水平 10 倍以上，或年均增速/减速超过 100%），进一步影响了核算结果的准确性。

10.4 数字经济卫星账户构建

数字经济交易活动的发生可能同时涉及国民经济的第一产业、第二产业和第三产业。构建数字经济卫星账户（digital economy satellite account，DESA）可对特殊形态的经济模式及相关产业的运行状况进行专门的统计监测与分析，从更全面的视角阐释数字经济的发展路径，探究数字经济与国民经济其他行业之间的互动机制，更加系统地测度数字经济的发展规模及其对宏观经济的贡献程度，是传统宏观经济统计方法的有效补充。

数字经济卫星账户（DESA）作为当前国际组织与发达国家正在积极推广的一类卫星账户，与旅游卫星账户（TSA）、环境经济核算体系（SEEA）等功能相似，是在国民经济核算中心框架外，按照国际统一的国民账户的概念和分类要求单独设立的、能够反映数字经济规模及其对宏观经济贡献的账户体系，是对国民经济核算体系中心框架的有机拓展。目前，国际上对数字经济卫星账的构建研究尚处在初期探索阶段，做出比较前沿研究的国际组织是 OECD。本节将重点介绍 OECD 构建 DESA 的思路。

10.4.1 数字经济测度框架

OECD 是第一个提出编制 DESA 的国际组织，早在 2016 年便成立了数字经济下 GDP 测度小组（advisory group on measuring GDP in a digital economy，AG），提出数字经济卫星账户基本框架，并编制 DESA 的供给使用表，用于专门探究数字经济对国民经济的影响。

编制 DESA 的关键环节是创建供给使用表。OECD 将创建数字经济供给使用表的核心关注点聚焦在产业与产品的划分上，采用数字交易的 3 个特征来识别经济活动是否属于核算范围：数字订购、数字传递和平台实现。2018 年，OECD 首次正式提出数字经济概念框架，2020 年发布《数字经济供给使用表指南》，以供给使用表的形式对衡量数字经济活动的概念框架进行调整（见图 10－4）。

依据这个框架，OECD 确定了数字经济的各个维度，包括生产边界、数字经济参与者、产品和交易的本质，并通过交易的本质确定数字经济的测度范围。即一个经济交易，只要满足数字订购、平台实现或数字传递其中任何一项，便属于数字经济的范畴。

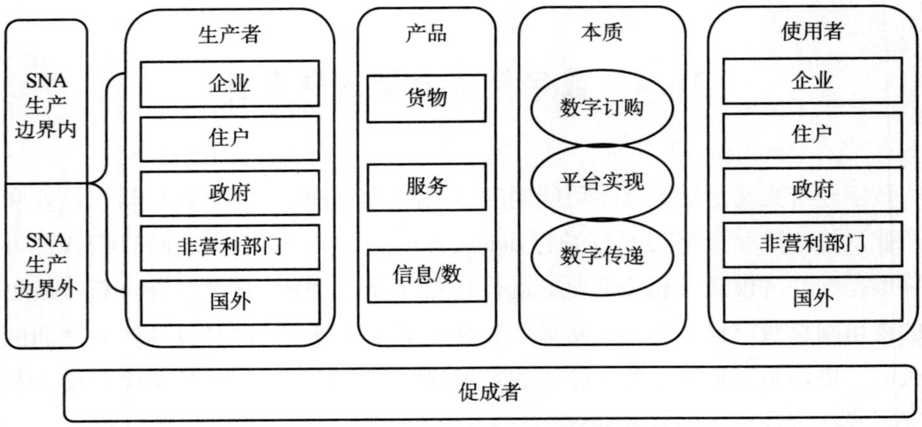

图 10－4　OECD 构建的数字经济概念框架

10.4.2　卫星账户的构建方法

构建数字经济卫星账户的一般框架如图 10－5 所示。目前，数字经济卫星账户研究以构建数字经济卫星账户供给表和使用表为主。

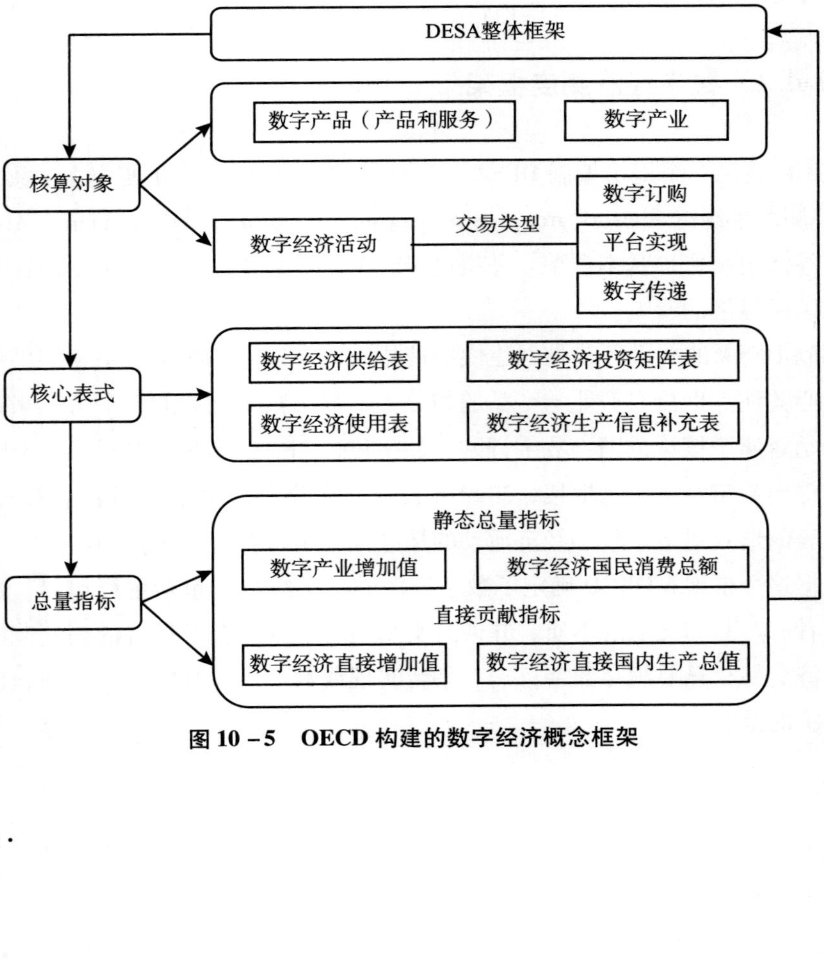

图 10－5　OECD 构建的数字经济概念框架

供给使用表是构建卫星账户的重要基石，能够展现产业之间的互动关系以及互相提供的资本投入及其使用情况。其中，供给表用来记录国内生产以及进口的产品，根据OECD的建议，供给表只列出数字经济产品通过数字订购、平台实现或数字传递交易模式进行的数字经济交易。使用表则是数字经济卫星账户的核心，反映以下几个方面的内容：①区分中间需求与最终需求的数字产品购买总量；②区分中间需求与最终需求的数字服务购买总量；③数字化订购的产品与服务的总价值；④由住户和企业提供的免费数字服务的估算价值。值得说明的是使用表中只列出数字经济产品通过数字订购、平台实现或数字传递交易模式进行的数字经济交易。值得注意的是，免费数字服务因为数据可得性以及估值困难，当前并没有包含在SNA中心框架内，但数字化免费服务核算仍是数字经济统计中不可或缺的一部分。

10.4.3　数字经济卫星账户的优点与局限性

卫星账户作为国民经济核算的重要组成部分，能够以行业的角度或某一领域的角度为切入点，在一个框架内提供更详细的信息，并在概念和统计上与国民经济核算的主要经济账户保持一致，不干扰核心账户。因此，卫星账户不仅保留了国民经济核算的严谨性，还兼具了操作的灵活性。

但是，目前国际上对数字经济卫星账户的构建方法还处在初期探索阶段，数字经济卫星账户在应用之前还需要解决很多的问题。如数字经济行业界定不明确、核算方法复杂等。其中，数据获取是卫星账户编制中的关键工作，当前传统的数据采集方式不能适应数字经济统计的要求，仍需要进一步研究新的数据获取方法，如大数据技术、数据挖掘等卫星账户的正式应用也需要对国家实际情况和核算账户的适用性做进一步的探究。

10.5　数字经济统计核算展望

中国有关数字经济的研究主要由一些研究机构和学者主导，如中国信通院、阿里研究院、新华三集团、腾讯研究院等，各种智库也发布了多种关于数字经济的报告。但由于数据来源、统计方法及统计分类各有差异，所得结论也不尽相同。政府统计方面，浙江省、深圳市对数字经济核算做了有益的尝试，但国家统计局还没有全面构建数字经济统计制度。未来，有必要在明确数字经济内涵、建立科学的数字经济核算方法、选择适合数字经济的数据采集方式、完善数字卫星账户体系等方面进一步推进。

一是进一步明确数字经济的内涵。20 世纪 90 年代，数字经济的概念首次由 OECD 提出，数字经济所具备的特征和对经济社会的影响，就吸引了政府部门、大量学者对数字经济的内涵和概念展开广泛研究，并提出了不同的见解。本书也对数字经济的概念进行了专门讨论，但关于数字经济的内涵学术界还没有统一的观点。因此，未来应当进一步了解数字经济的形成基础、发展特征等，准确把握数字经济的概念与内涵，为数字经济统计与核算奠定坚实的基础。

二是建立科学的数字经济核算方法。与 OECD、欧盟等国际组织及美国、澳大利亚等开展数字经济核算较为成熟的国家相比，中国数字经济的核算实践还处于积极探索阶段。为保证核算体系的科学性、可行性，以及核算结果的国际可比性，应在厘清国际数字经济统计发展脉络的基础上，及时跟踪国际前沿进展，同时结合中国数字经济的发展现状，制定适合中国数字经济发展且具有国际可比性的核算方法。

三是采用适合数字经济的数据采集方式。丰富且精准的数据是顺利开展数字经济核算的保障。由于数字经济统计数据海量化、分散化等特征，目前的统计数据采集方式已经很难满足数字经济产业化的运行特点。为适应数字经济带来的新挑战，对数字经济进行准确测算，统计部门应当进一步改进统计数据采集方式，采用互联网大数据、云计算等数字技术来实现数字经济核算所需数据的采集，拓展数据来源，做到应统必统，从根源上为数字经济核算提供强有力的数据支持。

四是进一步完善中国数字经济卫星账户体系。数字经济卫星账户体系的研究仍处于起步阶段，因此在不断借鉴国内外先进经验的基础上，应当进一步完善中国数字经济卫星账户体系，不断加强数字经济生产核算、数字经济投入产出核算、数字经济资产负债核算、数字经济人力资源核算等方面的研究。

阅读材料 1

我国数字经济产业统计范围

2021 年 5 月，中国国家统计局出台了《数字经济及其核心产业统计分类（2021）》，作为衡量数字经济发展水平的重要统计标准。该分类界定了数字经济及其核心产业统计范围，为全面统计数字经济发展规模、速度、结构，满足社会各界对数字经济的统计需求奠定了基础。文中对数字经济做了如下界定：数字经济是指以数据资源作为关键生产要素、以现代信息网络作为重要载体、以信息通信技术的有效使用作为效率提升和经济结构优化的重要推动力的一系列经济活动。在该定义中，数字经济紧扣三个要素，即数据资源、现代信息网络和信息通信技术，这三个要素缺一不可。

数字经济产业分类从“数字产业化”和“产业数字化”两个方面，确定了数字经济的基本范围，具体包括数字产品制造业、数字产品服务业、数字技术应用业、数字要素驱动业、数字化效率提升业 5 个大类。前 4 大类为数字产业化部分，即数字经济核心产业，是指为产业数字化发展提供数字技术、产品、服务、基础设施和解决方案，以及完全依赖于数字技术、数据要素的各类经济活动，是数字经济发展的基础。第 5 大类为产业数字化部分，是指应用数字技术和数据资源为传统产业带来的产出增加和效率提升，是数字技术与实体经济的融合。该部分涵盖智慧农业、智能制造、智能交通、智慧物流、数字金融、数字商贸、数字社会、数字政府等数字化应用场景，体现了数字技术已经并将进一步与国民经济各行业深度渗透和广泛融合。

资料来源：孙毅. 数字经济学［M］. 北京：机械工业出版社，2021.

阅读材料 2

中国数字经济规模测算结果与国际比较

许宪春、张美慧（2020）对 2007 ~ 2017 年中国数字经济增加值与总产出等指标进行测算，并与 BEA 和 ABS 的测算结果进行对比分析，比较中国与美国和澳大利亚数字经济发展的差异。

该研究对中国数字经济增加值的测算充分借鉴了 BEA 的方法。首先，对数字经济的范围进行界定，在《统计用产品分类目录》中确定数字经济产品；其次，在《国民经济行业分类（2011）》和《国民经济行业分类（2017）》中确定生产这些产品的数字经济相关产业；最后，通过采用行业增加值结构系数和估计门类数字经济调整系数的方法，对数字经济相关产业增加值和总产出等数据进行估算。研究结果表明，2012 ~ 2017 年，中国数字经济增加值增长率显著提升，2017 年数字经济增加值实际增长率高于 GDP 实际增长率 19.30 个百分点。同时，各组成部分对数字经济增加值的贡献中，数字化赋权基础设施贡献水平最高，其次是数字化媒体，最后是数字化交易。

从中国与美国、澳大利亚的比较情况看，在数字经济增加值规模方面，中国与美国仍存在一定差距，2017 年中国数字经济增加值约为美国的 58.12%，2016 年约为美国的 52.77%，澳大利亚的 6.83 倍；在数字经济增加值占 GDP 比重方面，2017 年中国低于美国 0.44 个百分点，2016 年低于美国 0.77 个百分点，与澳大利亚占比相当；在数字经济增加值结构方面，三个国家占比最高的均为数字化赋权基础设施产业；在数字经济增加值年均实际增长率方面，中国明显高于美国和澳大利亚。

资料来源：许宪春，张美慧．中国数字经济规模测算研究——基于国际比较的视角［J］.中国工业经济，2020（5）：23－41.

本章小结

现行的统计体系难以满足测度数字经济的需要，探索数字经济统计核算的新方法势在必行。目前，关于数字经济统计核算范围各国尚未形成统一的标准，方法也不尽相同，由此形成的统计核算结果无法在国际间进行比较。本章综述了测算数字经济的指标体系法、直接核算法和卫星账户法。指标体系法，即建立相应的指标体系来评估数字经济发展水平，实践经验较丰富。文中分别介绍了OECD、欧盟、联合国和中国各自的数字经济测度体系。但不管是国际还是国内，数字经济指标虽各有所长但未能包括数字经济的方方面面。相比于数字经济测算指标法，测算数字经济的直接测算法探索就困难得多。常规国民经济核算方法已然不完全适用于数字经济的测算，数字经济的贡献度无法在传统的核算框架下进行。当前，对于数字经济的直接法测算主要集中于以增加值为思路的国民经济核算及建立数字经济卫星账户两大方向。随着数字经济的快速发展，构建数字经济核算体系对于中国无论是从理论创新还是实际应用都具有重大意义。明确数字经济的统计范围和分类、构建科学的数字经济统计体系和根据不同场景采用不同测算方法是中国在构建完善数字经济核算体系的基本方向和重要原则。

复习思考题

1. 简述数字经济核算与传统经济核算的差异与主要问题。

2. 简述数字经济指标体系法的主要思想、优点及其局限性。

3. 简述数字经济直接测算法的主要思想、优点及其局限性。

4. 简述数字经济卫星账户的主要思想、优点及其局限性。

5. 请根据你的理解，构建一套数字经济指标体系，其中不少于3个一级指标，6个二级指标，并简要阐述原因。

6. 结合数字经济核算体系的理论和实践情况，思考如何构建适用于中国的数字经济核算体系。

参考文献

［1］BEA. Defining and Measuring the Digital Economy［EB/OL］. https: //www. bea. gov/digital economy/_pdf/defining－and－measuring－the－digital－economy.

[2] Coyle. Do-it-yourself digital: the production boundary, the productivity puzzle and economic welfare [J]. Economica, 2019, 86 (344): 750 –774.

[3] European Commission DESI 2014. Digital Economy and Society Index. Methodological note [R]. European Commission, 2014.

[4] Evidence from Country – Level Data [J]. Management Science, 2000, 46 (4): 548 –556 Lyytinen Hirschheim Information systems failures-a survey and 562.

[5] Implications for economic growth and consumer welfare [C]. Washington DC: IMF Statistics Forum, 2017.

[6] ITU. Measuring the information society report 2015 [R]. Geneva: International Telecommunication Union, 2015.

[7] OECD. Measuring the Digital Economy: A New Perspective [J/OL]. (2014 – 12 –08) [2021 –07 –22]. htp: /dx. doi. org/10. 1787/9789264221796 – en. 2014.

[8] OECD. Understanding The Digital Divide [EB/OL]. http: //www. oecd. org/dataoecd/38/57/1888451. pdf.

[9] OECD. A Proposed framework for Digital Supply – Use Tables [J/OL]. (2018 – 10 – 31) [2021 – 07 – 22]. http: //www. oecd. org/officialdocuments/publicdisplaydo – cumentpdf/? cote – SDD/CSSP/WPNA (2018) 3&docLanguage – En.

[10] OECD. OECD Information Technology Outlook [M]. Paris: OECD Publishing.

[11] The digital economy [EB/OL]. http: //www. oeed. org/officialdocuments/publicdisplaydocumentpdf/? cote – STD/CSSP/WPNA (2017) 10&docLanguage – En, 2017.

[12] 蔡跃洲．数字经济的增加值及贡献度测算：历史沿革、理论基础与方法框架 [J]．求是学刊，2018，45 (5)：65 –71.

[13] 陈梦根，张鑫．数字经济的统计挑战与核算思路探讨 [J]．改革，2020 (9)：52 –67.

[14] 关会娟，许宪春，张美慧，等．中国数字经济产业统计分类问题研究 [J]．统计研究，2020，37 (12)：3 –16.

[15] 国家统计局，新产业新业态新商业模式统计分类 (2018) [EB/OL]. (2018 –08 –02). http: /www. stats. . gov. cn/jsj/tjbz/201808/t201808271619266.

[16] 国家统计局．战略性新兴产业分类 (2018) [EB/OL]. (2018 –11 – 26). http: //www. stats. gov. cn/tjgz/tzgb/201811/t20181126 1635848. html.

[17] 向书坚，吴文君．中国数字经济卫星账户框架设计研究 [J]．统计研究，2019，36 (10)：3 –16.

[18] 许宪春，关会娟，张钟文. 新时代中国经济社会统计的创新与发展 [J]. 统计研究，2019 (9)：3 – 17.

[19] 许宪春，张美慧，张钟文. 数字化转型与经济社会统计的挑战和创新 [J]. 统计研究，2021，38 (1)：15 – 26.

[20] 杨仲山，张美慧. 数字经济卫星账户：国际经验及中国编制方案的设计 [J]. 统计研究，2019，36 (5)：16 – 30.

[21] 中国信息通信研究院，中国数字经济发展白皮书 [EB/OL]. http：www. caict ac. cn/kxyj/quifb/bps/202007/P020200703318256637020. pdf.

[22] 中国信息通信研究院. G20 国家数字经济发展研究报告 [R/OL]. [2021 – 07 – 22]. http：//www. caict. ac. cn/kxyj/qwfb/bps/201804/P0 20171213443445335367. pdf.

第 11 章　数字经济政策

【学习目标】

学完本章，你应该做到：

1. 了解国外主要发达国家的数字经济政策
2. 了解中国数字经济政策演变历程和特点
3. 理解中国数字经济政策的主要内容

【知识框架】

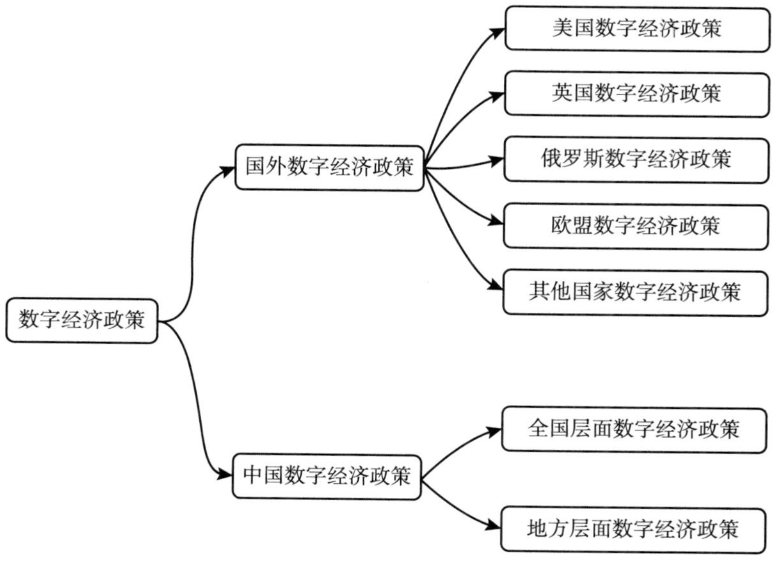

图 11－1　本章知识框架

【引例】

北京发布多项促进数字经济发展政策

根据《北京市促进数字经济创新发展行动纲要（2020～2022 年）》，北京将体系化构建数字经济发展体制机制，实施基础设施保障建设工程、数字技术创新筑基工程、数字产业协同提升工程、农业工业服务业数字化转型工程等9项重点工程。到2022年，北京市数字经济增加值占地区GDP比重达到55%。

《北京市关于打造数字贸易试验区的实施方案》则明确将重点立足中关村软件园国家数字服务出口基地、朝阳金盏国际合作服务区、自贸区大兴机场片区打造三位一体的数字经济和数字贸易开放格局，推动跨境数据流动等数字贸易重点领域政策创新，建立上下联动、开放合作的试验区建设工作机制等。

据介绍，北京市建设的金融公共数据专区涵盖了200万个市场主体的登记、纳税、社保等约16亿条信息，以公共数据驱动商业数据供给端的运营模式已经初步形成。

基于此，《北京国际大数据交易所设立工作实施方案》明确了北京国际大数据交易所“权威的数据信息登记平台、受到市场广泛认可的数据交易平台、覆盖全链条的数据运营管理服务平台、以数据为核心的金融创新服务平台、新技术驱动的数据金融科技平台”五大功能定位。此外，北京市正基于北京市政务服务大厅、北京市政务数据资源网，建设线下、线上大数据综合受理窗口，计划首期面向企事业、民非等法人单位，受理大数据开放需求业务，促进数据要素质量和价值提升。下一步，北京将推动数字贸易试验区、大数据交易所和数据跨境流动监管三项建设。

资料来源：新华社北京2020年9月7日电（记者：阳娜、吉宁）.

11.1 国外数字经济政策

随着新一轮科技革命和产业变革加速推进，数字经济成为世界各国应对新冠肺炎疫情冲击、加快经济社会转型的重要选择。近年来，互联网、大数据、云计算、人工智能、区块链等技术加速创新，日益融入经济社会发展各领域全过程，世界各国竞相制定数字经济发展战略、出台鼓励政策。争夺数字经济先发优势已经成为数字化时代大国参与国际博弈的战略选择。以美国、英国、俄罗斯、欧盟为代表的发达经济体既致力于加速构建国内数字经济政策体系，又通过数字国际合作积极抢占全球数字贸易规则制定权，制定了一系列数字经济政策与战略规划。

11.1.1 美国的数字经济政策

美国在数字经济发展上起步较早，并且一直处于世界领先水平。1998年1

月，美国副总统阿尔·戈尔首次提出“数字地球”的概念；7 月，商务部发布了《浮现中的数字经济》报告。从此，美国政府正式揭开了数字经济大幕。20 多年间，美国出台了一系列政策法规和相关举措，引领了数字技术发展潮流，成为当之无愧的数字经济领导者（见表 11－1）。

表 11－1　　　　美国数字经济政策发展历程

年份	部门	政策
1993	美国政府	信息高速公路计划
1998	商务部	《浮现中的数字经济》
1999	商务部	《浮现中的数字经济Ⅱ》
2000	商务部	《数字经济 2000》
2002	经济和统计管理局	《数字经济 2002》
2003	经济和统计管理局	《数字经济 2003》
2010	国家电信和信息管理局	《数字国家：21 世纪美国通用互联网宽带接入进展》
2010	经济和统计管理局国家电信和信息管理局	《探索数字国家：美国家庭宽带互联网应用》
2011	国家电信和信息管理局	《数字国家：扩大互联网使用》
2011	经济和统计管理局国家电信和信息管理局	《探索数字国家：计算机和互联网家庭应用》
2012	美国白宫	《数字政府战略》
2013	国家电信和信息管理局经济和统计管理局	《探索数字国家：美国新兴在线体验》
2014	商务部	《数字经济与跨境贸易：数字化交付服务的价值》
2014	国家电信和信息管理局	《探索数字国家：拥抱移动互联网》
2015	商务部	《数字经济议程》
2016	商务部	《在数字经济中实现增长与创新》
2018	商务部	《北美数字贸易》
2018	经济分析局	《数字经济的定义和衡量》
2018	美国国立卫生研究院	《数据科学战略计划》

美国的数字经济政策的主要内容包括：第一，“信息高速公路计划”为数字经济发展奠定基础。20 世纪 90 年代，克林顿政府高度重视并大力推动信息基础设施建设和数字技术发展，引领世界进入数字时代。1993 年，美国政府开启了“信息高速公路”计划，又称“国家信息基础设施计划”。克林顿政府将“国家信息基础设施”（National Information Infrastructure，NII）视为未来美国新型社会

资本的核心，把研究和建设信息高速公路作为美国科技战略的关键部分和国家最优先的任务。NII 计划的基本原则是：鼓励私人投资，促进并保护竞争，为消费者和信息服务者提供对 NII 的公开访问，确保全方位服务的可靠性和灵活性，使信息系统能够跟上技术和市场的飞速发展。

第二，互联网与新兴技术发展促进数字技术与实体经济深度融合。1998 ~ 2003 年，商务部每年均发布年度数字经济报告，对早期数字经济理念的普及起到非常大的推动作用。2010 年，商务部提出“数字国家”（digital nation）概念。在接下来的五年时间内连续发布 6 份“数字国家”报告，主要围绕基础设施、互联网、移动互联网等方面进行统计和分析。2015 年 11 月，商务部发布《数字经济议程》，把发展数字经济作为实现繁荣和保持竞争力的关键。该议程聚焦于互联网自由开放、互联网信任和安全、互联网接入和技能、创新和新兴技术变革四个方面。2019 年，美国颁布了《美国主导未来产业（2019）》战略规划，将人工智能、先进制造业、量子信息科学和第五代移动通信作为决定美国未来高端产业命运的四大领域；美国政府高度重视数字经济战略部署与发展，先后出台《联邦数据战略——一致性框架》《2019 ~ 2020 年联邦数据战略行动计划草案》等涉及数字经济发展的方案部署，以全面推进美国数字经济发展。

第三，建设数字政府，推进开放数据。各国政府中，美国是最早采用电子政务术语的。1993 年 9 月，“电子政务”一词首次出现在政府文件中。电子政务事业由克林顿政府开创，在布什政府得到进一步发展，奥巴马政府把建设重点转向“开放政府”和“开放数据”。奥巴马在担任总统的第一年（2009 年）就把工作重点放在了开放政府方面，出台了一系列的举措，为电子政务发展奠定了坚实的基础。此后，美国持续推进，分别在 2011 年、2012 年、2014 年和 2016 年，白宫发布了 4 份《开放政府计划》。2012 年 5 月，美国白宫发布《数字政府战略》，要求政府机构“建立一个 21 世纪的平台，更好地服务美国人民”。该战略提出了四大原则：以信息为中心、建设共享平台、以客户为中心、安全隐私平台。2014 年 5 月，美国政府发布《美国开放数据行动计划》。该计划概述了美国政府在推动开放数据的工作中应承担的义务、所做的大量工作，提出“应主动承诺开放，并逐步开放数据资源”的原则。

第四，制定推行数字贸易规则，确保美国顺利参与全球数字经济。近年来，美国在全球积极推广其数字贸易规则。2016 年 7 月，美国贸易代表办公室（USTR）成立数字贸易工作组（DTWG），以快速识别数字贸易壁垒，制定相应政策规则。从 2016 年开始，USTR 把数字贸易的主要障碍作为《国家贸易评估报告》的重要内容。商务部也是数字贸易的重要推动者，先后发布了《数字经济与跨境贸易：数字化交付服务的价值》（2014 年）和《北美数字贸易》（2018 年）等报告。商务部把维护美国的数字商业利益作为最优先考虑的一项议题。美国近年来以双边、多边贸易协议为主要渠道，推动跨境数据流动、源代码保护、平台免责等新型数字规则，将“美式模板”向全球推广，搅动全球数据流动和数字服务贸易格局。

11.1.2　英国的数字经济政策

2015年初，英国政府出台了《数字经济战略（2015～2018）》（以下简称《战略》），旨在通过数字化创新来驱动社会经济发展，并致力于将英国建设为数字化强国。英国政府成立了“创新英国”项目，负责执行战略计划，并制定了战略计划的五大目标：

第一，对数字化创新者进行鼓励。英国政府主要着眼于对两类群体给予鼓励：一类是提供技术和数字解决方案的技术专家，另一类是驱动老牌企业进行数字化变革的领先者们。在鼓励数字化创新者方面，《战略》提出的具体措施包括：①对数字化创新的想法给予商业支持、鼓励及投资；②帮助初创型数字化企业、相关老牌企业以及行业和政府中潜在的领导型客户建立联系；③帮助卫生保健、交通运输、能源行业以及各项创意产业范围之内的老牌企业找到数字化转型的解决方案。

第二，建设以用户为中心的数字化社会。英国政府在帮助各个企业进行数字化创新的过程中始终贯彻以用户为中心的思想，以确保相关的解决方案能很好地适应用户所面对的市场。在以用户为中心方面，《战略》提出的具体措施包括：①鼓励数字化企业在产品发展的每一个阶段，都要考虑用户需求和用户体验；②确保数字化企业可保护隐私，可进行身份管理和数据安全保护，以提高数字化产品的可信性；③帮助企业开发用户随时可用的产品，而且能根据用户所在的地理位置及周围环境智能地提供相关服务。

第三，为数字化创新者提供帮助。英国政府为创新者提供专业的技术指导、商业专家意见和资源，以提高他们的数字化创新能力。在为数字化创新者提供帮助方面，《战略》提出的具体措施包括：①研发可以简化交易流程、企业可信任的、可以保护数字化资产价值的工具和系统；②帮助企业发展创新型技术和服务；③改进现有和未来数据资源的质量；④帮助企业在创造其产品的商业价值和用户价值中建立信心。

第四，促进基础设施、各个平台以及各个生态系统的发展。在促进基础设施、平台以及各个生态系统的发展方面，《战略》提出的具体措施包括：①支持各个企业开发的、可以被各类客户及企业使用的互联互通的基础设施、各类软件平台和各种使能设备，并鼓励全行业共同努力为他们的供应商们以及广大用户拓宽市场。②支持各个初创型企业建立围绕这些互联互通平台的数字化生态系统，使他们达到可以扩大规模的临界点。③在欧洲以及全球范围内开展合作，以帮助建立可以支持英国各个数字创新型企业对外出口的统一平台以及立体交易系统。

第五，确保数字经济创新发展的可持续性。在确保数字创新的可持续发展方面，《战略》提出的具体措施包括：①与英国研究理事会密切合作，鼓励跨学科的学术研究合作，并将相关的研究与现实世界之中的商业需求结合起来；②与政府及相关监管部门合作，确保数字化创新以及企业的持续增长有法律、法规以及政策框架的支持；③与技术机构和技术学校进行合作，以便给产品设计人员、个人以及商业化产品的用户提供适当的技能训练。

2022 年 6 月 13 日，英国政府发布《英国数字战略》，旨在通过数字化转型建立更具包容性、竞争力和创新性的数字经济。为了提升在数字标准治理的全球领导地位，英国政府从保持数字经济基础、创意和知识产权、数字技能和人才、为数字增长融资、促进数字化升级、提高英国国际地位等不同维度对英国打造未来世界领先的数字经济和全面推进数字转型，快速提升经济水平作出了全面具体的部署。强大的数字基础设施、数据和具有竞争力的、值得信赖的在线环境是开发和使用有益于英国经济和社会的数字技术的核心基础。强大的创新文化，支持新理念的成功开发和商业化，将实现政府以创新为主导的增长的长期计划。通过加强数字教育渠道，提高对数字职业途径的认识，发展高级和终身数字技能，与私营和第三部门合作，吸引全球优秀的数字人才，确保英国拥有数字技能劳动力将有利于巩固英国作为科技超级大国的地位以及维持长期经济繁荣。支持数字技术部门利用的所有数字技术和工具引擎，确保下一代创新科技公司能够获得在英国和国外蓬勃发展所需的资金。站在围绕数字创新塑造国际思维、制定共同标准和支持开放贸易的最前沿，英国旨在引领全球数字技术，利用在数字和技术方面的战略优势来制定全球决策，成为在数字标准治理的全球领导者。

11.1.3 俄罗斯的数字经济政策

俄罗斯政府将发展数字经济上升到国家战略高度，推出《俄联邦数字经济规划》。为加快推动数字经济发展，俄罗斯聚焦发展目标的确立、法律法规的完善、数字经济领域国家利益的坚守和相关机构的健全，构建数字经济发展政策体系。

第一，明确数字经济发展基础方向和具体量化目标。《俄联邦数字经济规划》确定了推动数字经济发展的五大基础方向：法律法规管理、数字经济生态系统建设、数字教育与人才培养、研究能力培育与技术设施建设、信息基础设施建设和信息安全。此外，该规划对 2024 年前数字经济发展需要达成的目标进行了量化设定：打造至少 10 家具有全球竞争力的数字生态系统运营商；搭建至少 10

个数字化平台（其中包括数字医疗、数字教育和智慧城市等）；培育至少 500 家进行数字技术研发、创立数字平台和提供数字服务的中小企业；97% 的家庭接入 100 兆带宽网络；100 万人口以上城市覆盖 5G 网络；高校每年培养 12 万名信息通信技术相关专业毕业生；高等与中等职业教育机构每年培养 80 万名掌握先进信息技术的毕业生；掌握数字技能的居民比重达到 40% 等。

第二，建立并完善推进数字经济发展的相关法律法规和标准规范。信息安全是数字经济持续健康发展的前提和基础，在《俄联邦数字经济规划》推出之前，俄罗斯颁布了《俄联邦关键信息基础设施安全法》。该法把预防计算机攻击作为优先方向，明确将国家计算机事故协调中心作为全权机构，依法保障“发现、预防和消除对俄联邦信息资源实施计算机攻击的国家体系”的运行；对俄罗斯总统、俄联邦政府以及联邦权力执行机构在保障关键信息基础设施安全中的权力进行了界定；确定了关键信息基础设施分级标准，依据社会意义、政治意义、经济意义、生态意义以及对国防、国家安全和治安的意义把关键信息基础设施分为三个等级；确定了关键信息基础设施注册登记制度；明确界定了关键信息基础设施主体的权责；确立了对关键信息基础设施的安全评估和国家监控制度。

第三，构建数字经济发展管理组织机构。2017 年 8 月，第 1030 号联邦政府决议决定建立俄联邦数字经济规划实施管理体系。随即隶属政府利用信息技术改善生活质量和经营条件委员会的数字经济分委会于当月成立，负责审查数字经济规划实施的行动计划并监督其推进情况，批准相关建议和条例，协调参与者之间的分歧，审议法律草案中的问题。2017 年 9 月，在国家杜马经济发展、工业、创新发展和创业委员会中，设立数字经济和区块链技术专家委员会，负责数字经济立法层面的问题。与此同时，在政府分析中心基础上设立数字经济规划实施项目办公室，配合数字经济分委会具体负责数字经济规划的落实。

11.1.4　欧盟的数字经济政策

欧盟作为全球数字经济规则引领者，对内构建完备的数字治理体系，打造数字一体化市场；对外推广“欧式”数字治理理念，联合美日形成“数字利益圈”，积极引领数字领域国际规则制定。总体来说，欧盟数字经济政策聚焦于以下几个方面：

第一，实施个人数据保护分级分类精细化管理。欧盟于 2018 年颁布《通用数据保护条例（GDPR）》，对域内个人数据保护提出高标准且严格的治理规则。一旦违反 GDPR 则将面临最高 2 000 万欧元或企业上一财年总营业额 4% 的高额处罚。GDPR 根据数据敏感程度，将个人数据划分为一般个人数据和敏感个人数据，并明确界定敏感数据范围，即涉及民族或种族背景、政治立场、宗教及哲学信仰、工会成员身份、基因或生物性识别等信息。

第二，促进境内非个人数据自由流动，完善数据治理框架。欧盟于 2019 年 5 月实施《非个人数据自由流动条例》及其实施指南，与 GDPR 共同构成涵盖所有数据类型的治理框架。

第三，推动数字市场一体化建设，打破数字市场壁垒。欧盟于 2010 年发布《欧盟数字议程》，将创建单一数字市场作为发展数字经济的优先事项。2015 年正式启动《数字单一市场战略》，旨在统筹成员国数据库建设，实现数据跨界共享，消除成员国间数据自由流动法律和监管障碍。2020 年 2 月出台《欧盟数据战略》，旨在建立制造业、环保、卫生、金融、能源等九大战略性行业公共数据空间，并实施"开放数据指令"以提高公共行业高质量数据利用率。

第四，积极开展数字经济国际合作，确立"欧式"数字治理理念引领地位。欧美曾于 2000 年达成《安全港协议》，初步实现跨大西洋数据流动框架，并于 2016 年签署《隐私盾协议》，明确美访问欧盟数据具体范围和限制条件。2020 年 12 月，欧盟提议强化美欧技术领导地位，深化数字经济合作，制定兼容的数字标准和监管方法。欧盟呼吁美欧启动《跨大西洋人工智能协议》谈判，在人工智能领域制定符合美欧价值观的区域和全球标准。

11.1.5 其他国家的数字经济政策

2021 年 2 月，马来西亚政府推介数字计划及数字经济大蓝图，计划在 2025 年创造 50 万个数字经济就业机会，并吸引总值高达 230 亿新元的国内外数字领域投资，为国内生产总值作出 22.6% 的贡献。马来西亚数字计划（MyDIGITAL）也将鼓励超过 87 万家微型和中小型企业于 2025 年采用电子商务。政府希望在 2030 年，数字领域的生产力比目前的水平高出 30%。

柬埔寨在 2021 年 6 月发布了《数字经济和数字社会政策框架（2021 ~ 2035）》，包含 139 项具体措施，并提出了五大发展目标：发展数字基础设施、建立数字信任和信心、培养数字公民、建设数字政府以及促进数字商业。根据该政策框架，柬埔寨政府于 9 月成立了数字经济和数字社会理事会，以协调各相关部门有效执行措施，同时监督和评估实施效率及成果。

为应对疫情下经济衰退和贸易保护主义等问题，新加坡、智利和新西兰共同签署了《数字经济伙伴关系协定》（DEPA），旨在加强各国在数字贸易领域的合作，并探索数字贸易新领域，如数字身份、电子支付和人工智能等。2021 年 11 月 1 日，中国正式申请加入 DEPA，有助于在新发展格局下与各成员加强数字经济领域合作、促进创新和可持续发展。

在2021年的中非合作论坛第八届部长级会议上通过了《中非合作2035年愿景》，内容包括“中非拓展在频谱管理、5G、卫星互联网、大数据、电子商务、智慧城市、航空航天、卫星遥感应用等领域合作，支持非洲建设新型基础设施，发展数字产业，弥合数字鸿沟”。随着在通信、互联网和数字经济领域继续开展合作，非洲和中国的数字经济有望迎来更深层次的发展。

11.2 中国数字经济政策演进及特点

自1994年以来，中国以互联网行业发展为开端，逐步成为世界公认的数字化大国。国家层面数字经济相关政策的发展大致经历了三个阶段的演变历程。

第一阶段是基础设施初步建设阶段。互联网进入中国之初，相关政策主要集中在信息化建设方面，包括对移动通信网络、空间信息基础设施、软件产业等信息化基础设施、服务和行业的构建和扶持等。

第二阶段是探索“互联网+”的发展阶段。随着互联网产业的蓬勃发展，信息化建设进入新阶段。在完善基础设施的基础上，国家在信息资源共享和政府信息公开方面均做出重要规划，如2005年《国务院加快电子商务发展的若干意见》的发布，标志着以电子商务为代表的数字经济发展成为国家战略的重要组成部分。

第三阶段是真正形成数字经济的新发展阶段。以2015年7月发布的《国务院关于积极推进“互联网+”行动的指导意见》为重要开端，习近平总书记围绕数字经济相关议题发表了一系列重要讲话，同时各部委密集出台了鼓励数字经济发展的相关政策和指导意见。2015年12月，习近平主席在第二届世界互联网大会上发表主旨演讲，指出中国将推进“数字中国”建设，发展分享经济，支持基于互联网的各类创新，通过发展跨境电子商务、建设信息经济示范区等，促进世界范围内投资和贸易发展，推动全球数字经济发展。这是继中国提出“互联网+”行动方案以来，习近平主席首次在世界范围内，对数字经济发展发表重要论述。本书将重点对2015年以来中国全国性数字经济政策、地方性数字经济政策进行汇总，并总结中国数字经济政策的特点。

11.2.1 全国层面数字经济政策

1）战略纲要与整体规划类政策

2015年，国家在“十三五”规划中首次提出“实施国家大数据战略，推进数据资源开放共享"，旨在加快建设数据强国，促进经济转型升级。2016 年，杭州 G20 峰会首次将数字经济列为 G20 创新增长蓝图的重要议题之一，在峰会上通过的《G20 数字经济发展与合作倡议》是全球首个由多国领导人共同签署的数字经济政策文件，标志着数字经济作为一致行动战略的国际认可度越来越高。自 2015 年开始，中国在国家层面颁布了一系列推进数字经济发展的战略和规划（见表 11－2），这些政策为"数字中国"建设指明了道路和方向。

表 11－2　　全国层面战略纲要与整体规划类政策

时间	部门	政策/会议
2015 年 11 月	国务院	《中华人民共和国国民经济和社会发展第十三个五年规划纲要》
2016 年 7 月	中共中央办公厅、国务院办公厅	《国家信息化发展战略纲要》
2016 年 12 月	国务院	《"十三五"国家信息化规划》
2017 年 10 月	中国共产党	党的十九大报告
2017 年 12 月	中共中央政治局	中共中央政治局第二次集体学习
2019 年 5 月	中共中央办公厅、国务院办公厅	《数字乡村发展战略纲要》
2019 年 11 月	中共中央	十九届四中全会
2020 年 4 月	国务院	《关于构建更加完善的要素市场化配置体制机制的意见》
2021 年 3 月	国务院	《国民经济和社会发展第十四个五年规划和 2035 年远景目标纲要》
2021 年 12 月	发改委等九部门	《关于推动平台经济规范健康持续发展的若干意见》
2021 年 12 月	中央网络安全和信息化委员会	《"十四五"国家信息化规划》
2022 年 1 月	国务院	《"十四五"数字经济发展规划》

2017 年，党的十九大报告提出"加强应用基础研究，拓展实施国家重大科技项目，突出关键共性技术、前沿引领技术、现代工程技术、颠覆性技术创新，为建设科技强国、质量强国、航天强国、网络强国、交通强国、数字中国、智慧社会提供有力支撑"。2017 年 12 月，中共中央政治局就实施国家大数据战略进行第二次集体学习，提出"推动实施国家大数据战略，加快完善数字基础设施，推进数据资源整合和开放共享，保障数据安全，加快建设数字中国，构建以数据为关键要素的数字经济，推动实体经济和数字经济融合发展"。

2019 年 5 月，中共中央办公厅、国务院办公厅发布《数字乡村发展战略纲要》，将发展农村数字经济作为重点任务，加快建设农村信息基础设施，推进线上线下融合的现代农业，进一步发掘信息化在乡村振兴中的巨大潜力，促进农业全面升级、农村全面进步、农民全面发展。2019 年 11 月，党的十九届四中全会明确提出“推进数字政府建设，加强数据有序共享，依法保护个人信息”。

2017 年以来，“数字经济”已经连续四年被写入政府工作报告，2020 年政府工作报告中明确提出“要继续出台支持政策，全面推进‘互联网 +’，打造数字经济新优势”。2020 年 4 月，《关于构建更加完善的要素市场化配置体制机制的意见》明确将数据作为一种新型生产要素写入政策文件，提出加快培育数据要素市场，主要包括推进政府数据开放共享、提升社会数据资源价值、加强数据资源整合和安全保护三个方面。《国民经济和社会发展第十四个五年规划和 2035 年远景目标纲要》将“加快数字化发展，建设数字中国”单列成篇，并对打造数字经济新优势、加快数字社会建设步伐、提高数字政府建设水平、营造良好数字生态作出明确部署。

我国数字经济规模快速扩张，但发展不平衡、不充分、不规范的问题较为突出，迫切需要转变传统发展方式，加快补齐短板弱项，提高我国数字经济治理水平，走出一条高质量发展道路。“十四五”时期，我国数字经济转向深化应用、规范发展、普惠共享的新阶段。2022 年《“十四五”数字经济发展规划》出台，明确了以“优化升级数字基础设施、充分发挥数据要素作用”为基础支撑，以“大力推进产业数字化转型、加快推动数字产业化”为发展主线，以“持续提升公共服务数字化水平、有效拓展数字经济国际合作”为目标导向，以“健全完善数字经济治理、着力强化数字经济安全体系”为保障手段，构建形成了推动数字经济健康发展的“四梁八柱”。

2）数字经济各领域专项政策

除了上述国家层面的战略纲要和整体规划政策外，我国近年来还陆续颁布了涉及数字经济发展各个领域的专项政策和规划（见表 11 – 3），涉及的领域包括数字信息基础设施建设、推进数字产业化和产业数字化、数字政府治理、数字与基本公共服务相融合等方面。

表 11 – 3　　　　数字经济各领域专项政策

时间	部门	政策/会议	重点关注
2017 年 3 月	工信部	《云计算发展三年行动计划（2017 ~ 2019 年）》	数字产业化
2017 年 7 月	国务院	《新一代人工智能发展规划》	信息基础设施建设
2017 年 7 月	国务院	《关于强化实施创新驱动发展战略进一步推进大众创业万众创新深入发展的意见》	数字经济 + 就业

续表

时间	部门	政策/会议	重点关注
2017年12月	工信部	《促进新一代人工智能产业发展三年行动计划（2018~2020年）》	信息基础设施建设
2018年4月	国务院办公厅	《关于促进“互联网+医疗健康”发展的意见》	互联网+医疗
2018年6月	工信部	《工业互联网发展行动计划（2018~2020年）》	信息基础设施建设
2018年6月	国务院	《进一步深化“互联网+政务服务”，推进政务服务“一网、一门、一次”改革实施方案》	互联网+政务
2018年7月	工信部	《推动企业上云实施指南（2018~2020年）》	产业数字化
2018年9月	国务院	《关于推动创新创业高质量发展打造“双创”升级版的意见》	数字经济+就业
2018年9月	发改委等十九部门	《关于发展数字经济稳定并扩大就业的指导意见》	数字经济+就业
2019年8月	国务院办公厅	《国务院办公厅关于促进平台经济规范健康发展的指导意见》	数字产业化
2020年3月	工信部	《工业和信息化部办公厅关于推动工业互联网加快发展的通知》	信息基础设施建设
2020年3月	工信部	《中小企业数字化赋能专项行动方案》	产业数字化
2020年3月	工信部	《关于推动5G加快发展的通知》	信息基础设施建设
2020年3月	工信部等三部门	《智慧健康养老产业发展行动计划（2021~2025年）》	智慧养老
2020年4月	国家发改委、网信办	《关于推进“上云用数赋智”行动，培育新经济发展实施方案》	产业数字化
2020年4月	工信部	《关于工业大数据发展的指导意见》	信息基础设施建设
2020年11月	文化和旅游部、国家发展改革委和教育部等十部门	《深化“互联网+旅游”推动旅游业高质量发展的意见》	产业数字化
2020年11月	文化和旅游部	《关于推动数字文化产业高质量发展的意见》	产业数字化
2020年12月	国家卫健委办公厅	《关于进一步推进“互联网+护理服务”试点工作》	互联网+护理服务
2020年12月	国家卫生健康委、国家医疗保障局	《深入推进“互联网+医疗健康”“五个一”服务行动》	互联网+医疗
2021年6月	工信部、网信办	《关于加快推动区块链技术应用和产业发展的指导意见》	数字产业化
2020年7月	发改委等十三部门	《关于支持新业态新模式健康发展 激活消费市场带动扩大就业的意见》	数字经济+就业

续表

时间	部门	政策/会议	重点关注
2021 年 7 月	工信部	《新型数据中心发展三年行动计划（2021～2023 年）》	信息基础设施建设
2021 年 7 月	工信部等十部门	《5G 应用“扬帆”行动计划（2021～2023 年）》	信息基础设施建设
2021 年 9 月	工信部等八部门	《物联网新型基础设施建设三年行动计划（2021～2023 年）》	信息基础设施建设
2021 年 11 月	工信部	《“十四五”大数据产业发展规划》	数字产业化
2021 年 12 月	发改委等九部门	《关于推动平台经济规范健康持续发展的若干意见》	新业态
2021 年 12 月	国家发改委	《“十四五”推进国家政务信息化规划》	国家政务信息化
2021 年 12 月	民政部	《“十四五”民政信息化发展规划》	民政信息化

11.2.2　地方层面数字经济政策及特点

在国家政策的引导下，各级地方政府相继出台了数字经济发展相关政策规划①，推进数字经济发展，各地数字经济规模增长迅速。截至 2020 年底，中国各省市 60 余项与数字经济相关的政策中，有约 95% 的政策是在 2018 年后提出。主要原因为 2018 年以后，全球以 5G、人工智能、物联网等为代表的新一代信息技术快速发展，信息技术与实体经济融合不断加深，同时中美贸易战使得数字经济发展成为我国保持经济高质量发展的重要依托。通过分析总结我国各区域层面数字经济政策发布的时间、类型、内容维度，发现我国地方层面数字经济政策呈现以下特点：

1）以行动计划和产业规划为主

截至 2020 年底，各地 60 余项与数字经济相关的政策中，主要以行动计划和产业规划为主，其中有约 49% 的政策是行动计划，37% 为产业规划。主要原因为行动计划和产业规划作为未来几年数字经济发展的政策指引，相较顶层规划，更具落地性和可实施性，其中行动计划是明确数字经济支持重点、具体目标及绩效考核的重要依据；产业规划旨在培育数字经济的特色领域产业发展优势，成为带动经济发展的重要驱动力。

---

① 各省份数字经济政策具体见附表 11－1。

2）区域数字经济政策措施各有侧重

各地基于自身数字经济发展水平，政策布局的侧重领域存在明显不同。数字经济发展较为成熟的省份如上海、浙江、广东等已开始布局数字要素市场，并规划数字经济的管理和监督框架。例如，在全国首个数字经济地方立法《浙江省数字经济促进条例》中，对数据确权，数据管理及数据开放共享等规定了相关举措，以发展和完善数据要素市场。数字经济发展相对落后的省份如内蒙古、新疆等地目前仍主要以基础设施建设为主。例如，内蒙古出台的政策中多以推动云计算大数据的基础设施发展为目标，推动完善数字基础设施。

3）数字经济布局会重点考虑独特区域条件

各地数字经济政策综合考虑各地资源禀赋、区位条件、功能定位和产业发展。例如，北京聚焦自贸试验区高质量发展，出台政策文件，推进数字贸易发展；贵州基于云计算大数据基础及优势，重点推动大数据产业发展；广西依托作为我国唯一与东盟陆海相连的省区带来的区位优势，重点推进中国—东盟信息港建设，加速拓展东盟市场；重庆围绕笔电、汽车、装备制造等优势产业，大力发展电子信息制造业和数字化赋能传统制造业。

4）数字经济政策开始强调跨区域协作

数字经济领先地区的发展政策已经从发展自身扩展至跨区域协作，实现区域联动发展。如2020年5月，江苏和宁夏联合发布的《2020年江苏宁夏数字经济合作重点工作》，提出共建数字经济合作平台、加强项目合作，促进两地数字经济协同发展。近几年“飞地经济”模式在数字经济领域作用增强，通过飞地实现区域资源协同。如温州鹿城—上海浦东人才科创飞地、婺城上海科创中心、滨江区诸暨岛等通过积极对接飞入地数字经济资源优势，加快飞出地数字经济发展。

阅读材料

案例：数字科技助力北京冬奥会国际传播

“数字技术早已深刻地改变着奥运会，北京2022年冬奥会将加速这一趋势，数字化水平是前所未有的，这让更多人能够参与到奥运中来”。国际奥委会主席巴赫“前所未有”的盛赞是“科技冬奥”愿景落实的最好注脚。事实上，技术革新是体育赛事传播的基础性动力源。依托中国互联网泛在智能发展基础，在5G＋4K/8K＋AI等科技支持下，北京冬奥会给新闻生产系统、新闻分发平台、信息终端及用户体验带来极大的数字传播变革，创造开幕式收视率最高的冬奥会、转播时长最长的冬奥会、数字化互动最广泛的冬奥会等多项纪录，是国际传播的一次重要飞跃。

开幕式视觉奇观，推动冬奥会国际传播进入窗口机遇期

《立春》《冰雪五环》《雪花》等节目不仅让国人热泪盈眶，让无数海外网友也为之动容，境外媒体相关报道迅速攀升。以推特为例，冬奥会开幕后，“北京2022”热度直升344.8万次，达到469万次，“开幕式”话题热度从开幕前的1.2万次升至8.3万次。《立春》在人工智能动作捕捉、裸眼3D等数字技术赋能下，完成了由裸眼视效到物理空间再到实景表演三者的结合，诗性化表达了极寒中“春来到，万物苏”的美好憧憬。美国全国广播公司（NBC）奥运频道在其官方TikTok账号发布的《立春》短视频播放量超过37.5万人次，点赞数超过2.5万次。传统媒体端，冬奥会开幕式的直播收视率在澳大利亚比上届冬奥会提升了331%；德国电视二台（ZDF）进行了全程直播，收视率高达32.8%；瑞典Kanal5电视台从转播开幕式时收视率就很高，是东京奥运会的两倍；除了在挪威、荷兰、意大利、芬兰、冰岛、波兰、捷克、斯洛文尼亚、斯洛伐克等冬季运动较为发达国家创造了收视率新高，还强力拉动了传统冬奥会“收视盲区”的拉丁美洲等热带地区民众的关注。

“云上奥运”，突破冬奥会国际传播的时空限制

受新冠肺炎疫情全球大流行影响，媒体机构和人员远不及预期，最后注册文字和摄影记者、持权转播商、主转播商总人数为9 388人。奥林匹克广播服务公司（以下简称OBS）首席执行官伊阿尼斯·埃克萨科斯说：“跟2018年平昌冬奥会相比，今年实际来到北京的转播商人数减少了32%，但是制作的内容大大增加。”最终共制作视频时长超6 000小时，其中1 000小时被播出，200小时为8K高清，创下转播时长最长冬奥会的纪录，这离不开5G+8K超高清远程传输、云转播平台、Press+网络专线传输服务等新技术的全面应用。

这也让北京冬奥会作为百年奥运史上第一届“云上奥运”而备受全球关注。阿里云联手各方，在组织运营方面首次实现了云计算代替传统IT，将冬奥会最核心的赛事转播、赛事成绩及运动员行程、交通、生活等信息系统迁至阿里云上，达到了核心信息系统100%上云。其中最精彩莫过于与OBS合作开发的奥林匹克转播云（OBS Cloud），云上转播成本更低、时延更低、带宽更高，利于转播方更好利用AI、AR等新技术，将赛事精彩瞬间处理成银幕级观看效果，赋予观众奇观化的视听感受。大数据存储和高带宽的处理能力能确保内容的最佳传输质量，

方便媒体工作者云上远程移动制作，虽然注册记者不到1万，但全球有2万多记者参与报道，打破了时空距离。

资料来源：中国社会科学网.

附表11-1　　各省份数字经济发展政策汇总

省份	时间	政策
北京	2020年9月20日	《北京市关于打造数字贸易试验区实施方案》
	2020年9月22日	《北京市促进数字经济创新发展行动纲要（2020~2022年）》
	2021年7月23日	《北京市"十四五"时期智慧城市发展行动纲要》
	2021年8月3日	《北京市关于加快建设全球数字经济标杆城市的实施方案》
	2021年10月14日	《北京市关于促进数字贸易高质量发展的若干措施》
上海	2020年4月8日	《上海市促进在线新经济发展行动方案（2020~2022年）》
	2021年7月29日	《上海市促进城市数字化转型的若干政策措施》
	2021年10月27日	《上海市全面推进城市数字化转型"十四五"规划》
	2021年11月25日	《上海市数据条例》
广东	2020年11月3日	《广东省建设国家经济创新发展试验区工作方案》
	2021年5月13日	《广东省人民政府关于加快数字化发展的意见》
	2021年7月11日	《广东省数据要素市场化配置改革行动方案》
天津	2021年8月19日	《天津市加快数字化发展三年行动方案（2021~2023年）》
	2021年12月28日	《天津市智慧城市建设"十四五"规划》
重庆	2020年6月22日	《重庆市建设国家新一代人工智能创新发展试验区实施方案》
	2021年12月8日	《重庆市数字经济"十四五"发展规划（2021~2025年）》
	2021年12月16日	《重庆市数据治理"十四五"规划（2021~2025年）》
河北	2020年4月19日	《河北省数字经济发展规划（2020~2025年）》
	2020年10月1日	《关于支持数字经济加快发展的若干政策》
山西	2019年8月27日	《山西省人民政府关于引发山西省加快推进数字经济发展实施意见和若干政策的通知》
内蒙古	2019年12月31日	《内蒙古自治区人民政府推进数字经济发展规划纲要》
	2020年7月6日	《内蒙古自治区数字平台经济促就业助脱贫行动方案》
	2021年10月24日	《内蒙古自治区"十四五"数字经济发展规划》
辽宁	2020年10月18日	《辽宁省数字经济发展规划纲要》
吉林	2021年1月26日	《吉林省人民政府办公厅关于印发加快构建吉林产业发展新格局实施方案的通知》
	2021年10月29日	《吉林省人民政府关于印发推动大众创业万众创新再升级若干政策举措的通知》

续表

省份	时间	政策
黑龙江	2020 年 10 月 20 日	《推动“数字龙江”建设加快数字经济高质量发展若干政策措施》
浙江	2018 年 9 月 14 日	《浙江省数字经济五年倍增计划》
	2021 年 6 月 16 日	《浙江省数字经济发展“十四五”规划》
江苏	2018 年 9 月	《省政府办公厅关于印发智慧江苏建设三年行动计划（2018～2020 年）的通知》
	2020 年 10 月	《省政府办公厅关于深入推进数字经济发展的意见》
	2021 年 8 月	《江苏省“十四五”数字经济发展规划》
福建	2018 年 2 月 1 日	《福建省人民政府办公厅关于加快全省工业数字经济创新发展的意见》
安徽	2018 年 10 月 30 日	《安徽省支持数字经济发展若干政策》
江西	2021 年 1 月 5 日	《关于加快推进数字经济创新发展的若干措施》
山东	2019 年 2 月 27 日	《数字山东发展规划（2018～2022 年）》
	2019 年 7 月 19 日	《山东省支持数字经济发展的意见》
	2021 年 4 月 15 日	《数字山东 2021 行动方案》
河南	2019 年 6 月 27 日	《2019 年河南省数字经济发展工作方案》
	2020 年 6 月 1 日	《2020 年河南省数字经济发展工作方案》
	2021 年 3 月 15 日	《2021 年河南省数字经济发展工作方案》
湖北	2021 年 10 月 17 日	《湖北省数字经济发展“十四五”规划》
	2021 年 11 月 2 日	《省人民政府关于全面推进数字湖北建设的意见》
湖南	2020 年 11 月 24 日	《关于持续推动移动互联网产业高质量发展　加快做强做大数字产业的若干意见》
广西	2018 年 8 月 29 日	《广西数字经济发展规划（2018～2025 年）》
	2020 年 10 月 15 日	《加快广西数字经济发展的若干措施》
海南	2019 年 9 月 27 日	《海南省大数据开发应用条例》
	2021 年 1 月 28 日	《海南省国民经济和社会发展第十四个五年规划和二〇三五年远景目标纲要》
四川	2019 年 8 月 1 日	《关于加快推进数字经济发展的指导意见》
贵州	2017 年 7 月 14 日	《贵州省人民政府关于推动数字经济加快发展的意见》
	2018 年 2 月 7 日	《贵州省实施“万企融合”大行动打好“数字经济”攻坚战方案》
云南	2020 年 12 月 29 日	《关于促进高新技术产业开发区高质量发展的实施意见》
	2021 年 2 月 8 日	《云南省国民经济和社会发展第十四个五年规划和二〇三五年远景目标纲要》
西藏	2018 年 2 月 21 日	《西藏自治区人民政府关于强化实施创新驱动发展战略进一步推进大众创业万众创新深入发展的实施意见》

续表

省份	时间	政策
陕西	2020 年 7 月 2 日	《陕西省 2021 年数字经济工作要点》
	2020 年 9 月 24 日	《甘肃省“上云用数赋智”行动方案（2020～2025 年）》
	2021 年 9 月 21 日	《甘肃省“十四五”数字经济创新发展规划》
宁夏	2021 年 9 月 29 日	《宁夏回族自治区数字经济发展“十四五”规划》
青海	2020 年 5 月 16 日	《关于加快推进 5G 产业发展的实施意见》
	2021 年 11 月 18 日	《青海省“十四五”工业和信息化发展规划》
新疆	2021 年 11 月	《新疆维吾尔自治区信息通信行业“十四五”发展规划》
	2022 年 5 月	《新疆数字经济发展研究报告（2021）》

本章小结

以美国、英国、俄罗斯、欧盟为代表的发达经济体既致力于加速构建国内数字经济政策体系，又通过数字国际合作积极抢占全球数字贸易规则制定权，制定了一系列数字经济政策与战略规划。

美国数字经济政策包括“信息高速公路计划”、互联网与新兴技术的发展、建设数字政府以及通过数字贸易参与全球数字经济。

英国数字经济政策包括对数字化创新者进行鼓励、建设以用户为中心的数字化社会、为数字化创新者提供帮助、促进基础设施和平台建设、确保数字经济创新发展的可持续性。

中国数字经济政策分为全国层面和地方层面的数字经济政策，其中地方层面的数字经济政策呈现以下特点：以行动计划和产业规划为主；数字经济发展较为成熟的省份侧重于布局数字要素市场，数字经济发展相对落后的省份以基础设施建设为主；各地数字经济政策综合考虑各地资源禀赋、区位条件、功能定位和产业发展；数字经济政策开始强调跨区域协作。

复习思考题

1. 美国数字经济政策重点关注哪些方面？
2. 英国数字经济政策重点关注哪些方面？
3. 俄罗斯数字经济政策重点关注哪些方面？
4. 欧盟数字经济政策重点关注哪些方面？
5. 我国数字经济政策包括哪些类别？

6. 我国数字经济政策涉及哪些重要领域？

7. 我国各省份数字经济政策有哪些相同点和不同点？

8. 我国数字经济政策有哪些特点？

参 考 文 献

[1] 陈万钦．数字经济理论和政策体系研究 [J]．经济与管理，2020，34 (6)：6－13.

[2] 陈卓，许志国，谢恒焜．数字经济的政策解读和发展路径 [J]．宏观经济管理，2022 (4)：26－32.

[3] 丁声一，谢思淼，刘晓光．英国《数字经济战略 (2015～2018)》述评及启示 [J]．电子政务，2016 (4)：91－97.

[4] 高际香．俄罗斯数字经济战略选择与政策方向 [J]．欧亚经济，2018 (4)：79－93.

[5] 师博，常青，张良悦．中国数字经济发展的政策演进与理论研究脉络 [J]．技术经济，2022，41 (8)：1－10.

[6] 闫德利，高晓雨．美国数字经济战略举措和政策体系解读 [J]．中国信息化，2018 (9)：8－11.

[7] 杨巧云，乔迎迎，梁诗露．基于政策“目标－工具”匹配视角的省级政府数字经济政策研究 [J]．经济体制改革，2021 (3)：193－200.

[8] 于晓，叶申南．欧日韩数字经济政策、发展趋势及中国策略 [J]．国际财经，2021，66 (6)：135－141.

第 12 章　新形势下数字经济的治理

【学习目标】

学完本章，你应该做到：

1. 了解数字经济对经济全球化的影响
2. 了解全球化背景下数字贸易的内涵、特征、限制因素与治理路径
3. 了解平台发展面临的问题及平台监管的治理路径
4. 了解网络空间命运共同体的内涵以及构建网络空间命运共同体的挑战

【引例】

数字经济时代如何筑牢数据安全的“防火墙”

人类对数字的感知，几乎和人类的历史一样久远。“结绳记事”的说法反映了原始先民对数字的认识和利用。不过，很多年前，人们还无法想象数字能够创造一个时代。信息技术的应用使传统意义上现实世界与虚拟世界的边界日趋模糊，两者相互渗透、相互影响，推动构建了一个日趋具有数字化特征的全新世界。

然而，数字经济强势崛起过程中，遭遇的网络安全事件与日俱增，从脸书被曝出用户信息遭泄露，到“Twitter”自曝安全漏洞，要求用户修改密码，到 MobiKwik 上用户支付数据泄露，到国内订票网站被曝个人信息可以被其他用户查看，再到趣店被曝数百万学生数据疑泄露。桩桩件件数据泄露事件、网络诈骗事件的频发，严重挫伤网民的消费信心以及损害他们的人身财产安全。数据安全是数据经济产业的基石，但网络空间具有匿名性、技术性、隐蔽性等特点，成为犯罪分子优先选择的理想活动场所，致使人类社会遭遇技术之殇。数据安全是国家安全的重要组成部分，数据泄露、丢失和滥用也将直接威胁国家安全和社会稳定。

【知识框架】

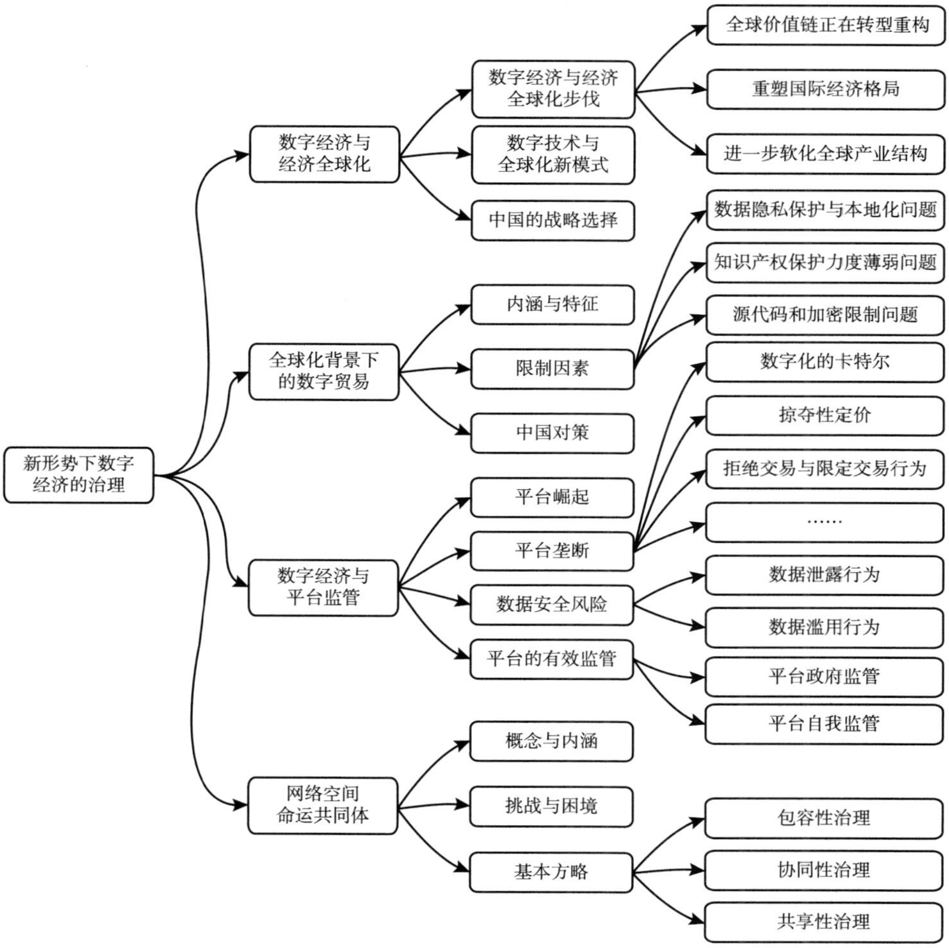

图 12－1　本章知识框架

21 世纪以来，人类社会迎来了以数字化、智能化和网络化为核心的新一轮工业革命，数字经济已成为新时代经济增长的新引擎。在一个日趋具有数字化特征的全新世界，经济活动从内容到形式都发生了巨大变化。数字世界是万物的数字化，如何在数字化世界中构建一个均衡的框架，促进数字化时代的发展与安全之间实现有效均衡，这是本章讨论的重点内容。

12.1 数字经济与经济全球化

纵观人类文明史，每一次的全球化浪潮均由技术变革推动社会经济的变革而实现，并广泛而深刻地影响着社会经济各领域。数字技术发展推动“工业 4.0”进程不断加快，以大数据、人工智能为代表的数字技术在企业的生产、销售和流通环节逐步得到应用，数字经济成为当今时代发展的一个显著特征。它正以前所未有的速度改变着人们的生产生活方式，正朝着产业数字化、数字产业化、治理数字化和数据价值化等方向高速发展，对世界经济的增长和结构的变化产生了深刻的影响。

12.1.1 数字经济与经济全球化步伐

世界经济正处于百年未有之大变局，在中国经济高质量发展阶段，数字经济为中国经济发展注入了新活力，促进人类社会发生一场全球性的变革，推动人类跨入了经济全球化时代。《中国数字经济发展报告（2022 年）》中指出，在新阶段，中国经济处于全球中心，已成为世界上第二大数字经济体，数字经济占中国 GDP 比重已经超过了 1/3，成为增长最快的领域，数字经济作为国民经济的“稳定器”“加速器”作用更加凸显，已经成为全球经济的新动能，正在改写与重构世界经济版图。

1）全球价值链正在转型重构

全球价值链与经济全球化的迅速发展密不可分，21 世纪，数字经济在很大程度上改变了全球价值链。技术变革打破了以传统制造业主导经济发展的范式，数字交付和数字服务在全球价值链中占据十分重要的地位。全球价值链下，生产工序更加精细、供应链条逐渐加长，制造业的最终产品价值往往包含不同环节和诸多国家的增值，成为真正意义上的“世界制造”。数字经济的出现，为传统全球价值链“赋能”助力，在全球价值链中嵌入了更多的数据元素和服务元素，使得原有传统的全球价值链进入一个更新和重塑的过程。

2）数字经济重塑国际经济格局

信息技术的快速进步成为国际经济秩序演化的重要变量，数字竞争力也成为衡量国家综合竞争力和发展潜质的重要维度。数字经济是一个崭新的领域，其内涵和外延已深入国际经济各个领域，对国际生产、贸易和金融均产生变革性影响，成为各个国家利益博弈的重要领域。一定程度上而言，发达国家和其他国家站在同一条起跑线上，这是发展中国家发展自身生产力、提升创新能力、融入世界实体经济、实现跨越式发展的历史性机遇。但与发达国家相比，发展中国家仍存在基础设施薄弱等短板，数字经济发展在国家和地区之间呈现分化态势。数字经济正成为新的崛起性力量，使世界经济版图发生变化，在一定程度上改变了全球经济结构，重塑了国际经济格局。

3）数字经济进一步软化全球产业结构

世界正在经历着全球化新阶段带来的大变革和新趋势，数字经济的快速发展加速了世界范围内的产业结构变化。在数字技术不断创新、数据流量呈几何级数增长的背景下，数据要素超过资本要素和劳动要素，成为经济增长中最有力的生产要素。作为新型“软要素”，数字技术推动了全球产业结构进一步的知识化与科技化，全球产业结构软化趋势愈加明显。以计算机和软件服务、互联网信息服务为主的新兴服务业迅速崛起，围绕数字产品生产、销售和服务的产业在产业结构中占据重要地位，电子商务、网络金融、远程学习等新型服务业方兴未艾，而传统物质生产部门创造的增加值占比则进一步降低。总体来看，知识化、信息化、智能化正在成为全球产业发展的新方向。

12.1.2　数字技术与全球化新模式

在以因特网为标志的数字革命浪潮中，数字技术正在创建新的经济全球化模式，各种基于互联网的商业模式和产业形态重组了社会生产与再生产的各个过程，表现为从传统经济的全球化向数字经济的全球化跨越，这是一场比工业革命更快、更深刻的社会变革。

1）平台化模式

基于5G通信、大数据、人工智能、云计算等新兴技术，平台经济成为新一轮以互联网平台为支撑的新经济形态。数字经济平台化是世界经济资本扩张在全球产业链基础上，进一步整合生产、交换、分配和消费环节的社会化扩大再生产新发展业态。在数字经济逐步成为全球经济发展的主要趋势下，平台驱动型全球价值链将会逐步取代生产者驱动和需求者驱动，成为全球价值链治理模式的主导形态。数字化平台借助其强大的信息搜索能力、数字存储能力、数据加工能力、数据传输能力、数据分析能力，发挥调节生产和消费的重要“中介”作用，使得消费者和生产者之间的价值交易更为便利，从而达到消费者和生产者利益最大化的目标。

2）本土化模式

在数字经济需求的引导下，5G、大数据、物联网、人工智能、云计算、区块链等先进技术得以不断创新。以数字为代表的新一轮信息技术革命在经济活动各领域产生深刻影响，其重要特征之一就是经济活动的高效性和即时性。因此，价值链在空间布局上区域化的相对集中与市场需求导向有机结合，能够确保价值链运转的时间成本大大节约，减少客观存在的运输成本。因此，未来本土市场需求因素将是影响价值链空间布局的关键因素，或者说，数字经济条件下，全球价值链的区域布局更大程度上将会以本土市场规模需求为导向。

3）多元化模式

在数字技术支撑下，“连接”成为数字经济的重要特征。在数字经济条件下，世界经济将真正进入万物互联的时代，移动互联网的出现开启了“万人互联”时代，而5G的出现让“万物互联”成为可能，在传统经济全球化中被遗忘或边缘化的对象都可能因接触到数字经济而融入新一轮全球化中，并且“连接”的成本在急剧减少，参与国际分工的门槛也大大降低。空间关系的变化将极大地缩减人与人、物与物、人与物之间的距离，使得全球真正成为一个整体，更多国家、更多地区、更多微观经济体主体参与到全球价值链分工体系中来，也就意味着选择的多样性和多元化。总之，数字技术支撑的客观条件和产业链、供应链安全稳定的主观需要，将共同推动全球价值链朝着供应多元化方向发展。

12.1.3 数字经济时代中国的战略选择

数字经济渗透领域广、创新活跃度高、产业链条长，在新一轮科技革命和产业变革不断深化的全球背景下，发展数字经济成为中国把握新一轮科技革命和产业变革新机遇的战略选择，因此，有必要制定符合全球数字经济发展客观规律的政策，从战略上高度重视数字经济发展。

1）基础战略

实施国家大数据战略，重视大数据在国家管理、社会治理、经济发展和人民生活等方面的应用。瞄准世界科技前沿，集中优势资源突破大数据核心技术，加快构建自主可控的大数据产业链、价值链和生态系统。把推进大数据作为实现社会创新发展的重要战略部署，并将数字经济作为经济结构调整和新旧动能转换的基础战略。面向国家重大需求，面向国民经济发展主战场，全面实施促进大数据发展行动，完善大数据发展政策环境。

2）核心战略

实施践行“数字中国”战略，数字中国与新时代数字经济发展需求一脉相承，是数字经济发展的最新成果和战略目标，是新时代国家现代化和信息化建设的新要求，是新时代赋予的新使命。同时，充分利用“一带一路”倡议等有利机遇，加快数字技术创新及其应用，加强与国外跨境电商平台合作等模式，促进双边及多边数字贸易便利化，准确把握新发展格局，提升在全球价值链中的格局和地位。

3）产业战略

借助“互联网+”计划、“中国制造2025”战略，针对性地设计国内数字贸易、跨境数字贸易发展的产业策略。要针对数字贸易制定宏观产业政策，尤其是针对跨境电商和数字内容产业的发展制定中长期发展规划，明确数字贸易的支持领域、发展方向及重点。进一步推动数字贸易宏观政策与市场机制的有效衔接，激发各类市场主体的积极性和创造性，提升消费者和中小企业在数字贸易中的参与度和贡献度。同时，积极推动产业互联网的建设，促进互联网与传统行业深度融合，通过商业模式创新，把中国制造引向中国创造，再将中国创造带向全球。

4）驱动战略

大力实施互联网创新驱动战略。加强数字贸易发展的网络和通信基础设施建设，加快云计算、大数据、人工智能、物联网等核心数字技术和网络技术的研发和创新，建立数字技术创新创业孵化平台，推动官产学研一体化，并加快数字贸易商业模式的创新。加快数字底层技术创新、实现核心技术突破，深化科技创新与人才发展的体制机制改革，推进科技成果的转化应用，在开放合作中寻求突破，实现数字领域核心技术的自强自立。

5）保障战略

实施数字安全战略，构建网络空间命运共同体。网络空间是信息传播的新渠道、生产生活的新空间、经济发展的新引擎、文化繁荣的新载体、社会生活的新平台、交流合作的新纽带、国家主权的新疆域。中国作为网络大国，应坚持以人民利益为出发点，以政治安全为根本，加强数字经济时代多领域的安全保障，在全球数字安全治理中，提出中国方案、分享中国技术、提供中国经验，制定符合中国推动全球经济治理机制变革实际需要的安全战略，与各国携手共同构建网络空间命运共同体。

12.2 全球化背景下的数字贸易

数字经济的迅速发展是通过数字贸易实现的，数字贸易是一种以全球化、网络化和数字化为特征的新型贸易形式，以互联网为基础、以数字交换技术为手段，为供求双方提供互动所需的数字化电子信息，贸易的核心是数字产品或数字服务，是全球贸易中正在崛起的重要新业态。数字贸易是推动形成双循环新发展格局的“加速器”，也是未来世界各国在数字经济领域竞相博弈的战略基点。全球数字贸易蓬勃发展，居于全球化新阶段的核心，但也给基于传统贸易构建的国际贸易体制机制与监管执法等方面带来了巨大的冲击和挑战。

12.2.1 数字贸易的内涵与特征

1）数字贸易的内涵

纵观国际贸易的发展史，全球贸易大致经历了传统贸易、信息化贸易、数字贸易三个阶段。数字贸易是数字时代国际贸易演化的最高形态，但目前全球对于数字贸易尚无统一定义，其内涵和外延仍在变化之中。

数字贸易这一概念，是由美国国际贸易委员会（United States International Trade Commission）于 2013 年在《美国与全球经济中的数字贸易》的报告中率先提出，主要指以互联网技术为主要媒介的订购、生产、传输产品和服务的一系列国内商务和国际贸易活动。同时，将交易标的划分为数字内容、社交媒介、搜索引擎、其他产品和服务四类。

2017 年 3 月，美国贸易代表办公室将数字贸易的定义进一步修订，在《数字贸易关键壁垒》一文中指出，数字贸易包括通过互联网销售的消费品和在线服务、通过数据流实现的全球价值链、通过服务实现的智能制造以及无数其他的平台和应用。

经济发展与合作组织（OECD）从交易的本质、产品和参与的合作伙伴三个维度对数字贸易加以定义，认为只要满足以下三个条件就可称为数字贸易：数字订购的交易、平台促成的交易和数字交付的贸易。

商务部国际贸易经济合作研究院发布的《全球服务贸易发展指数报告(2018)》，将数字贸易分为三类：数字货物贸易、数字服务贸易和数据贸易。其中，数字货物贸易的交易对象为数字货物的贸易和跨境电子商务；数字服务贸易既包括数字旅游、数字教育、数字医疗、数字金融等服务贸易数字化内容，也包括数字媒体、软件贸易等数字内容服务贸易；数据贸易则包括搜索引擎、通过云提供的数据服务和数据的跨境流动。

尽管数字贸易目前并没有被普遍认可的统一定义，但综合起来看，数字贸易包括如下几个要素：①贸易媒介。数字贸易主要是通过互联网传输来实现，以互联网为基础、以数字交换技术为手段。②贸易标的。数字化的产品与服务。数字贸易中的供给者主要向需求方提供交互所需的数字化产品与服务，这是数字贸易的贸易标的。③贸易方式。不同于传统贸易方式，数字贸易是一种全新的商业模式，提供的内容是数字产品与数字服务，一般通过线上交易完成。因此，数字贸易可以看作是以互联网为依托、以数字信息技术为工具、以数字化产品与服务为交易标的一种新型商业模式。

2）数字贸易的特征

数字贸易是生产力发展的产物，随着人类社会进入数字时代，数字技术带来的颠覆性创新，催生了大量非传统的新产品、新业态和新模式。数字技术、数字产品和数字产业以及由此延伸出的数字贸易，已然成为国际贸易发展的新方向。相比于传统贸易，数字贸易具有如下显著特征：

一是数字贸易以互联网技术为交易基础。依托互联网与数字信息技术，互联网平台成为协调和配置资源的基本经济组织，现代信息网络的贸易双方不再具有严格的空间属性，地理距离的限制作用大幅弱化。数字贸易整个交易过程的完全网络化，改变了商品和服务的生产和交付方式，不仅缩短了时空距离，而且降低了交易成本，贸易效率和效益得以提高。

二是数字贸易以知识、技术密集型的数字化产品或服务为交易标的。数字贸易多以具有高技术、高创新、高知识、高互动等特征的产品和服务为主，能够充分满足客户对商品实时性、个性化、低成本、交互性的消费需求。

三是数字贸易的边际生产成本和运输成本几乎为零。依托于先进的互联网数字技术，数字贸易可以实现对劳动力、资本、技术等生产要素的集约化投入，促进研发、采购、生产与营销等系列环节的集约化管理，边际生产成本和运输成本几乎为零。

四是数字贸易中个体消费者的主体作用凸显。数字经济时代，B2C、C2C 等商业模式普及，中小企业、个体商户和自然人都可以通过互联网平台面向全国乃至全世界的消费者，使消费者可直接与供应商进行交流和买卖，个人消费者在数字贸易中的作用日益凸显。

12.2.2 全球数字贸易的现实挑战

在全球化、平台化、数字化趋势日益明显的当下，数字贸易以信息通信技术为媒介，成为重塑传统价值链、促进产业转型升级的重要驱动力。现阶段，全球数字贸易迎来了良好发展机会，但同时也面临着许多挑战，特别是诸多有针对性的监管措施或限制性政策，是部分国家或地区保护自身利益和经济安全的手段，但在一定程度上放缓甚至抑制了全球数字贸易的持续健康发展。

1）数据隐私保护与本地化问题

随着数字信息技术的发展和普及，数字经济已成为国际经济和贸易的主流形态之一。数据是关键生产要素，但数据的非法获取和不对称竞争是影响数字贸易时代传统经济活动的新挑战，2013 年的“斯诺登”事件后，各国都不同程度进行了数据本地化的法律制定与政策实施，来保障国家安全、社会公共道德和公共秩序，保护个人隐私和产业发展需要。

在数据与隐私保护问题上，不同国家的态度和反应相差较大，比如美国更看重与数据流动相挂钩的经济利益，强调数据流动的全球属性。相反，欧盟则更重视数据流动和隐私保护，主张数据的国家主权属性。数据跨境流动是全球数字贸易的重要保障，数据隐私和数字经济的权益保护与跨境因素密切相关。数据存储本地化措施是数字贸易保护主义最初的表现形式，这一措施可以保障国家信息安全和个人数据隐私，但同时也会对数据的跨境流动产生相应的负面影响，会限制跨境数据自由流动，也会降低国家的贸易开放程度，进而导致数字经济领域内的摩擦与冲突，造成全球化数字市场的分割。

2）知识产权保护力度薄弱的问题

在数字经济时代，知识产权保护的领域从有形市场延伸到无形市场，知识和信息成为关键生产要素。数字化知识和信息在网上复制与传输的可行性和便捷性，导致知识产权侵权或盗版等问题层出不穷，这是数字贸易中“最具破坏性的障碍”。但当前大多数国家对版权、专利等知识产权保护力度薄弱，缺乏完整有效的保护规则和执法机制，这严重打击了供给方贸易的积极性，限制了数字内容、电子商务等相关数字贸易的健康发展。

数据具有公共产品的特点，数字经济缩短了创新和应用周期，知识产权保护也应相应提升保护效率，当数据缺少完善的公共交易体系的时候，无法实现分散化数据的自由交易，数据的权利人会对数据的泄露等问题产生担忧，并将其作为一种机密而不愿意进行数据交易，形成了产权约束与经济发展之间的矛盾。事实上，数字产业需要市场公平，只有安全有效的知识产权保护，才能促进依靠版权、商标、专利的创新软件和数字内容的发展、交易。

3）源代码和加密限制问题

源代码，也称源程序，是计算机软件的重要组成要素，是指未编译的按照一定的程序设计语言规范书写的文本文件，是一系列人类可读的计算机语言指令。源代码通过编译器运行，可以生成目标代码，并对软件的编写进行说明。数字贸易中常见的新型贸易壁垒之一就是源代码和加密要求，要求外国投资者提供商业源代码或者加密密钥，作为其进入市场的先决条件。但源代码是具有极高价值的专有信息，是企业最重要的知识产品和商业机密源，源代码的披露存在商业机密被盗窃的风险，可能会出现失窃或盗版等问题，导致供应商处于事实上的不利地位。基于潜在风险，供应商会被迫选择退出或提供较次的产品和服务。

12.2.3　全球数字贸易下的中国对策

中国是全球领先的数字化大国和数字贸易大国，尽管中国具有庞大的数字经济和贸易体量，但在全球数字贸易规则构建和治理上的建树颇少。要推动中国贸易高质量发展，深入推进贸易数字化进程，应在实践中逐步形成层次鲜明、逻辑清晰、全面统一的政策框架，破除已存或潜在的各类障碍和壁垒，促进数字贸易的活力激发与潜力释放，推动数字贸易的健康、有序发展。

1）完善数字领域规制体系建设

现阶段，传统的贸易规则体系与数字贸易的发展并不匹配，明显的滞后性与不完善性难以满足数字贸易发展的新要求，在一定程度上制约着当今数字贸易的快速发展，建立健全数字贸易的规则体系势在必行。要针对数字贸易领域的网络信息安全、数据隐私保护、知识产权保护及数字化交易方面加强立法工作，提高互联网预警监测能力，维护交易主体的正当权益，为数字贸易的健康发展营造高效、安全的网络环境。

2）建立健全数据要素市场体系

作为数字贸易大国，中国需要规范数据相关主体的权利与责任，妥善处理好开放与安全的关系，实现数据自由流动与规制的平衡。一方面，加快制定促进数据自由流动与隐私安全保护相协调的个人信息保护制度，完善数据主体的法律权利。推动个人数据的分类管理，确保数据信息采集、存储、处理、分析、挖掘和交易等流程合理合规、有法可依，严厉打击盗取、买卖、滥用个人数据信息等违法行为，维护个人信息和数据安全；另一方面，根据国情和经济形势，加快建立数据跨境传输规则，维护网络安全和数据主权。在确保数据信息安全的基础上，打破区域间信息壁垒，促进多行业、多领域、跨部门、跨层级数据安全有序流动，形成国内统一规范的数据信息大市场。

3）创新数字监管方式

依托于互联网先进的信息通信技术，数字贸易迅速发展，是不同于传统贸易形态的新业态和新模式。数字贸易的发展，已广泛涉及贸易、互联网、信息安全、金融等领域，这对传统的贸易监管方式提出新的要求。要建立多部门联动、多产业联合的数字贸易监管模式，调动多方参与、多处协调的数字贸易监管体系。要实行多元化监管，立法管理与行业自律机制建设双管齐下，有序推动多元的数据合作管理模式与跨境数据的自由流动，顺应全球数字贸易发展趋势，为数字贸易营造有序竞争、公平发展的市场环境。

4）构建数字贸易“中式模板”规则

中国当前在数字贸易规则领域缺乏主导权，要积极提出符合自身利益的诉求和主张，构建有利于自身数字贸易发展的规则，掌握数字贸易规则话语权，甚至要在相关数字贸易领域构建一套“中式模板”。模板中，从知识产权保护、数字贸易壁垒、新型数字贸易规则等角度对接相关规定，制定合理的国际贸易政策，加强数据监管，构建符合自身利益发展的数字贸易法规。同时，尊重不同国家的数字主权，推动公平治理数字贸易，实现全球数字贸易的包容性增长，致力于形成透明、公平的全球数字贸易规则新框架，创造公平、开放、有利的数字贸易国际环境。

12.3 数字经济与平台监管

数字经济时代，信息成为改变交易模式和降低交易成本的关键要素，随着市场规模的扩大和专业化分工，原有产业内的资源分布格局被打破，新的交易规则开始兴起，商业的新模式、新业态不断涌现，数字技术驱动下的交易开始走向线上化、平台化，大量平台企业出现，成为驱动经济增长的新引擎。

12.3.1　平台崛起

平台是现代社会生产力新的组织形式，虽不生产任何产品，但平台为双方或多方客户之间的交易提供了一种现实或虚拟的空间，提供了让一组参与者聚集在一起进行在线互动的经济活动机制，是连接供给者和消费者的中间纽带。通过平台互动，消费者可以获得个性化的商品和服务，平台是互联网时代商业模式创新的一种具体表现形式，为构建有效市场提供了路径。

平台对生产、分配、交换、消费各个环节产生了深远影响。例如，阿里巴巴、亚马逊、京东等成为世界性和区域性的电子商务交易平台，影响全球几十亿人的购物和消费方式；抖音、推特、微博等为人们提供了丰富的视听资源，平台经济体已然成为数字经济发展的新社会生产组织形态，正在深刻改变人们的生产生活方式和经济社会治理方式。平台兼具传统企业和市场的双重属性。具体来说，平台经济的运行依托于平台企业，只是平台企业投资的不再是产品，而是平台基础设施和工具，从而支持并拓展网络化的市场或社群，平台企业实际上承担了市场的作用。这种新的经济形态以敏感的数据采集和传输系统为基础，以发达的算力和功能强大的数据处理算法为核心，以数字平台为支撑，跨时空、跨国界、跨部门地集成生产、分配、交换与消费活动的信息，促进社会生产与再生产过程顺利进行。这种新经济形态颠覆了传统市场的经济形态，打破了传统大企业的垄断，是当前世界经济增长动能转换、结构优化和效益提升的新引擎，是世界各国经济中增长最快的部分，在推动质量变革与新旧动能转换中发挥着重要作用。

数字经济时代，平台经济具有开放性、跨行业、跨地域、线上线下融合等特点，要全景式地理解变化，在新秩序结构中，寻求各种市场秩序、各类监管之间的最优组合，确保多方共赢的平台生态，促进平台生态激励相容、协同发展，做到维护市场有序运转、多种主体利益平衡和整体社会效益的最大化。中国是数字经济大国，平台经济发展具有规模优势，平台经济加速生产与流通及消费的有效对接，提高生产效率，缩短流通时间，促进社会生产力的大发展。但与此同时，平台经济发展也面临两个突出的新问题：一是平台经济发展的垄断问题，二是平台的数据安全问题。这些负面问题已成为新发展格局下监管主体必须面对的顽疾。

12.3.2 平台的垄断问题

随着互联网产业迅猛发展，平台经济异军突起，一大批平台型企业从无到有，从小到大，成为推动经济增长、促进民生改善的重要力量。基于数字经济的网络效应、大数据与算法的结合，平台往往是一家独大的高集中市场结构，获得了较强的市场势力，成为很多商家、消费者进出市场的唯一通道，这种市场势力也被称为“守门人”势力或“瓶颈”势力。这种强市场支配地位带来较高的市场竞争扭曲风险，引发了垄断和不正当竞争的争议。平台经济领域较为典型的垄断行为主要包括：数字化的卡特尔、掠夺性定价、拒绝交易与限定交易等行为。

1）数字化的卡特尔

基于大数据、云计算等新兴技术，互联网平台通过发达的算力和强大的算法形成了数字化的卡特尔（Cartel，原意为协定或同盟）。数字化的卡特尔是一种更为隐蔽的新型垄断协议形式，大数据和云计算可提高市场的透明度和经营者的相互依赖性，助长合谋行为的发生。

平台数字化的卡特尔行为主要体现在三个方面：①价格合谋。不同企业可能使用同一特定的定价算法和历史定价数据协调定价，达成价格合谋。②隐性合谋。企业可能选择性共享平台数据，向其他经营者传递一种隐性信号，进而产生数据共享后的市场分割，导致平台企业间的隐性合谋。③默示合谋。企业可能通过人工智能、机器深度学习等技术实现算法改进，间接促成默示合谋。因此，现阶段大数据和算法已成为平台之间非法勾结的手段，实施“大数据杀熟”等滥用市场支配地位行为的现象屡见不鲜，如何破解数字化卡特尔的隐秘性特征，既是一个技术问题，也是一个法律问题。

2）掠夺性定价

掠夺性定价又称驱逐对手定价，是一种不公平的低价行为，主要指互联网平台为了把对手挤出市场和吓退潜在对手，利用交叉补贴等方式，以低于成本的价格销售商品或服务，从而将客户锁定在平台的生态系统中，达到挤压竞争对手并占领市场的目的。

与传统工业时代的产品和服务不同，数字产品和服务具有无限复制、无限供应等特质，这种特质下的价值增值方式取决于价格和消费量。所以，一旦数字平台具有垄断性地位，其几近趋零的边际成本与锁定的巨大消费量，将成为数字平台暴利的重要原因之一。在数字平台达到垄断后，互联网平台的市场支配地位使得其还可对平台产品和服务进行策略定价。互联网平台的掠夺性定价风险行为，不仅巩固了平台的垄断地位，而且成为平台各类垄断行为的资金来源和基础，如此循环往复扩张将进一步强化数字平台的垄断地位。

3）拒绝交易与限定交易行为

数字经济时代，互联网平台企业常常会采取一些竞争策略，来实现维护、巩固自身市场地位的目的。这些复杂多样的竞争策略主要包括拒绝交易行为或限定交易行为。其中，互联网平台的拒绝交易行为主要体现在：平台滥用自身的市场支配地位，通过拒绝与第三方开展业务，从而剥夺市场参与者的竞争可能。而限定交易行为则主要表现为：平台滥用自身的市场支配地位，通过限定他人按照自己的意愿进行交易，从而排斥其他经营者的公平竞争。

上述行为如果按照使用的技术手段来归结，主要有以下几类：①开发和使用私有技术标准的行为，拒绝与竞争对手实现兼容或互通；②设置网络“爬虫”协议的行为，拒绝竞争对手抓取自身网站信息；③设置平台接口使用规则，拒绝竞争对手在自身平台推广业务；④实施“二选一”策略，限制或拒绝交易相对人入驻自身平台。通过上述技术手段，互联网平台可实现对竞争对手的拒绝交易或限定交易等垄断行为，从而防止竞争对手的发展与壮大。

12.3.3　平台的数据安全风险问题

数字经济时代，互联网平台将孤立、分散的数据信息有机聚合，形成商业运转的底层逻辑，推进数据成为重要的生产力。当下，大数据技术被广泛应用于新金融、新零售、网约车等新业态，非接触式和线上化的服务方式让用户的身份信息和行为信息变成一组组数字数据。随着海量数据的收集、互通、共享及相关产业的出现，与之相伴而来的是平台的数据泄露和数据滥用等数据安全问题。

1）数据泄露问题

互联网平台以海量的用户和数据为纽带，利用网络协同、场景交叉的方式，实现生态和资本的快速扩张，建立起庞大的跨界生态系统，极大地促进了资源配置效率的提升，但是数据的合规边界也变得模糊，隐私保护和公民权益面临严重威胁。平台长期扮演着隐私数据收集者、开发者和销售者的多重角色，与此同时又扮演着数据隐私监管者的角色，这一数据处理机制存在巨大的隐私漏洞和隐私风险。

数字平台企业的数据泄露行为主要体现在：①数字平台企业在提供服务的同

时，通过强制访问各种用户信息，存在过度索权、超范围收集、存储、共享网络数据等问题，用户很难确保自己的个人信息被合理收集、使用与清除，严重削弱了用户对个人信息的自决权利；②数字平台企业利用监管盲区和技术手段，甚至将数据主体的权益“让渡”给非授权机构，从而威胁网络数据处理的安全性，导致严重的网络安全隐患；③数字平台企业利用数据技术对海量数据进行挖掘分析，所得结果可能包含涉及国家安全、经济运行、社会治理等敏感信息，对于作为网络数据信息节点的平台来说，其数据泄露面临的风险，除了公民个人隐私安全，甚至也包括国家的网络安全；④数字平台企业在跨境传输数据时也缺乏对数据的保护，大量数据面临被泄露、滥用或篡改的威胁。

2）数据滥用行为

数据是数字经济时代最重要的生产要素，数字平台的业务开展大多基于使用者隐私行为数据的收集整理与开发利用。事实上，公民行为数据的数字权属并非平台所有，但大型互联网平台企业处于市场支配地位，其有动机和能力滥用其掌握的数据资源对抗第三方供应商、从业人员和消费者。

数字平台企业的数据滥用行为主要体现在：①数字平台企业不断利用全量和增量数据进行数字产品迭代，并利用数字产品（如用户画像）强大的功能进行精准的产品服务推送；②数字平台企业利用对数据信息的垄断索要高价格，拒绝竞争对手或第三方接入，拒绝兼容或互操作性的实现，从而阻碍具有非竞争性属性的数据要素的重复使用，形成数据信息垄断问题；③数字平台企业随意收集、违法获取、过度使用、非法买卖个人信息、大数据杀熟、滥用非公开数据识别潜在竞争对手等问题突出。

12.3.4 平台的有效监管

数字经济时代，平台经济开创了互联网时代新的商业业态，市场结构和市场秩序发生重要变化，同时也对传统政府管制模式带来了冲击与挑战。维护市场经济秩序的有序运行主要通过两种方式：一是政府管制，二是私人监管。因此，适应数字时代特点及不同社会主体的责任和义务，结合平台属性、平台生命周期、平台网络外部性等因素，平台监管模式可从平台政府监管、平台自我监管两种监管模式出发，通过政府和市场双方力量共同发力，维护市场有序运转、多方主体利益均衡和社会效益最大化。

1）平台政府监管

在数字经济时代，数字平台已成为经济发展与人民生活不可或缺的重要基础设施之一。伴随技术秩序的加入，平台主体海量涌入，平台交易爆发式增长，平台结构多层、多线交织，平台商业模式创新高速迭代，这一新经济形态遵从不同于传统工业的经济规律，平台的独特经济属性、多重角色和多维利益关系给监管当局带来了富有挑战的监管难题。基于平台经济发展的内在规律、特征属性以及现实监管需求，政府可对平台企业的业务模式进行分期指导。

一是分类监管。维护竞争秩序，防止垄断及其他不正当竞争，是行政和法治监管的首要任务。对大型平台的竞争监管，比传统企业时代更重要也更复杂。不同类型平台的垄断和不正当竞争问题表现不同，要明确不同平台的关键问题和监管重点，有针对性地设计监管对策。要重点关注搜索性平台的阻止进入问题；重点关注电商平台的限制交易行为、补贴行为等问题；重点关注社交类平台的信息安全与隐私等问题；重点关注移动支付类平台对其他市场参与者的限制竞争行为等问题。

二是技术监管。数据和算法在服务平台的同时，可能通过发达的算力和强大的算法，出现侵犯个人隐私、违背社会公平、塑造不恰当的价值观等问题，而只有软件开发者真正知道算法的具体运行情况，所以明确算法技术、监管不当算法，是政府监管的重要内容之一。

三是价值导向监管。平台作为一个新型的市场主体，以其技术、规模、商业模式和市场影响力，创造了新的社会基础设施和新的公共空间。但在无外部约束监督的情况下，网络内容会出现低俗、误导未成年人、造谣陷害甚至政治诱导等，进而形成错误的舆情和价值导向，破坏整个网络生态环境。因此，需要对网络内容实施监管，建设良好的网络生态，为全社会提供良好的价值导向和社会道德规范。

2）平台自我监管

大型数字平台企业规模大，在全球范围活动，内部组织结构复杂，关联企业隐蔽性强，商业模式创新快，平台上的交易者众多，交易量巨大，交易内容和形态多样且变化迅速。平台的这些特点决定了外部监管者难以对平台上每次交易进行主动监管。互联网平台也应履行监管平台内部市场的公共职能，承担监管主体的角色。相较于政府监管，互联网平台自我监管更具全面性、及时性、专业性、经济性。因此，构建互联网平台自我监管的程序规范可从以下三个方面着手：

一是公开性和透明性。建立健全互联网平台信息披露机制，科学确定披露对象，客观呈现披露内容，提高相关利益主体的信任度和外部约束力，这是规范互联网平台健康发展、保护平台相关利益主体的重要手段。

二是公众参与度。切实提高利益相关主体的外部参与度，准确把握多元主体间的利益平衡点，在一定程度上抑制平台自我监管的价值偏好，获得更多主体的认同和自觉遵守，加强对监管规则的监督。

三是监管规则的科学性。互联网平台监管规则既是平台管理内部市场的重要规则，也是与外部市场中其他平台竞争的重要方式，必须厘清平台自我监管与政府监管之间的边界，同时监管规则必须充分市场化，体现意思自治和竞争自由，从而增强平台监管规则的科学性，健全平台自我监管的程序规范，实现平台的规范健康发展。

12.4 网络空间命运共同体

网络空间日益成为信息传播的新渠道、经济发展的新引擎、国家主权的新疆域，将世界各国日渐融合为一个休戚与共的命运共同体，但网络空间也充斥着政治斗争、不良舆论、网络犯罪、网络攻击、网络监听、数据窃取、利益争夺、恐怖暴力等不良现象。经济全球化和世界多极化使得各国既相互依赖又相互竞争，各个国家都难以独善其身，全球网络空间治理需要各国携手前行，网络空间前途命运应由全球各国共同掌握。

12.4.1 网络空间命运共同体的内涵

作为新兴网络大国，2015 年 12 月，习近平主席在第二届世界互联网大会主旨演讲中，提出“网络空间命运共同体”这一概念。“网络空间命运共同体”是“构建人类命运共同体”的发展和延伸，是新时代共享网络信息保障信息安全、净化网络生态、实践人类命运共同体理念的科学路径。网络空间命运共同体理念不仅仅是中国针对全球治理提出的“中国方案”，也是中国参与全球网络治理的重要主张。

中国主导下的网络空间命运共同体，倡议世界各国政府和人民顺应信息时代潮流，把握数字化、网络化、智能化发展契机，积极应对网络空间风险挑战，积极发展共同推进、安全共同维护、治理共同参与、成果共同分享。这一理念提出互联网发展治理“五点主张”：第一，加快全球网络基础设施建设，促进互联互通；第二，打造网上文化交流共享平台，促进交流互鉴；第三，推动数字经济创新发展，促进共同繁荣；第四，保障网络安全，促进有序发展；第五，构建全球网络空间治理体系，促进公平正义。构建网络空间命运共同体，就是要把网络空间建设成造福全人类的发展共同体、利益共同体、责任共同体、安全共同体。

1）发展共同体

网络空间是一个基于信息技术发展而形成的全球性和地方性交叠的人类生活的新场域，是基于互联网等技术构筑的全新人造空间。这个空间具有虚拟与现实的双重特性，是推动新一轮全球化发展最主要的基础，也将成为名副其实的全人类共同的生产和生活空间。人类生产生活已经高度依赖网络空间，虚实交织的网络空间推动了不同国家、不同民族、不同组织、不同个体相互联系的同时，也在一定程度上解构了主权国家的传统治理边界。

网络空间命运共同体思想提出共同构建和平、安全、开放、合作的网络空间，以网络空间命运共同体为核心的中国方案可以承载全球最广泛国家和人民的利益，多边、民主、透明的全球互联网治理体系的建立，将推动各国网络空间的共同发展，也将开创人类美好的未来，将对各国的前途和命运产生深远影响。中国秉持创新、协调、绿色、开放、共享的新发展理念，就是要和世界各国一道，抓住网络强国、数字中国、智慧社会建设的机遇，让世界在中国的高质量发展中普遍受益。构建“网络空间命运共同体”是中国对网络空间人类共同处境和出路的创造性提法，要求各国在尊重主权的基础上，通过加强合作形成互利共赢、秩序良好、共享共治的发展共同体。

2）利益共同体

人类历史的发展曾长期充满着不同文明之间的竞争和冲突。随着全球信息化的深入发展，网络化、数字化、智能化成为叠加递进的信息化新阶段，网络空间依靠互联互通、开放共享的基因，承载着各国经济社会发展的财富和机遇，推动了全球各国的相互连接和数据流动。推动数字经济发展，促进共同繁荣，符合全球各国的利益，共同的利益可以驱动各国共建网络空间命运共同体。寻求思想上的共识、管理上的共治、矛盾上的共商、安全上的共防、成果上的共享、发展上的共进，成为网络空间演进的历史必然。

中国着眼全人类发展的共同利益，积极构建数字合作格局，打造网络空间利益共同体，让网络空间国际合作成果惠及世界各国人民，这是信息时代维护世界和平的大势所趋，是互联网持续发展造福人类的内在要求。打造网络空间利益共同体，就是要汇聚网络空间正能量，加快以自我为中心的发展模式向以共生为中心的发展模式转变，让全球信息技术的发明应用、信息资源的开发利用、信息活动的蓬勃展开，始终聚焦于构建一个和平、安全、开放、合作的网络空间，开创信息文明的新时代。构建和平、安全、开放、合作的网络空间，是打造利益共同体的总体目标，也将以全人类共同价值引领共建网络利益共同体。

3）责任共同体

网络空间具有开放性，由此而来的网络诈骗、网络暴力、网络犯罪和网络恐怖主义，给全球各国带来了新的挑战。网络空间命运共同体，不仅仅是发展共同体、利益共同体，更是责任共同体。网络空间各国面临的风险和获得的利益是共同的，因此责任也需要共担。维护国际社会网络安全，也是维护国家自身的网络安全。

网络空间命运共同体，是将国际社会成员在网络空间的利益和责任综合到一起，共同担负维护国际互联网和平稳定发展的责任，维护国际社会在互联网领域的共同利益。数字化、网络化、智能化，成为推动经济社会发展、促进国家治理体系和治理能力现代化的新手段，但中国的努力既服务于 14 亿多中国人民，也服务于世界人民。网络空间命运共同体理念要走向实践，需要各方承担必要的责任，尤其发达国家和网络大国需要率先承担更多的全球责任，不仅包括发展的责任，还包括安全的责任。发展好、运用好、治理好网络空间，让网络空间更好地造福人类，是国际社会的共同责任，是世界志同道合各国参与的大格局。

4）安全共同体

网络诞生之初是无政府主义主导、无序爆炸式发展的产物，但是，由于人类政治、经济、文化、科技等活动整体向网络空间加速迁移，网络空间已具有国家疆域性质，成为包容信息技术共性与制度文化个性、影响国家生存与发展的新兴空间。当前，全球网络安全威胁形势极为严峻，网络渗透危害政治安全，网络攻击威胁经济安全，网络有害信息侵蚀文化安全，网络恐怖和违法犯罪破坏社会安全，网络空间的国际竞争方兴未艾。国际社会成员之间要紧密联系，荣辱与共，才能更好地应对国际社会发展和平与安全的网络新威胁。

网络空间的治理需要以和平与稳定为宗旨，建立统一的网络空间国家行为准则，无论网络大国还是网络小国、无论是网络强国还是网络弱国，都应把尊重国家主权、不干涉内政、和平解决争端等基本原则延伸到网络空间，以数字文明推动共建网络安全共同体，建立有序又有法、造福不造乱的网络空间安全共同体，确保网络空间的安全与稳定。网络安全是构建网络空间命运共同体，保障人类迈向数字文明新时代的基础，我们注重做好网络安全维护工作，筑牢数字安全屏障。

12.4.2 构建网络空间命运共同体面临的挑战与困境

现阶段，网络空间的治理仍处在早期探索的无秩序状态。特别是，网络空间治理本身涉及多领域合作，面临大国霸权、南北矛盾等难题。因此，中国提出构建人类命运共同体的主张，构建网络空间命运共同体并非易事，从协同治理角度来看，目前构建网络空间命运共同体存在的问题与困境主要表现在以下几个方面。

1）网络空间发展的不均衡性

从互联网的渗透率与发展指数可以看出，全球互联网在迅猛发展的同时，持续表现出不平衡的特征，数字鸿沟问题十分严重。这种不平衡性主要体现在技术研发能力、互联网接入、互联网使用技能以及互联网参与等多个方面。①在技术研发能力方面，少数网络强国掌握核心技术和关键资源，大部分发展中国家则处于被动状态；②在互联网接入方面，受网络基础设施的地域性差异，全球互联网接入表现出明显的不平衡性；③在互联网使用技能方面，发达国家拥有信息通信技术技能人数比例远高于发展中国家；④在互联网参与方面，同样存在着明显的不平衡，互联网话语权和参与性的不平等在各种网络平台上都有所体现。

互联网领域在诸多层面表现出的发展不平衡性，会进一步加剧国家之间、地区之间以及不同群体之间的差距，这显然不利于维护人类社会的稳定和促进共同发展。网络空间问题复杂，需要多边主体与多方主体协同治理。治理主体不分大小、强弱一律平等参与，拥有知情权、参与权、表达权、监督权。但是由于各国互联网发展基础与现状不均衡，以美国为首的少数西方发达国家掌控了网络空间治理的话语权，网络发达国家与网络发展中国家在网络空间秩序重建、属性认知、规则建立、权力分配等方面仍存在的分歧，严重阻碍了全球网络治理新秩序的构建进程。

2）网络空间发展的不安全性

网络安全，是国际社会所共同面对的互联网发展中的重要问题，网络空间的安全是网络空间命运共同体的保障。但在数字经济强势崛起过程中，遭遇的网络安全事件与日俱增，给国家治理和社会治理提出了新的问题和挑战。网络安全问题多种多样，包括网络恐怖主义、网络军事化、个人隐私侵犯、网络攻击、网络监听、网络诈骗、恶意程序、网络钓鱼、黑客攻击等诸多方面，严重损害人民的人身安全和合法权益，同时也深刻影响政府机构、公司企业、医疗单位、交通行业、汽车制造业等领域。

网络空间具有匿名性、技术性、隐蔽性等特点，成为犯罪分子优先选择的理想活动场所，网络安全问题成为各国面临的最紧迫的非传统安全威胁之一，直接关系到各国经济、政治、社会、文化以及国家安全。网络空间命运共同体的构建，需要一个安全、稳定的网络空间，其安全问题，既关系到人类社会的和平发展，也关系到人类社会未来发展中的重要利益。网络安全是全球性挑战、综合性挑战，维护网络安全是国际社会的共同责任。

3）网络空间主权的不一致性

现阶段，国家或地区利益与人类共同利益间的矛盾、网络空间活动内容高速迭代与网络空间治理机制滞后间的矛盾、人类的开发利用与有效治理间的矛盾，都是网络空间秩序构建的重大挑战。而造成这些冲突的根本原因就是对于网络空间的主权问题缺乏共识。网络空间是否存在主权，目前存在两派观点：①以美国为首的西方发达国家，占据着网络空间的主导权和控制权，主张网络空间没有主权，任何人可以自由进出，类似太空、公海的“全球公域”，不受政治国界的控制；②以中、俄、巴西等为代表的新兴国家在不断崛起，主张网络空间有主权，提倡国家间要相互尊重各自的网络发展道路与发展模式，认为《联合国宪章》确立的主权平等原则也适用于网络空间。

对于网络空间主权这一问题的不同观点折射出世界各国对网络空间属性的认知差异，全球网络空间治理本质上就是全球公利与国家私利之间的博弈过程，从某种意义上讲，未来全球网络空间的秩序取决于网络发达国家与网络新兴国家之间的互动关系。但目前各国行为体对网络空间属性的认知存在分歧，主权没有达成共识，导致它们的治理主张以及秩序构建路径截然不同，网络主权治理规则也就难以体现共同的诉求，增加了国际社会对其进行治理的难度，让网络治理新秩序的构建陷入困境。

12.4.3 网络空间治理的“中国方案”

为破解网络空间的无秩序状态，中国作为网络大国，呼吁通过加强沟通、扩大共识、深化合作，各国携手共同构建网络空间命运共同体，打造网络空间治理的“中国方案”。网络空间命运共同体是一种全新的理论框架，更是一种多元化的治理机制。网络空间的治理需要平衡国家利益、公共利益与个人利益等多重利益，并由国家间的平等主权的行使实现网络空间运作的独立性，在此背景下，中国的主张在推进全球互联网治理体系变革中鲜明地体现出包容性治理、协同性治理、共享性治理三个基本取向。

1）包容性治理

全球互联网发展的地域性差异、理念性差异，形成了网络空间治理中的全球价值体系冲突，这是推进全球网络空间治理体系变革必须始终关注的现实背景。在人类命运共同体的理念下，网络空间命运共同体绝不囿于某个国家或地区，而是关系整个人类社会今天的生存和未来的发展。在虚实交互的数字经济时代，在推进全球网络空间治理体系变革的过程中，必须直面治理分歧和争议，致力于建构开放、包容的沟通机制，以推动不同治理理念和治理实践之间实现对话和相互影响，弥合全球各国互联网治理分歧。

构建网络空间命运共同体必须筑基于利益认同与价值认同，包容性治理应当成为推进治理变革的首要原则。这种治理理念具体表现为尊重多元治理主体在互联网治理理念和治理模式上的多样性、差异性，促使各方通过协商、沟通实现互相理解、求同存异，进而凝聚、深化和扩展治理共识。这一点与中国传统文化“天下大同”“和而不同”的思想高度契合，全球网络空间的治理离不开世界各国的共同努力、共同推进、共同维护、共同参与、共同分享，推动网络空间命运共同体的建设，必须深刻洞察全球互联网发展趋势，遵循网络空间发展治理规律，坚持“共建、共享、共治”原则，寻求网络空间治理规则的最大公约数，在利益共生、情感共鸣、价值共识、发展共赢、责任共担的有机统一中扎实推进网络空间命运共同体建设，共同制定各方主体均能接受的网络治理国际规则，最终形成清朗的网络空间并成为全世界网络空间治理的价值取向和目标追求。

2）协同性治理

在当今世界的社会经济发展中，互联网作为全球共有资源，已成为战略性基础设施。但在构建网络空间命运共同体的过程中，网络空间表现出多样复杂问题，涉及社会伦理问题、网络犯罪、恐怖主义、网络攻击等方面。网络空间需要全球各国共建共治，保护网络安全、促进网络发展、维护网络空间秩序是多边与多方都需要承担的责任，要强化多边与多方的协同治理，共商共建共治共享一个和平、安全、开放、合作、繁荣、清朗的全球网络空间。因此，在网络空间命运共同体的构建中，构建平等参与、协同合作的治理体系是重要组成部分，必须要在全球互联网治理实践中推动协同性治理。

协同性治理这一理念，就是要促使多边与多方在尊重各国网络主权基础上，积极参与全球互联网治理的意愿，超越既存的利益冲突和理念分歧，强调各国平等参与全球互联网治理的权利，并就推动全球互联网治理体系变革的一些基本主张达成共识，从而构建平等参与、协同合作的治理体系。协同性治理有助于推动参与各方平等相处、协同合作，从而提升全球互联网治理的有效性以及全球互联网治理机制的正当性。这一理念也为各国提供了平等参与和发挥影响力的平台，为全球互联网治理提供了更为现实的基础，使多元的治理主体能够参与到全球互联网治理之中。

3）共享性治理

互联网是多方参与的开放空间，但网络空间依然存在发展不平衡、规则不健全、秩序不合理的问题和矛盾。这就要求世界各国和互联网利益相关方秉承共建共治、合作共赢的理念和原则，充分发挥各种主体的积极作用，加强对话协商，不搞单边主义，共同建设健康文明的互联网内容，让网络成为不同民族和国家交流互鉴的桥梁，形成更加包容性的人类文明共同体，从而持续增进全人类的福祉。在构建网络空间命运共同体中，必须坚持普惠原则，推动全球互联网治理体系变革的根本目标就在于“共享”，在共建的基础上共享繁荣，共享的前提是共建，共建的落脚是共享。

共享性治理这一理念以全球共享互联网发展机遇和成果为治理目标，意味着全球共同平等享有互联网发展的机遇和成果，而非部分互联网大国、部分群体占据优先的地位。这一理念与中国一贯秉持的合作共赢的理念是一致的，相较于既有的全球互联网治理实践而言，具有鲜明的价值超越性。网络空间的建设、网络内容的丰富、网络文化的兴盛，要依靠全人类共同行动，要在多边基础上有序进行。中国以推动互联网发展作为基础，倡导共同建设、共担责任和共享利益。与发展中国家在信息基础设施建设、数字经济发展、维护网络安全等多个层面进行合作和共享，这将促使互联网发展更趋平衡、互联网治理结构更趋优化，从而维护全球的安全稳定和促进共同发展。

阅读材料1

让平台经济在规范中发展

平台经济是数字技术和商业模式创新的结果，是数字经济的典型样态。作为平台经济最为重要的主体，平台企业对经济社会生活的影响超越了所有企业类型和经营模式。近年来，在激烈的竞争中，平台经济领域诸如强制“二选一”“大数据杀熟”“自我优待”“扼杀式并购”等损害竞争、创新和消费者利益的行为频发，引发社会各方面广泛关注。

美团作为最大的线上外卖平台之一，为广大消费者带来了便捷和实惠。但随着美团在外卖市场站稳脚跟，这家企业迫使商家签署“二选一”的独家合作协议，从而达到垄断市场的效果。2021 年 10 月 8 日，市场监管总局在其官网公布了一则行政处罚，称美团滥用其在餐饮外卖平台服务市场的支配地位，采取多种手段实施“二选一”行为，违反了《反垄断法》。责令美团停止“二选一”违法行为，全额退还独家合作保证金 12.89 亿元，并处以其 2020 年中国境内销售额 1 147.48 亿元 3% 的罚款，计 34.42 亿元。该案是中国平台经济领域的一起重大典型的垄断案件，标志着平台经济领域反垄断执法进入了新阶段，释放了清晰的政策信号，即国家在鼓励和促进平台经济发展的同时，强化反垄断监管，有效预防和制止平台企业滥用数据、技术和资本等优势损害竞争、创新和消费者利益的行为，规范和引导平台经济持续健康创新发展。平台经济是创新的产物，平台企业应该持续引领和推动创新，而不是阻碍和终结创新。创新的繁荣，需要有效的竞争机制和公平的竞争秩序。

资料来源：根据《中国新闻网》财经频道（2021 年 10 月 9 日）材料整理形成。

阅读材料 2

严打电信诈骗，夯实诚信根基

近年来，电信网络诈骗犯罪严重侵害人民群众切身利益，严重侵蚀了社会诚信根基，广大人民群众对此深恶痛绝。个人信息泄露通常是被电信网络诈骗的开始。据统计，有超过七成的电信网络诈骗与个人信息泄露或被窃取有关。一些企业机构和个人随意收集、违法获取、过度使用、非法买卖个人信息。犯罪分子获得这些个人、企业信息后，针对不同群体量身定制诈骗剧本，实施精准诈骗，令人防不胜防。

电信网络诈骗背后往往是多种犯罪相互关联，存在一条潜在的黑色产业链。其中，有的专门从事盗卖公民个人信息，有的负责提供电话卡、银行卡等，有的负责网络和通信技术支持，各个环节相对独立作案，加大了侦破难度。针对这一情况，公安部会同最高法、最高检、工信部、人民银行和电信运营商积极开展“断卡”等行动，有针对性地限制相关银行卡、电话卡的注册和贩卖，特别是强化对存量卡的清查，有效降低了电信网络诈骗案件的发案率。

2022 年 4 月，中共中央办公厅、国务院办公厅印发了《关于加强打击治理电信网络诈骗违法犯罪工作的意见》，对加强打击治理电信网络诈骗违法犯罪工作作出安排部署。打击治理电信网络诈骗违法犯罪是一个复杂的社会治理问题，涉及金融、电信、互联网等多个行业领域，应在全面总结打击治理成功经验的基础上落实相关措施，用好包括信用惩戒制度在内的多种政策手段，持续对电信网络诈骗犯罪保持严打高压，不断巩固和深化打击治理成效。

资料来源：根据《人民日报》（2022 年 6 月 20 日 10 版）与《人民日报》（2022 年 4 月 19 日 01 版）材料整理形成。

本章小结

世界经济正处于百年未有之大变局，数字经济是当今时代发展的一个显著特征，它正以前所未有的速度改变着人们的生产生活方式，正在改写和重构世界经济的版图。数字经济正在加快经济全球化的发展步伐，重构全球价值链，重塑国际经济格局，并进一步软化全球产业结构，成为世界经济增长的新动能。随着数字经济时代的到来，原有产业内的资源分布格局被打破，商业的新模式、新业态不断涌现，数字技术驱动下的交易开始走向线上化、平台化，平台经济异军突起，并获得了“守门人”势力，引发了垄断和不正当竞争的争议以及数据安全问题。另外，数字经济的迅速发展是通过数字贸易实现的，数字贸易是全球贸易中正在崛起的重要新业态，是推动形成双循环新发展格局的“加速器”，但也给基于传统贸易构建的国际贸易体制机制、规则制度、监管执法等方面带来了巨大的冲击和挑战。中国作为网络大国，呼吁各国携手共建“网络空间命运共同体”。网络空间命运共同体是一种全新的理论框架，是新时代共享网络信息保障信息安全、净化网络生态、实践人类命运共同体理念的科学路径。

复习思考题

1. 数字经济对经济全球化有什么影响？
2. 简述数字贸易的内涵及其构成要素。
3. 相比于传统贸易，数字贸易具有哪些特征？
4. 全球化背景下，数字贸易发展的现实挑战有哪些？
5. 平台经济领域典型的垄断行为包括哪些？
6. 简述平台的数据安全风险。
7. 数字经济时代如何进行有效的平台监管？
8. 简述当前构建网络空间命运共同体面临的挑战与困境。

参考文献

［1］中国信息通信研究院．中国数字经济发展报告（2022 年）［R］. 2022.

［2］韩剑，蔡继伟，许亚云．数字贸易谈判与规则竞争——基于区域贸易协定文本量化的研究［J］. 中国工业经济，2019（11）：117 – 135.

［3］江小涓，黄颖轩．数字时代的市场秩序、市场监管与平台治理［J］. 经济研究，2021，56（12）：20 – 41.

［4］李凯，樊明太．我国平台经济反垄断监管的新问题、新特征与路径选择

［J］. 改革，2021（3）：56－65.

［5］李凌. 平台经济发展与政府管制模式变革［J］. 经济学家，2015，199（7）：27－34.

［6］刘航，伏霖，李涛，等. 基于中国实践的互联网与数字经济研究——首届互联网与数字经济论坛综述［J］. 经济研究，2019，54（3）：204－208.

［7］汪旭晖，张其林. 平台型网络市场“平台—政府”双元管理范式研究——基于阿里巴巴集团的案例分析［J］. 中国工业经济，2015（3）：135－147.

［8］周文，韩文龙. 平台经济发展再审视：垄断与数字税新挑战［J］. 中国社会科学，2021（3）：103－118，206.